# 《逸周書》研究文獻輯刊

第八册

國家圖書館出版社

# 第八册目録

周書平議一卷（清）俞樾 撰……二七五

周書斠補四卷（清）孫詒讓 撰

逸周書王會篇箋釋三卷（卷上）（清）何秋濤 撰

（清）朱右曾　撰

# 逸周書集訓校釋十卷逸文一卷

清光緒十四年（1888）南菁書院刻《皇清經解續編》本

# 逸周書集訓校釋目録

朱右曾曰周書儕逸昉說文繫之汲冢自隨書經籍志隨志之失先儒辨之不逸而逸無以別于逸尙書故宜復漢志之舊題也其書存者五十九篇幷序爲六十篇較漢志篇數亡其十有一焉注之者晉五經博士孔晁每篇題云某某解弟幾此晁所

目也舊但云某某弟幾蔡邕明堂月令論曰周書七十一篇而月令弟五十三可證也唐初孔氏注本亡其二十五篇師古據之以注漢志故云今其存者四十五篇師古之後又亡其三故今孔注祇有四十二篇也然晉唐之世書有二本孔氏解克殷荷素質之旗于王前云一作以前于王解大武三擯厥親云擯一作損李善注文選邱中云周書邱一作苑劉知幾史通云周書七十一章上自文武下終靈景不言有所闕佚與師古說殊唐書藝文志汲冢周書十卷孔晁注周書八卷二本並列尤明徵也其合四十二篇之注于七十一篇之本而亡其十一篇者未知何代要在唐以後矣嗟乎自周至今殆三千載苟獲碎金殘石于瓦礫之中尚寶之如拱璧山海經之謬悠穆王游行之

荒唐僞紀年之杜撰尙有孽覃綴緝之者況上翼六經下籠諸子宏深質古若是書者乎漢志儒家有周政六篇周法九篇道家有周訓十四篇皆不傳傳者唯此儒者顧不甚愛惜任其脫爛或又從而䚟排之甚矣其專己而蔑古也愚觀此書雖未必果出文武周召之手要亦非戰國秦漢人所能僞託何者莊生有言聖人之法以參爲驗以稽爲決一二三四是也周室之初箕子陳疇周官分職皆以數紀大致與此書相似其證一也克殷篇所敘非親見者不能商誓度邑皇門芮良夫諸篇大似今文尚書非僞古文所能彷彿其證二也偁引是書者荀息引武稱美女破舌美男破老見戰國策田軫爲陳軫章狼瞫引大臣勇則害上不登于明堂見左氏文二年傳魏絳引程典居安思危見左氏襄十一年傳皆在孔子前其證三也夫鄷保爲保國之謀

武稱著用兵之難常訓之言性文酌文傳之言政俱不悖于孔孟而說者或詆爲陰謀或譏其傎戾嗚呼豈知是書者哉抑又考之春秋傳曰辛有之二子董之晉於是乎有董史辛有當周平王時周史辛甲之裔世職載筆或其子適晉以周之典籍往未可知也觀太子晉篇末云師曠歸未及三年告死者至亦似晉史之辭六國以後書始廣播墨翟蘇秦蔡澤呂不韋韓非蒙恬蕭何之倫（蘇秦引和寤緜緜不絕四句韓非引寤儆無虎傅翼四句餘詳逸文）以及伏生大小戴太史公時時節取此書意其時學者誦習亞于六藝故劉歆班固列之六藝書九家中未嘗以孔子刪定之餘夷之諸子雜家之例姜士昌曰邱明以博物君子臣素王以垂不朽誦法素王者不能舍左氏故諸家訓詁犂然甚具周書辭特深奧流俗

畏難好易不復擘覈愚嘗味乎其言覃思久之夫古注疏略且多譌闕餘姚盧文弨集諸家校訂間有所釋但恨其未備嗣又得高郵王氏念孫海寧湛氏頤煊之書校定正文及其義訓乃不揣鄙陋集諸家之說仍是刪違申以己意一攷定正文如文酌樹惠不瘱瘱譌爲瘱羅匡企不滿壑企當爲金之類一正其訓詁如大臣屢盡不伊孔注曰伊惟也本儀禮士冠禮注今譌爲推武稱遂其咎之遂當本說文訓亡大臣無播蔬之播當本楚辭注訓棄之類一詳其名物如王會之臺卽司儀之壇矛爲刺兵非句兵之戟作雒畫旅卽旅樹器服一篇皆明器之類凡所訓解悉本前儒而以校訂音釋附焉爰名之曰集訓校釋屬藁於道光丁酉又經陽湖同年丁侍讀嘉葆太倉陸孝廉麟書

同里葛廣文其仁商榷輒復隨手更定葢再易藁矣今夏案牘餘閒念心力之頗耗感良朋之匡正付之梓人譬左氏傳亦欲待服杜諸儒出而論定云時道光二十有六年丙午夏六月既望識於新安郡齋

# 逸周書集訓校釋一

嘉定朱右曾亮甫著

## 度訓第一

天生民而制其度度小大以正權輕重以極明本末以立中立中以補損補損以知足度法極中也聖人制法度審義理之中正以示民補不足損有餘皆以中爲制故知足也口爵以明等極丁宗洛曰闕處當是辨字孔晁曰貴賤之等尊卑之中也極以正民正中外以成命正上下以順政立中所以生正宜之于令曰命率之以事曰政政以內口口口自邇彌興自遠遠邇備極終也口微補在口口分微在明明王是以敬微而順分分次以知和知和以知樂知樂以知哀知哀以知慧內外以知人微者事之幾分者理之秩循乎分之次弟則心安安則樂樂之反則哀慧瘉也所以去其所惡也內外以知人者以己度人哀樂之情同也知哀以知慧周文炳本作哀樂以知慧慧瘉也廣雅釋詁

文　凡民生而有好有惡小得其所好則喜大得其所好則樂小遭其所惡則憂大遭其所惡則哀孔曰言其性之自然凡民之所好惡生物是好死物是惡民至有好而不讓不從其所好必犯法無以事上民至有惡而不讓不去其所惡必犯法無以事上春秋傳曰生好物也死惡物也語與此同孔曰不讓則爭爭則必犯法矣偏行于此尙有頑民而况曰不去其所惡而從其所好民能居乎若不囗力何以求之孔曰偏謂兼行好惡也能居乎言不能居也力爭則力政力政則無讓無讓則無禮無禮雖得所好民樂乎若不樂乃所惡也政讀爲征取也言風俗之敗知利蔑禮故貪得無饜雖獲所求亦必不樂不樂則與不獲所求無異矣洪頤煊曰周禮均人掌均地政閭胥役政喪紀之數鄭杜俱讀政爲征史記天官書天子微諸侯力政徐廣曰政一作征凡民不忍好惡不能分次不次則奪奪則戰戰則何以養老幼何以救痛疾死喪何以胥役也忍堅忍也能猶安也不安

其分必至爭戰治化之敝親且不顧而況于上此所以令之不行刑之不止也　能猶安易屯卦釋文

明王是以極等以斷好惡教民次分揚舉力竟任壯養老長幼有報民是以胥役也

明等極制法度而教以禮也竟讀爲競盧文弨曰盛也强也優爲下三事則揚舉之也孔曰壯者任之老者養之幼者長之使相報此謂力竟也愚謂任猶傳也以其任任之也　竟渠映反周禮鐘師注繁遏執僾也秦詛楚文倍邊競謂邊竟也古字聲同皆假借

夫力竟非眾不尅眾非和不聚和非中不立中非禮不愼禮非樂不履明王是以無樂非人無哀非人人是以眾

和以懷眾中以導和禮以立中樂以行禮王者樂以天下憂以天下則所樂所哀無非人也　不聚故書作不眾洪頤煊曰以上下文例之眾當作聚言眾非和則不能聚也今從之

人眾賞多罰少政之美也罰多賞少政之惡也

禮教行力竟者眾則賞多故爲政之美不行則罰多故云政之惡

罰多則困賞少則乏乏困無醜教乃不至

賞罰所以明醜弼教不當則無以勸懲困謂重足而立乏謂醜類也　賞少故書作賞多依王念孫說訂正莊子釋文乏之廢也言賞少則人不勸也

是故明王明醜以長

子孫子孫習服鳥獸仁德土宜天時百物行治孔曰歸其仁德土之所宜天時所生皆行其物丁曰言循其物自然之性　明王故書作民主趙曦明云當爲明主案春秋傳大夫稱主周禮主以利得民庶成云主謂公卿大夫也上文有明王今訂正　治之初麛初哉盧云麛字無攷趙疑即下文厲字之訛丁云之初二字衍文　治化則順是故無順非厲長幼成而義生曰順極孔曰明醜以使之所以成順者也使小人大人皆成其事上之心而生其義順之至也　厲讀爲勵義字舊脫王念孫據孔注增今從之

## 命訓弟二

天生民而成大命命司德正之以禍福丁曰命兼理數言禍福數也福由德義禍由于不德不義理也孔曰司主也以德爲主有德正以福無德正以禍　立明王以順之孔曰順天作政　曰大命有常小命日成成則敬有常則廣廣以敬命則度至于極有常言否泰循環天定勝人也日成言惠吉逆凶由于積累人定勝天也廣大也知其有常故不敢以小善責報于天知其日成故不敢懈其修省如是則法度至於中正也　夫司德司義而賜之福祿福祿在人能無

懲乎若懲而悔過則度至于極得於己曰德處物曰義懲懲艾也謝墉曰悔過卽以召福懲其不德不義卽福祿在人矣夫或司不義而降之禍在人能無懲乎若懲而悔過則度至于極丁曰勸懲一理故俱言懲夫民生而醜不明無以明之能無醜乎若有醜而競行不醜則度至于極盧曰無以明之民不能自明也在上者能無醜乎謂旌别淑慝也舉直錯枉能使枉者直斯所謂競行不醜也下文無以穀之無以畏之皆謂民能無勸乎能無恐乎皆謂君

夫民生而樂生無以穀之能無勸乎若勸之以忠則度至于極孔曰穀善也謂忠信也夫民生而惡死無以畏之能無恐乎若恐而承教則度至于極刑以威之所以弼教六極既通六間具塞孔曰六中之道通則六間塞矣丁曰間不正也不正則不中通道通天以正人正人莫如有極道天莫如無極道天有極則不威不威則不昭正人無極則不信不信則不行道生天天生人其本一也然天道微妙而難明人道昭顯而罔外故民可使由不可使知盡性至命必俟其人禮樂刑政亙古

不易也明王昭天信人以度功地以利之使信人畏天則度至于
極丁曰地以所處之位言有其位則必有其所當爲者夫天道三人道三天有命有禍有
福人有醜有紼絻有斧鉞以人之醜當天之命以紼絻當天之
福以斧鉞當天之禍六方三述其極一也不知則不行盧曰紼絻與黻
冕同述與術同孔曰一者善之謂也不行善不知故也白虎
通云紼者行以蔽前者爾因以別尊卑彰有德也天子朱紼諸
侯赤紼字本作巿又作韍通作黻芾絻者冕之或體荀子乘軒
戴絻管子衣服緷絻字正作絻隋鍪曰斧大斧曰鉞儀禮士喪
禮不述命注云古文述皆作術又毛詩報我不述
韓詩作術是述與術同也行舊作存據孔注訂正極命則民墮
民墮則曠命曠命以誡其上則殆於亂此下六極皆謂窮極之以諭民命者吉凶之主
民以爲有命在天則怠于爲善曠空也言不敬命而有覬覦之
心也誡警備也言有遁心也殆近也墮讀爲憜徒果反一切
經音義古文戒
作誡方言備也極福則民祿民祿則干善干善則不行祿貪祿干如干
祫之干空也爲祿而
爲善非誠也故不行極禍則民鬼民鬼則淫祭淫祭則罷家鬼信

鬼也孔曰罷弊其財冀無禍也　罷讀曰疲　極醜則民叛民叛則傷人傷人則不義揚清激濁固君子之事然絕之已甚必將激而爲非以中傷善類　極賞則民賈其上賈其上則民無讓無讓則不順　賈上謂如賈者之居奇挾功　賈音古　極罰則民多詐多詐則不忠不忠則無報　忠實也詭以倖免而無恥是上以誠求下以僞應而無報也　凡此六者政之殆也　殆危也　明王是故昭命以命之曰大命世小命身　有常者在世日成者在身則民不敢墮行而曠命矣孔晁曰違大命則世受罰犯小命則罰身案大戴禮本命云逆天地者罪及五世誣文武者罪及四世逆人倫者罪及三世誣鬼神者罪及二世殺人者罪止其身盧辯注卽引此書與孔晁說合然孟子言文王治岐罪人不孥大戴之言非盛王法且上文以命福禍醜賞罰爲六方此處言命不應兼言刑罰也　福莫大於行義禍莫大於淫祭醜莫大於傷人賞莫大於信義讓莫大於賈上罰莫大於貪詐古之明王奉此六者以牧萬民民用而不失　行義則非干善信義則非賈上讓莫大於賈上六字衍文也陸麟書說　撫之以惠和之

以均斂之以哀娛之以樂愼之以禮教之以藝震之以政動之以事勸之以賞畏之以罰臨之以忠行之以權（惠所及必均哀則情慾斂藝工技也震亦動也政政令事浚業師旅之事通變之謂權）權不法忠不忠罰不服賞不從勞事不震政不成藝不淫禮有時樂不滿哀不至均不壹惠不不忍人凡此物權之屬也（常法非權小忠非忠服執持也適輕適重不可執一也從讀爲縱猶失也震震矜成盛也猶言鋪張揚厲也淫淫巧也禮從宜故以時爲大不忍人姑息爲愛婦人之仁也物事也成盛也釋名文易繫辭成象蜀才作盛象惠不不忍人舊脫一不字依陸麟書說增權之屬故書作攘今從丁本）惠而不忍人人不勝害害不如死（孔曰害則死生而猶不如死）均一則不和哀至則匱樂滿則荒禮無時則不貴藝淫則害于才政成則不長事震則寡功（極哀則神乏之極樂則志荒才與材同不長言治功淺近震衆則功必寡矣）以賞從勞勞而不至以法從中則賞賞不必中以權從法則行行不必以知權（此節有脫誤當闕疑）權

以知微微以知始始以知終通乎權者必察乎幾幾者物之始原始要終而後有以善其權則六方三述無窮極之害而有從欲之治

## 常訓弟三

天有常性人有常順順在可變性在不改不改可因常性五常之性常順惻隱羞惡辭讓是非之心順其性以發者也然人不能無欲故可變性原于天故不改因謂因之以立教因在好惡好惡生變變習生常常則生醜醜命生德明王於是立政以正之好惡情也好善惡惡性也非情無以識性故因在好惡性無不善情兼善惡故生變變於所習則以變爲常而善惡之類判然矣因其醜而命之使人棄惡遷善而生德民生而有習有常以習爲常以常爲慎民若生于中夫習之爲常自氣血始有習有常原其始也以習爲常要其後也孔曰習常爲常如性自然故若生于中也愚謂血陰氣陽合而成氣質氣質之性非性而害性故慎習必自血氣始　故書若生于中下衍習常爲常四字陸麟書曰是孔氏注語混入正文又末二句作習民乃常爲自血氣始茲據盧氏大戴記注所引訂正明

王自血氣耳目之習以明之醜醜明乃樂義樂義乃至上上賢而不窮哀樂不淫民知其至而至于子孫民乃有古古者因民以順民丁曰明之醜示人以好惡之則也愚謂至上者達于上也樂義則氣質清明不域于污下矣上賢不窮謂相尚以賢互相勸勉也哀樂不淫則好惡不淫可知矣至極也父教子子教孫風俗醇懋比于古初古謂虞夏之時因民順民猶言以人治人夫民羣居而無選爲政以始之始之以古終之以古行古志今政之至也選擇也善也始之以古明醜以慎其習終之以古樹經遠之規考諸三王而不謬也行古志今者時異勢殊不可執一也政維今法維古頑貪以疑疑意以兩平兩以參參伍以權權數以多多難以允允德以慎慎徵以始而敬終終乃不困孔曰重明終始之義愚謂治今以古頑貪不便故疑兩好惡也參好惡之則也參伍之數度之以權斯宜于今而不悖于古相信矣丁曰允信也條例之數太多則難以上下終字故書不重據左傳及中論所引補困在坌誘在王民乃苟苟乃不明哀樂不時四徵不顯六極不服八政不順

九德有姦九姦不遷萬物不至此言以埶導民之弊丁曰埶歷也言法令繁多所以致困而上偏以此誘民則民祇苟且免罪矣遷更改也埶蒲閟反說文作坋夫禮非尅不承非樂不竟民是乏生禮乃四徵八政之經六極九德之本故特言之尅勝承奉樂和竟終也復禮必先勝私用禮貴在知和乏生言失其生之理口好惡有四徵喜樂憂哀動之以則發之以文成之以民行之以化闕處疑是夫字則法則文節文成以民行以化謂以君之喜樂憂哀正天下之好惡也六極命醜福賞禍罰六極不贏八政和平贏讀爲贏過也猶極命極福之極　贏過也廣雅釋詁文贏與贏通長贏亦作長贏見爾雅釋文八政夫妻父子兄弟君臣八政不逆九德純恪純一恪敬也九德忠信敬剛柔和固貞順忠無妄信無僞敬不懈剛不撓柔不厲和不戾固不奪貞不邪順不逆順言曰政順政曰遂遂僞曰姦宜之言而順則可以正人矣遂成姦邪也九姦無目蓋九德之僞者皆姦也姦物在目姦聲在耳耳目有疑疑言有樞樞動有和和意無等姦物姦聲接耳目而勿之疑溺于慾也審禮則疑之矣言語詞心者耳目

之樞執其樞而後動斯和于理和意無等言自天子至于庶人一也萬民無法□□在赦□復在古古者明王奉法以明幽幽王奉幽以廢法奉則一也而績功不同明王是以敬微而順分此言欲慎民之習必先自慎其習故書一下衍人字依王念孫說刪

## 文酌弟四

民生而有欲有惡有樂有哀有德有則則有九聚德有五寶哀有四忍樂有三豐惡有二咎欲有一極聚保聚忍容忍豐厚咎罪極正也孔曰廣演其義也極有七事咎有三尼豐有三頻忍有四教寶有五大聚有九酌尼止頻數也哀不能而容忍之又教之也酌斟酌以行之也孔曰又敷陳也 尼止釋詁文女乙反九酌一取允移人二宗傑以親三發滯以振民四貸官以屬五人口必禮六往來取此七商賈易資八農人美利九口寵可動移動也言以誠動人

宗尊也可宗之英傑當親之濟委積也貸官以賜郎官盛任使
之意比親也邦交聘問相親比也易資貝交易其所資美利美其
稼穡之利此與中庸九經相類孔曰言所酌爲政之事 移勤
也本韋昭國語注貸廣雅云予也故書振作正比作此俱依趙
曦明
訂正 五大一大智牽謀二大武劍勇三大功賦事四大商行賄
五大農假貸孔曰牽謀言爲謀之帥假貸恤貧振施者也愚謂
劍斂也斂小勇以養大勇也賦事賦衆以事而攷
其成行賄通有無也 牽如字帥所類反釋名劍檢也斂也孟
子狗彘食人食而不知檢漢書食貨志作不知斂蓋古文檢劍
斂假借
通用 四教一守之以信二因親就年三取戚免梏四樂生身
復因依就高也謂親近高年也著足曰桎著手曰梏取其憂戚
而免于桎梏矜不能也樂生樂其所生之理者復除役也王
制曰升於學者不征於鄉
復音福就高也說文文 三頻一頻祿質潰二陰福靈極三留
身散眞質實也潰與費同孔曰散失也丁曰陰福靈極言淫祭
者歸功鬼神留身散眞言以身殉之而失其素操也
三尼一除戎咎醜二申親考疏三假時權要孔曰咎罪也考成
也時是也愚謂除
治也申束也治兵以攻其同類約束懿親使成疏遜假人以大
權三者皆所宜止也 說文云七月陰氣成成體自申束从臼自

持也釋名云申身也各申束之使備成也是申有束義束縛之也七事一騰咎信志二援拔潰

謀三蠹疑沮事四騰屬威眾五處寬身降六陵塞勝備七錄兵

免戎騰勝也務勝咎我者之口而伸其志剛愎自用者也援讀曰爰緩也拔急也潰敗亂也蠹讀如莘眾盛也沮阻也多

疑寡斷事必不成騰屬威眾謂恃才以求勝于下而威其眾降屈也求所處之寬而身為之屈言無守也陵陵夷塞閉塞勝備

勝敵之備錄如荀子程役而不錄謂檢束也弭兵銷鋒之意非恃不備武也信讀為伸援于元反援爰古通假爰爰緩意也

爾雅釋訓文拔蒲撥反禮少儀毋拔來釋文云急疾也潰與贖逸太元難凍冰潰注云敗也易蒙象釋文云亂也蠹所臻反舊

作聚據說文所引改一極惟事昌道開蓄伐蓄畜同養也伐功也言從事于善道以開養民之功伐

有三穆七信一幹二御三安十二來穆敬也信申明之也幹本也御駕馭也來徠之也言

致功之道必有此而後可也信音伸三穆一絕靈破城二筮奇昌為三龜從惟

凶絕靈不祀宗廟神祇也奇如數奇之奇筮雖違必善其所為龜雖從猶思惟其事之凶危七信一仁之慎

散二智之完巧三勇之精富四族之寡賄五商之淺資六農之

少積七貴之爭寵慎散言用財必當于義完巧完好工巧也精銳富盛淺少也孔曰七者所宜信明之也

一幹勝權輿權輿始也趙云立勝算於其始勝如字謝墉讀如升云立基能勝之也語意迂曲二御一

樹惠不瘱二既用茲憂瘱審也樹惠于人而不審其邪正既用猶言竭忠盡歡茲滋同瘱壹計反方言云齊楚曰瘱秦晉曰諦故書作瘱字書所無依洪頤煊說訂孔曰巔也亦未詳三安一定居安帑二

貢貴得布三刑罪布財帑妻子也餘未詳或云貢地貢布泉布布財即束矢鈞金也十二來

一弓二矢歸射三輪四輿歸御五鮑六魚歸蓄七陶八冶歸寵

九柯十匠歸林十一竹十二葦歸時攷工記弓人爲弓矢人爲矢輪人爲輪蓋輿人爲車輿鮑人主治皮魚可爲膠陶人爲瓦器冶氏爲戈戟柯車人也車人之事以柯爲度故曰柯匠人爲宮室城郭溝洫林當作材竹葦所以爲籩笥筐筥之屬時謂取之以時十二來皆來百工之政也鮑字本作鞄柔皮之工也盧文弨讀鮑魚之鮑三

穆七信一幹二御三安十二來伐道咸布物無不落落物取配

維有永究急哉急哉後失時孔曰落始也配類也究終也愚謂致功之道咸布于國則物無不懷

新惟當審則宜類永終是圖不可後而失時也　永究盧作宜究茲從舊本

羅匡弟五

成年穀足賓祭以盛成熟也孔曰賓客宗廟足而不奢也故書年祭字俱重茲依盧文弨說訂盛如字大馴鍾絕馴讀爲訓絕當爲絃字訛也舉金絲則八音備可知馴古訓字也史記五帝紀能明馴德孝文帝紀敎馴其民周官土訓先鄭司農讀爲馴是其證也服美義淫孔曰淫過也謝曰凡義所當爲者皆可過盛阜畜約制孔曰阜廄別名丁曰周官校人三乘爲阜三阜爲繫六繫爲廄六廄成校愚謂約飾也美也言得美其所制之器械約制孔曰不常秩準之下文則是制器械也呂覽侈象之約高誘曰飾也一云美也餘子務藝餘子餘夫也藝謂六藝　春秋傳曰又宦其餘子謂卿大夫之子也然民之子弟亦曰餘子管子問篇餘子父母存不養而出離者幾何人餘子之勝甲兵有行伍者幾何人莊子秋水篇注未應丁夫者爲餘子是也漢書食貨志曰餘子亦在于序室卽務藝之遺意宮室城廓脩爲備廓郭同供有嘉菜於是日滿嘉菜五齏七菹之類滿備物也年儉穀不足儉歉也一穀不升謂之歉不足人不足四鬴也賓祭以中盛樂惟鍾鼓不服

美孔曰有黍稷無稻粱有祭服無文飾盛音成三牧五庫補攝盧曰三牧謂戎馬田馬駑馬三物之牧也
月令季春令百工審五庫之量金鐵一也皮革筋一也角齒一也羽箭幹一也脂膠丹漆一也孔曰職事相兼不物設也凡
美不脩餘子務穡於是糺秩穡稼穡糺督也秩次也糺其分次毋或踰也年饑二穀不升
謂之饑則勤而不賓舉祭以薄孔曰用下牲愚謂禮皆從殺樂無鐘鼓凡美禁
畜不阜羣散其羣不使蕃息畜舊誤書依盧文弨說訂車不雕攻盧曰攻善也謂工緻也兵備
不利弓矢甲楯之屬備則不造民利不淫伏臘聚會勿使過費征當商旅以救窮乏之平時
所征關市之賦至此發之以賑窮乏之非以年饑而征商旅也窮鰥寡孤獨也乏之困也問隨鄉不鬻熟問審其災
之輕重與其利害鬻熟若今酒館謝云啓奢惰故禁之分助有匡以綏無者於是救困分助
勸分也匡救綏安也大荒四穀不升曰荒五穀不升曰大荒有禱無祭禱祈也穀梁傳曰大祲之禮鬼神禱
而不祀國不稱樂稱舉也周官大司徒荒政有蕃樂謂藩藏其樂而不用也企不滿壑刑罰不
脩企蓋金之訛古文法字壑坑坎喻犴獄言出輕罪用薄刑不脩謂不造刑具大司徒荒政所謂緩刑也舍用振

穹舍讀爲施舍不倦之舍穹窮也舍式夜反施也穹窮說文文君親巡方卿參告糴君自問于鄉卿有三故謂卿爲參周官立其參餘子倅運孔曰倅副也愚謂運所糴之穀使餘子副之開稟同食稟倉也同食上下無異饌稟舊闕依盧文弨說補民不藏糧曰有匡禁居奇者急匡救也俾民畜惟牛羊牛羊不食穀故也於民大疾惑句殺句一人無赦大疾惑謂盜賊及挾左道者大司徒荒政有除盜賊鄭司農云饑饉則盜賊多故急其刑以除之愚謂左道者亦然男守疆戎禁不出孔曰戎事自守而已不征伐也五庫不膳膳當爲繕治也凡治故造新皆謂之繕喪禮無度祭以薄資丁曰喪主儉而貴速喪之祭用薄愚謂荒政殺哀是也禮無樂宮不幃禮謂吉賓嘉諸禮幃盛香之囊離騷所謂佩幃嫁娶不以時時霜降至冰泮之時盧曰媒氏司男女之無夫家者而會之蓋荒政十有二多昏亦其一賓旅設位有賜孔曰隨位賜之不饗燕愚謂隨位謂自上及下隆殺以兩

皇清經解續編卷千二十八終

長沙王賓　善化劉鐸校

皇清經解續編卷千二十九　南菁書院

逸周書集訓校釋二　嘉定朱右曾亮甫著

武稱第六

大國不失其威小國不失其卑敵國不失其權秉德不黷武則不失其威以禮事大則不失其卑權重也慎四境備不虞則不失其權孔曰此卽所謂稱也岠嶮伐夷幷小奪亂口強攻弱而襲不正武之經也岠嶮與拒險同伐謂用兵精而聲鐘鼓百事失紀曰亂掩其不備曰襲不正猶言無政伐亂伐疾伐疫武之順也疾惡也疫讀爲役如兵法非時產城者攻其所產之類古文役與疫相似賢者輔之亂者取之作者勸之怠者沮之恐者懼之欲者趣之武之用也有爲者勸之以道怠惰者沮使多疑因其恐而震之以奪其謀順其欲而予之以侈其志美男破老美女破舌淫圖破國淫巧破時淫樂破正淫言破義武之毀也美男外寵老老成人也舌諫諍之舌淫圖如宋王偃之圖霸淫巧奇技也正正聲也淫言巧言

也毀敗也言有此數者則武之道敗也　國舊闕據郭棐所引補武之毀孔晁曰凡行此事所以毀敵國如晁言則是後世之陰謀非聖王之大道惠棟云武有七德皆具此篇中是爲善讀周書者

**赦其眾遂其咎撫其口助其囊武之間也**

赦其眾如樂毅伐齊羊祜征吳遂亡也咎災也謂恤其藉厄囊者所以收斂者也謂助之葢藏間間暇所謂好整以暇　遂亡咎災皆說文文遂字次逋還逃遂之閒義與墜相近間如字

**餌敵以分而照其儲以伐輔德追時之權武之尙也**

餌猶釣餌也照知也誤以多方使分其守以知其所儲備也伐敗也謂出其不意以敗其臣佐之謀權謂所柄用者如隨少師得君鬬伯比謂不可失是也　照訓知本楚辭王逸注

**春違其農秋伐其穡夏取其麥冬寒其衣服春秋欲舒冬夏欲亟武之時也**

春秋冬夏皆有妨于民故兵者聖人不得已而用之亟急也春秋稼穡在野舒則不甚蹂躪冬夏寒暑甚急則可速返

**長勝短輕勝重直勝曲眾勝寡強勝弱飽勝飢肅勝怒先勝後疾勝遲武之勝也**

長短謂兵器輕重謂軍裝曲直以理言也肅敬也怒憤兵也肅則持重怒必輕俔先勝後者先人有奪人之心也疾勝遲者以逸待勞也

**追戎無恪窮寇不格力倦**

氣竭乃易克武之追也無格格也不格格也追戎當防誘我窮寇必將致死待其氣力倦怠乃可勝也孔曰追敵之法 格謂相拒捍也荀子曰格者不舍既勝人舉旗以號命吏禁掠無敢侵暴爵位不謙田宅不虧各寍其親民服如化武之撫也掠奪取也謙讀爲滅如化言帖然也 號下舊有令字王念孫曰號即令也號暴爲韻今從之謙滅古通假樂記禮主其減史記作謙百姓咸服偃兵興德夷厥險阻以毁其武四方畏服奄有天下武之定也丁曰毁武猶言倒載干戈包以虎皮也 毁武舊作毁服盧文弨據孔注改今從之

## 允文弟七

思靜振勝允文維紀振奮也孔曰以靜規勝秉文紀武 紀舊作記茲依丁本昭告周行維旌所在收戎釋賄無遷厥里官校屬職因其百吏周行列位也在猶洫也收戎收其戎器釋舍也遷改也里里居校軍營在官在軍之百吏因而不改 行音杭在古讀才里反收戎舊作收武據孔注改校胡孝反釋名云號也將帥號令之所在公貨少多振賜窮士救瘠補病賦均田布

命夫復服用損憂恥孤寡無告獲厚咸喜公貨在公之貨如鹿臺之錢鉅橋之粟是
也賦謂出車徒給徭役賦出于田田均則賦均復反服事也命
夫以小過削職者皆復之以滅除其憂恥　損減也孔晁曰赦
罪振窮敷大惠也王念孫曰字當爲捐　咸問外戚書其所在選同氏姓位之宗子
問存問也外戚勝國之甥舅同氏姓其子孫宗族也位立古通用宗子繼別以收族　選故書作遷據玉海五十卷所引訂正
率用十五綏用七女丁曰率當是口率出泉之率謂十五以上方計算愚謂冢宰九賦注曰賦口率出泉
也漢法算泉百二十未知於周何如又鄉大夫以歲時登其夫
家之衆寡辨其可任者國中自七尺以及六十野自六尺以及
六十有五賈氏云七尺謂年二十六尺謂年十五率音類又音律七女舊作口安依盧文弨說訂　教用顯允若
得父母寬以政之孰云不聽顯明允信政正也　聽言靡悔遵養時晦晦
明遂語于時允武靡悔不自悔悟也遵率養取晦昧也言率此師以取是晦昧之君也若聽言而悔則遂教
誡之以其晦而明也誅之教之皆爲允武　遵率養取晦昧皆毛詩詁訓傳文　死思復生生思復所人
知不褻愛守正戶孔曰人守正戶言不逃亡　上下和協靡敵不下執彼玉珪

以居其宇庶民咸耕童壯無輔無拂其取通其疆土民之望兵若待父母孔曰彼謂亂邦之君愚謂輔當爲傳音近而訛拂逆取趣也通當爲徹徹田也蓋劉向校書避諱而改取趣也釋名文是故天下一旦而定奄有四海故書無奄字依丁宗洛說增

## 大武第八

武有七制政攻侵伐陳戰鬬孔曰政者征伐之政愚案春秋傳云觕曰侵精曰伐戰合戰鬬相搏也　故書此篇訛脫特多茲據舊鈔本北堂書鈔一百十三卷所引訂不悉出善政不攻善攻不侵善侵不伐善伐不陳善陳不戰善戰不鬬善鬬不敗孔曰言廟勝也政有九因因有四戚五和攻有九開開有四凶五良侵有七酌酌有四聚三斂伐有七機機有四時三興陳有七來來有三哀四赦戰有十一振振有六厲五衛鬬有十一客客有六廣五虞戚親良善聚集斂戢興行厲勵也衛用人以自周衛也廣博也言儲之平時虞度也言備之臨事四戚一內姓二外

婚三友朋四同里睦宗族䘏婚姻聯朋友敬鄉黨皆所以使民相親五和一有天無惡
二有人無郄三同好相固四同惡相助五遠宅不薄克亨天心則風雨節
寒暑時惡謂災荒也人心歸向則上下內外比固無隙歲時問閒聘以同其好致禬補災以同其惡遠宅不薄孔曰雖遠居皆厚
之　惡如字害氣也周禮行夫注云喪荒也郄與郤同讀爲閒隙之隙凡此九者政之因也孔曰言因
此以成政四因一攻天時二攻地宜三攻人德四攻行利人德以仁形槩行利
器用財賄五亘一取仁二取智三取勇四取材五取藝材　材能藝技藝　亘孔晁
云當爲來所務來而任之凡此九者攻之開也孔曰言開此道以成攻也四聚一酌之以
仁二懷之以樂三旁聚封人四設圍以信酌行懷來旁大也聚邑聚封封殖圍守也
守國以信　酌行本國語注旁大廣雖釋詁　文圍守說文文三斂一男女比二工次三祇人
死比合也使無鰥曠次肆也居肆以成材祇敬也記曰宋陽門之介夫死子罕哭之哀而民悅三者皆以斂其情使壹意以
事上　此毗志反凡此七者侵之酌也孔曰言酌此法以成侵四時一春違其農

二夏食其穀三秋取其刈四冬凍其葆刈禾之可刈者孔曰凍葆謂發露其葆聚葆與保同管子云窘則民失其所葆注云謂所恃爲生者也三與一政以和時二伐亂以治三伐飢以飽孔曰此所行之當也凡此七者伐之機也孔曰機要也三哀一要不廞二喪人三擯厥親孔曰哀敵人之困窮如此要當爲惡擯一作損葛其仁曰惡喪荒也廞當爲廞盈也因喪荒而空虛故爲可哀損其親而無輔亦在可哀之列愚謂禮不伐喪聞喪而還春秋善之喪如字盧讀去聲謂失位者也四赦一勝人必廞二取威信復三人樂生身四赦民所惡孔曰廞謂益之復謂有之皆赦救也愚謂此節未詳孔說謬訛當闕疑凡此七者陳之來也孔曰所以懷來之六厲一仁厲以行二智厲以道三武厲以勇四師厲以士五校正厲御六射師厲伍仁者不欲其煦嫗智者不欲其穿鑿武欲其共用師眾欲其知方校正主馬故以厲御射師主射故以厲伍五衛一明仁懷恕二明智輔謀三明武攝勇四明材攝士五明藝攝官恕者仁之術故欲明仁在懷之以恕攝持也任士惟其材宅官惟其藝攝書

涉反說文云引持也後漢書注云猶言正也凡此十一者戰之振也謂所以振作之六廣一明令二明醜三明賞四明罰五利兵六競竟竟終也競於終言不懈也五虞一鼓走疑二備從來三佐車舉旗四采虞人謀五後動撚之鼓之卽走疑其誘我備從來防其斷我歸路佐車戎車之貳春秋傳曰鄭周父御佐車舉旗張疑兵也虞人知山澤之險采其謀以出奇兵敵人陳後亂而後蹂蹈之蓋以奇兵取勝撚乃殄反孔曰從也案淮南兵略訓前後不相撚左右不相干注云撚蹂蹈也說文云抶也一曰蹂也凡此十一者鬭之客也客寄也言所寄以爲鬭者也無競惟害有功無敗孔曰雖强常念害則不敗也

大明武弟九

畏嚴大武曰維四方畏威乃寧孔曰大武之道四方畏威天下乃寧天作武脩戎兵以助義正違順天行乾爲金兵之象也健而剛武之義也人君則之詰戎兵以順天道五官官候厥政謂有所亡五官司徒司馬司空司士司寇殷制也候視亡失也城廓溝渠高厚

是量既踐戎野備慎其殃敬其嚴君乃戰敖量其形埶以定謀孔曰言當明耳目遠斥候丁曰可戰可赦如武王觀兵于商十藝必明加之以十因靡敵不荒孔曰荒敗也荒如太元荒家及國之荒亡也陳若雲布侵若風行輕車翼衛在戎二方陳密侵疾又以輕車張左右翼我師之窮靡人不剛置之死地使人自爲鬭十藝一大援二明三餘子四長興五伐人六刑餘七三疑八間書九用少十興怨大援與國使能謂之明從使也餘子卿大夫之庶子周禮諸子掌國子之倅若有甲兵之事則授之車甲而合其卒伍興如軍興之興謂長于興積者伐人長于擊刺者三疑一虛者實之二實者虛之三虛虛實實皆使敵人疑而莫測間書遺之書以離間之用少謂簡其精鋭興怨如晉侯退舍致曲于楚使衆怨之使能謂之明管子四時篇文從才用反使也廣雅釋詁文興如字周禮旅師平頒其興積注云縣官徵聚物曰興是也刑餘孔曰赦徒也三如字盧云當爲參間去聲謀也十因一樹仁二勝欲三賓客四通旅五親戚六無告七同事八程巧九口能十利事孔曰凡成皆有因也勝欲以義勝欲愚謂賓客聘問行人通旅行旅同事君臣一心巧技也利

事謂車甲器械藝因代用是謂强輔應天順時時有寒暑風雨飢疾民乃不處移散不敗農乃商賈丁曰代用猶言並用民尚不得安處何可用兵愚案董子繁露云寒暑移易謂之敗歲此言民既移散雖不逢敗歲亦如商賈之轉徙無常矣　輔舊作轉丁曰言妙于運用茲依王念孫說訂委以淫樂賂以美女此於上下文理不順疑後人羼入　主人若杖囗至城下高堙臨內日夜不解方陳並功云何能禦雖易必敬是謂明武闕處當是禦字堙距堙上城貝盧曰功攻同孔曰禦當也　杖俗作仗堙音因土山也兵書攻城有爲堙之法解讀爲懈陳俗作陣功讀爲攻易音異　城高難平湮之以土開以走路俄傳器櫓孔曰湮土謂爲土山以臨之也趙曰傳著城也愚謂器兵器櫓大盾也　湮與堙同填塞也俄傳故書作俄傳盧云當爲蛾傳墨子有備蛾傳篇因風行火障水水下惠用元元不侮其寡元元民也不敢侮敵之寡亦雖易必敬也不侮舊作文誨茲依丁本　旁隧外權燻城湮溪老弱單處其謀乃離洪頤煊曰隧與攻城穴土之法權謂烽火也孔曰單處謂無保障　權字亦作爟音貫又音權史記封禪書通權火張晏曰烽火也狀如

井綮皋其法類稱故謂之權既克和服使衆咸宜竟其金革是謂大夷竟終也言金革之事終孔曰咸皆夷平也

## 小明武弟十

凡攻之道必得地勢以順天時觀之以今稽之以古孔曰兵凶器戰危事故必詳慎之稽考也攻其逆政毀其地阻立之五教以惠其下矜寡無告實爲之主逆政害民之政地阻關阨也爲之主言在所先也五教允中枝葉代興孔曰五教五常之教枝葉謂衆善政也　興盛也古讀如因與中叶盧疑當作舉非是國爲僞巧後宮飾女荒田逐獸田獵之所游觀崇臺泉池在下淫樂無既百姓辛苦上有困令乃有極□此卽所謂逆政也僞巧猶言淫巧荒蕪也所言以之爲所也游觀可游衍觀望者既盡也賈子曰心省恤人謂之惠反惠爲困孔曰言凡有此事皆可伐　觀古玩反樂音洛上困下騰戎遷其野敦行王法濟用金鼓騰如沸騰之騰遷其野伐之也敦大也孔曰濟成也言以金鼓濟其伐　敦都昆反

降以列陳無悗怒口按道攻巷無襲門戶無受貨賂攻用弓弩受降于列陳之間言不以殺人為功悗憤也闕處疑是者字按止也道鈔寇之道巷徑路謂掎角之師門戶謂謹守門戶不相抗拒者孔曰言不赦有罪怒伐無辜襲掩也　悗毋本反莊子悗乎忘其言義與慸同按烏旰反爾雅云止也又阿葛反義同盧云漢武帝封韓說為按道侯本此上下禱祀靡神不下具行衝梯振以長旗懷戚思終左右憤勇孔曰先祈禱而後攻戰也丁曰衝衝車梯木階虎韜兵略篇視城中則有雲梯飛樓愚案淮南子注云衝車大鐵著其轅端馬被甲車被兵以衝突敵城也振舉也懷戚憫敵民之困思終戰不正勝也無食六畜無聚子女羣振若雷造于城下鼓行參呼以正什伍孔曰言士卒之奮厲也　雷本亦作電上有軒冕斧鉞在下勝國若化故曰明武軒冕賞有功斧鉞誅違命

## 大匡第十一

維周王宅程三年遭天之大荒作大匡以詔牧其方三州之侯

咸率程古畢程氏之虛蠲騆以爲安陵今陝西西安府咸陽縣東有安陵城詩言文王伐密後度其鮮原居岐之陽卽啄遷程事或言上季已居程則此不得言宅程三年也以大臣之法詔諸臣養其民遂爲諸侯所遵行此書之原序也孔曰文王初未得三分有二故三州也王乃召冢卿三老三吏大夫百執事之人朝于大庭孔曰冢卿孤卿三吏三卿也愚謂三老國老也謂致仕者庭當爲廷大廷外朝之廷在庫門內雉門外問罷病之故政事之失刑罰之戾哀樂之尤賓客之盛用度之費及關市之征山林之匱田宅之荒溝渠之害怠憜之過驕頑之虐水旱之菑罷亦病也戾乖尤過也匱乏之材用也荒廢也溝渠塞則害于田畝怠憜惰農驕頑貴游之士自刑罰以下十者皆政之失故致水旱之菑曰不穀不德政事不時國家罷病不能胥匡二三子不尙助不穀官考厥職鄉問其人因其耆老及其總害愼問其故無隱乃情及某日以告于廟有不用命有常不赦孔曰不尙尙也問人政得失總衆人常常刑也愚謂總害謂凡所害民者惠半農疑是總轄之譌非是王旣發命入

食不舉百官質方口不食饔孔曰王不舉樂百官徹膳以思其職右道也丁曰饔熟食也割亨煎和之稱愚謂質問也闕處疑是咸字及期日質明于麻衣以朝朝中無采衣孔曰凶服自居為荒變盧曰凶禮有五荒居一焉詩云麻衣如雪蓋純素也愚謂質平也麻衣蓋麻冕而白布深衣采衣元衣纁裳官考其職鄉問其利因謀其菑旁序於眾無敢有違旁廣也丁曰究其利害而為之調劑也孔曰眾眾民百官卒職故無違詰退驕頑方收不服愼惟怠墮什伍相保動勸游居事節時茂農夫任戶戶盡夫出孔曰方收方方收其不服化者也茂勉也言無戶不出夫以勸農愚謂詰責也相保相任也游居游于閒居者任以其任任之也動勸疑當作勤勸農廩分鄉鄉命受糧程課物徵躬競比藏比藏比方其所藏也每鄉見存農廩命各籍其數至來歲程課其登耗合而驗之以為鄉大夫之殿最則各競比藏而蓄積裕矣藏不粥糴糴不加均藏者不輕粥以備荒亦不許重糴以居奇其未有蓋藏者糴不加均多從所有不限也賦洒其幣鄉正保貸成年不償信誠匡助以輔殖財孔曰洒散也幣以糴以貸窮也名曰貸而不償所以生殖民財

也愚謂鄉正鄉大夫也春秋傳曰使四鄉正敬享保而後貸防姦欺也貸節貸所酒之幣財殖足食克賦爲征數口以食食均有賦量其力能供賦而後征之周禮民數穀數並藏于天府以口計食率人三鬴而食足孔曰均民足食而征其賦以入官也外食不贍開關通糧糧窮不轉孤寡不廢外鄰國也贍足也通糧予之糴也如國內糧少則不轉運出外然孤寡無告亦必助恤之滯不轉留轉留當爲留轉年豐穀滯則不留所轉恐糴賤而傷農戍城不留眾足以守邊城穀雖不滯亦不留但使其眾足資以守而已眾舊闕依陸本出旅分均馳車送逝旦夕運糧出旅軍興也分均謂將卒同食無美惡分扶粉反於是告四方游旅旁生忻通津濟道宿所至如歸旁廣也生生意忻樂也大聚篇云二十里有舍舍有委故所至如歸幣租輕乃作母以行其子易資貴賤以均游旅使無滯幣錢幣租租賦重曰母輕曰子幣租輕則物貴故作重幣以行之韋昭稱賈侍中說虞夏商周金幣三等黃爲上幣銅鐵爲下幣資財也物貴則以母權子物賤則子獨行孔曰非但租賦作母行子游旅易資亦然無粥熟無室市市中禁粥之物市于室者權內外以立均無蚤莫閭次均

行均行衆從周禮司市平肆展成奠賈立均郎奠賈也閭市門次吏所治舍思次介次也司市之屬非時巡察不使蚤莫異價莫俗作暮閭次均行或作閭次游行積而勿口以罰助均無使之窮平均無乏之利民不淫闕處疑是粥字居奇射利則罰其貨以助均市價窮乏之皆謂用物無播蔬無食種播棄也種蔬穀之種孔曰可食之菜曰蔬種上聲以數度多少省用度入之多少而節其用已上皆言備荒之政可通行于豐年者此下乃正言荒政祈而不賓祭服澈不制賓繹祭賓尸也孔曰不賓殺禮不制不造新也車不雕飾人不食肉畜不食穀國不鄉射樂不牆合孔曰畜謂馬也盧曰牆合所謂宮縣也牆屋有補無作資農不敗務資謂補助之孔曰農務不廢棄也非公卿不賓賓不過具孔曰唯賓公卿酒食而已哭不留日祭降一等祭喪之祭也孔曰留盡也降一等爲荒降之祭舊作登茲依丁本庶人不獨葬伍有植送往迎來亦如之植將主也大聚篇云五戶爲伍以首爲長是也植直吏反有不用命有常不違不違猶言毋違、

程典第十二

維三月既生魄文王合六州之侯奉勤于商商王用宗讒震怒無疆諸侯不娛逆諸文王文王弗忍乃作程典以命三忠三月建卯之月既生魄十七日也宗讀爲崇史記周本紀載崇侯虎譖西伯曰西伯積善累德諸侯皆嚮之將不利于帝紂乃囚西伯于羑里淮南道應訓桓譚新論亦載之據皇甫謐說在紂二十年娛樂也奏事上書曰逆典常也忠當爲恖古文臣字諸侯知紂怒不測恐不利于文王故勸其振商文王不忍作此以命三卿使守其國呂氏春秋云紂欲殺文王文王曰父雖無道子敢不事父乎君雖無道臣敢不事君乎孰王而可畔也即此弗忍之義也　宗鋤弓反牧誓是崇漢書谷永傳作是宗此二字通假之譖娛本或作虞義同逆如復逆之逆盧云戰國策臣作恖古字也曰助余體民無小不敬如毛在躬拔之痛無不省孔曰毛以喻小也無不省故宜敬小也政失患作作而無備死亡不誡誡在往事備必慎孔曰以往事誡將來備思地思地慎制思制慎人思人慎德德開乃無患守國以法用法以人擇人以德故無所不慎而要在慎德孔曰開通

也故書開字重出依陸麟書說衍愼德必躬恕恕以明德言愼德也德當天而愼下下爲上貸力競以讓讓德乃行愼下必翼上此及下節言愼人也當合貸假翼敬也德合天之無私而以愼道教其下不求備于下下感而齎遜讓風行故敬其上上中立而下比爭省和而順攜乃爭和乃比比爭無政無政無選無選民乃頑頑乃害上故選官以明訓頑民乃順比比黨爭競省廢攜離也言不能愼下則上無所偏倚而其下非比暱爭廢和順之道故離之則爭和之則比比以爭君國無政衆醜頑嚚不能用賢頑者不從上之教令省悉幸反國語云天道道可而省不韋昭注省去也莊子天道篇釋文省廢也愼守其教小大有度以備菑寇此及下三節言愼制也協其三族固其四援明其伍候習其武誡依其山川通其舟車利其守務三族父族母族妻族也四援四鄰與國伍候賈逵云五方之候敬授民時四方中央之候王肅云山候澤候林候川候平地候也愚謂賈說近是依保也守務守國之務孔曰修文教誡武簡聖王之事伍五同依保也楚辭王逸注士大夫不雜于工商商不厚工不巧農不力不可

成治士之子不知義不可以長幼工不族居不足以給官族不鄉別不可以入惠四民各專其業善其事乃可成治不厚淺貧也力勤也長幼猶言長人百工羣居則相觀而善否則見異思遷鄉別則知民穀之數而行補助入致也管子定民居之法蓋出於此　商不厚至不可成治十三字舊作注文今從丁本爲上不明爲下不順無醜輕其行多其慝不智孔曰言國無恥醜也不重其行自多其愚何智之有哉　慎地必爲之圖以舉其物物其善惡度其高下利其陂溝愛其農時脩其等列務其土實差其施賦此及下節言慎地也圖地圖物謂山林川澤邱陵墳衍邍隰大司徒以土會之灋辨五地之物生具在周官物其善惡猶春秋傳云物土之宜瀦者爲陂流者爲溝農田之利也愛惜也等列謂上地不易中地一易下地再易務士實勤樹藝也差別也別其所施賦斂之法差音雌　設得其宜宜協其務務應其趣設施設也所施得其當而後能協其務而應其趣趣向也　慎用必愛工攻其材商通其財百物鳥獸魚鼈無不順時財用出于地故又言慎用也攻治也材入材財泉穀貨賄也孔曰順時所以愛之也　生穡省用不濫其

度（犢愛也言其生可愛濫過也）津不行火藪林不伐牛羊不盡齒不屠（津滋也謂滋生之時孔曰非時不火不伐老不任用食之　津王念孫謂當作澤）土勸不極美美不害用用乃思慎（士美禾善極美則地力盡矣物之美者須適于用則無侈靡之失以上四節言慎用也）口備不敬不意多口用寡立親用勝懷遠遠格而邇安（立親猶云立愛仁民愛物皆由親親推之故曰用寡勝勝算也格至也）於安思危於始思終於邇思備於遠思近於老思行不備無遠嚴戒（思危故泰可保思終故幾必察思備則邇不泄思近則遠不忘思行則耄不倦不備言所當思者非盡此也文王緝熙敬止之心於此可見）

程寤弟十三亡

秦陰弟十四亡

九政弟十五亡

九開弟十六亡

劉法第十七亡
文開第十八亡
保開第十九亡
八繁第二十亡

皇清經解續編卷千二十九終

長沙王　賓
善化劉　鍔　校

逸周書集訓校釋三　嘉定朱右曾亮甫著

## 酆保第二十一

維二十三祀庚子朔九州之侯咸格于周王在酆昧爽立于少庭

文王即位四十二年受命於是伐崇而作酆邑云二十三祀非也以周厤推之文王四十三年十一月爲庚子朔葢古文四字積畫相重故譌耳九州廣言之尙書中候云維王既誅崇侯虎諸侯貢萬民咸喜正謂此也酆在今西安府鄠縣東昧爽早旦也少庭少寢之庭　周厤厤術見甄鸞五經算術文王四十三年元餘四百八十四歲以章月二百三十五乘之得十一萬三千七百四十以章歲十九除之得積月五千九百八十六閏餘六以周天分二萬七百五十九乘積月如日法九百四十而一得積日十七萬六千七百七十一小餘六百三十四大餘十一則是年周正月乙亥朔也求次月朔者加大餘二十九小餘四百九十九小餘滿日法除之從大餘如是累加之推得是年建亥月爲庚子朔也錢塘述古錄以爲是文王二十祀正月朔則與在酆之文不合

王告周公旦曰嗚呼諸侯咸格來慶辛苦役商

吾何保守何用行來慶賀遷邑也言諸侯苦商而來歸吾何以保守之何用行而可旦拜手稽首曰商爲無道棄德刑範欺侮羣臣辛苦百姓忍辱諸侯莫大之綱福其亡亡人惟庸句王其祀句德純禮明句允無二卑位柔色金聲以合之刑範皆法也反慈爲忍羣臣百姓諸侯乃莫大之綱紀今紂如此福其亡矣葛其仁日亡人謂逃人庸用也傳曰紂爲天下逋逃主愚謂二貳通卑位謙也柔色和也金聲肅也王乃命三公九卿及百姓之人曰恭敬齊潔咸格而祀于上帝百姓之人百官也不戒諸侯客之也董子繁露云已受命必先祭天乃行事是受命後得祭天也商饋始于王商度饋歸也祭畢饋膰自此始也因饗諸侯重禮庶吏出送于郊庶吏諸侯之從者樹昬于崇內備五祥六衞七厲十敗四葛外用四蠹五落六容七惡樹立也昬石也楚辭曰藏珉石也千金匱五祥以下即樹昬之文示後世保國之道必于崇者亡國之墟以爲鑒戒也祥善厲厲也葛古通葢掩覆也蠹害落散容容忍也　昬舊作昏茲依丁本眉貧反說文作珉云石之美者葛讀爲葢葛天亦作葢天也落如落實取材之落零落也

五祥一君選擇二官得度三務不舍四不行賂五察民困（丁曰五祥皆用人行政之大者務不舍言庶務皆不敢廢弛也）六衛一明仁懷恕二明智設謀三明戒攝勇四明才攝士五明德攝官六明命攝政（趙曰明戒以攝其勇則知方而不妄選明德以攝其官則在官者皆以實心行實政矣　設疑攝之誂戒本或作武德攝本或作藝法）七厲一翼勤厲務二動正厲民三靜兆厲武四翼藝厲物五翼言厲復六翼敬厲衆七翼智厲道（翼輔也）十敗一佞人敗樸二諂言毀積三陰資自舉四女貨速禍五比黨不揀六佞說鬻獄七神龜敗卜八賓祭推穀九忿言自辱十異姓亂族（佞巧諂媚也莊子曰莫之顧而進之謂之佞希意道言謂之諂毀積毀我之積行也舉用也陰狠之資好自用也速召也不揀不知所擇也鬻賣也敗卜謂瀆則不告推如以麻推之之推求也臨事而求穀不辯孰甚焉言悖而出亦悖而入是自辱也亂族謂以疏間親）四葛一葛其農時不移二費其土慮不化三正其賞罰獄無姦奇四葛其戎謀

族乃不罰移易也作訛成易之時不可移易也費耗也罰竭盡地力物生曰化奇如奇車之奇謂奇邪不法也密其戎謀乃能保其氏族四蠹一美好怪奇以治之二淫言流說以嚴之三羣巧仍興以力之四神巫靈寵以惑之治化也淫言巧言流說浸潤之說羣巧士木之功仍數力勤寵眷也詭言神靈眷寵使怠于政治音持素問治而善下注云化也五落一示吾貞以移其名二微降霜雪以取松柏三信蟜萌莫能安宅四厚其禱巫其謀乃獲五流德飄枉以明其惡示貞移名言著善以論不善之名霜雪喻惡松柏喻君子之守蟜害惡有萌萌蘖也喻小人也厚禱巫如晉侯有疾曹豎貨筮史使以曹爲解也德直枉曲也造爲蜚語如水之流如風之飄蟜居天反六容一游言二行商工三軍旅之庸四外風之所揚五困失而亡作事應時時乃喪六厚使以往來其所藏游游說庸功也餘未詳困本或作因乃字下疑脫一不字七惡一以物角兵二令美其前而厚其傷三間於大國安得吉凶四交其所親靜之以物則以流其身五

率諸侯以朝賢人而已猶不往六令之有求遂以生尤七見親所親勿與深謀命友人疑以微物與兵如吳楚以爭桑起釁令善也貌恭情險如句踐豢吳安得吉凶言吉凶由大國靜謀也流沈溺也如越獻西施因以沼吳也率勸也尤過也本令有求卻府罪以沽潔所親所當親者命令也友人友邦君也如漢以草具間范增于項羽是也凡此所陳蠹落容惡之目聖人非以此傾人國欲子孫知而防之勿墮其術耳　靜與竫同爾雅云竫謀也率如字小爾雅云勸也旦拜曰嗚呼王孫其尊天下適無見過過適無好自益以明而迹孫讀爲遜不恃其尊天下將來不知其過過益多爲人君者無益其過乃可明其迹于天下也王念孫讀爲天下無見過讁非是嗚呼敬哉視五祥六衛七厲十敗四葛不修國乃不固務周四蠹五落六容七惡不時不允不率不綏反以自薄周徧也徧知之也時是允信率循綏安也　綏舊作緩依盧文弨改嗚呼深念之哉重維之哉不深乃權不重從權乃慰不從乃潰潰不可復戒後人其用汝謀言不深念重維不知權之可貴權以用中從權則民慰不從則民潰氐解土崩悔之

何及重維直龍反不重如字尊尙也王曰允哉

大開第二十二

維王二月既生魄王在酆立于少庭兆謩九開開厥後人八儆五戒王二月商正二月也兆臣名九開卽第十六篇之書也兆以九開之言陳謨于王　謩舊作墓王念孫曰當爲基兆始也今攷九開爲書篇名則墓乃謩字之譌下有戒後人其用汝謀則兆爲臣名不當訓始八儆一囗旦于開二躬修九過三族修九禁四無競維義五習用九教六囗用守備七足用九利八寍用懷囗九過見文政篇餘未詳五戒一祗用謀宗二經內戒工三無遠親戚四雕無薄囗五禱無憂玉及爲人盡不足祗敬宗主也經理內政須戒飭女工親戚宗族兄弟玉所以禱淫祀而不務民義王念孫曰憂當爲愛王拜儆我後人謀競不可以藏戒後人其用汝謀維宿不悉日不足拜受其謨以儆後人之謀自强者藏匿宿夜悉盡也言日夜黽皇常如不及也

小開第二十三

維三十有五祀王念曰多口正月丙子拜望食無時汝開後嗣謀三當爲四王念曰多口句當在拜望句下望日月相望也周禮太僕贊王鼓日月食亦如之春秋傳曰日食則諸侯用幣于社伐鼓于朝月食無文準太僕之文當亦用幣故云拜望王見月之眚念德之明若天詔之開後嗣謀也　文王四十有五祀以周厤推之是年商正月癸亥朔十四日得丙子古厤疏有晦而日食者故十四日望曰嗚呼于來後之人余聞在昔曰明明非常維德曰爲明食無時汝日夜何脩非躬何慎非言何擇非德于曰也日月至明而遭薄蝕維德亦然緝熙爲明而後常明不然亦如日月之食無時也　日字依丁本增嗚呼敬之哉汝恭聞不命不讀爲丕大也丕不古通左傳秦丕茲一本作不茲賈粥不讐謀念之哉不索禍招無曰不免不庸不茂不次人菑不謀迷弃非人讐售古今字不售則謀反己而已索思索也不反己而責人所以招禍不可誘之數也庸功茂勉次序菑禍也言不思奮庸不知茂勉將有不次之禍猶不自謀則終身迷弃于非人矣朕聞用人

不以謀說說惡諂言色不知適適不知謀謀泄汝躬不允諂僭適善也色不知適色莊者非必君子也適不知謀有守者未必有猷也泄失也　諂音叨適如字廣雅云善也高誘呂覽注云動中禮義謂之適泄先結反春秋緯曰君精泄注云失也嗚呼敬之哉後之人朕聞曰謀有共軵如乃而舍人之好佚而無窮貴而不傲富而不驕兩而不爭聞而不遙遠而不絕窮而不匱者鮮矣丁曰淮南覽冥訓注云軵推也言相推以致遠也佚安逸也遙搖通匱宜作潰溢也愚謂乃汝也兩謂權相侔　軵而隴反說文云反推車令有所付也汝謀斯何嚮非翼維有共枳枳亡重大害小不堪柯引嚮往翼敬枳枝也下者上之枝葉以爲藩蔽者也重多也柯斧柄引取也蔽焉而縱尋斧雖小者猶不可　枳讀爲枝爾雅枳首蛇釋文稱孫炎云蛇有枝首是古通用也維德之用用皆在國謀大鮮無害嗚呼汝何敬非時何擇非德君有德則人皆爲用若不慎德至失政之後思去大臣以收威柄則必有害也德枳維大人大人枳維公公枳維卿卿枳維大夫大夫枳維士登登皇皇君枳維

國國枳維都都枳維邑邑枳維家家枳維欲無疆大人天子也登登衆也皇皇美也四縣爲都四井爲邑言大小相輔上下相維遞爲藩蔽也動有三極用有九因因有四戚五和極明與與有畏勸汝何異非義何畏非世何勸非樂三極三才之理詳小開武篇九因四戚五和詳大開武攷大武謀獲篇與與當作翼翼何畏當作何翼敬也可畏者世之不承

三極無疆動獲九因無限務用三德順攻奸慝言彼翼翼在意

仍時德三德卽三極也仍滿也時是也仍牣通子虛賦充仞其中慝舊闕茲從丁本春育生素草肅疏數滿夏育長美柯華務水潦秋初藝木節落冬大劉倍信何謀本口時歲至天視肅讀爲息生也疏數猶云遠近柯幹華英也大雨時行故務防水潦藝才也言成才也春言草秋言木互文也節落枝節解落劉殺也倍背也視古文示肅息古通假尚書肅愼史記作息愼禮記禮運功有藝也鄭注藝猶才也

嗚呼汝何監非時何務非德何興非因何用非極維周于民人句謀競句不可以後戒後戒宿不悉日不足監視興動周徧

也

## 文儆第二十四

維文王告夢懼後祀之無保庚辰詔太子發（夢蓋猶孔子兩楹之夢）曰汝敬之哉民物多變民何嚮非利利維生痛痛維生樂樂維生禮禮維生義義維生仁（民之爲物其情多變利必有害故生痛知其害而安於分次則知足而樂樂則能循理之節文循理以處事曰義安義無私曰仁）嗚呼敬之哉民之適敗上察下遂信（上之所爲民之所歸察猶末爲而下已趨之）何嚮非私私維生抗抗維生奪奪維生亂亂維生亡亡維生死嗚呼敬之哉（各逞其私則相抗抗而不已則相奪亂謂無法紀也亡逃亡）汝慎守弗失以詔有司夙夜勿忘若民之嚮引（知民適敗皆自上始則舉念凜然若民之環嚮而相引）汝何慎非遂遂時不遠非本非標非微非煇壞非壞不高水非水不流（遂成也成其治也標末煇著也民爲邦本非本則無標治道起于微渺非微則

無著君非民誰與守邦嗚呼敬之哉倍本者槁汝何葆非監不維一保監順時維周于民之適敗無有時蓋後戒後戒謀念勿擇葆守也一讀爲壹專意也周周防也蓋覆也君所以覆民擇讀爲斁厭也倍與背同順與慎通擇丁故反毛詩古之人無斁韓詩作擇

## 文傳弟二十五

文王受命之九年時維莫春在鄗召太子發曰嗚呼我身老矣吾語汝我所保與我所守傳之子孫文王即位四十二年而受命至此五十年矣鎬在豐東二十五里詩曰考卜惟王宅是鎬京蓋文王營之而武王成之也保安也吾厚德而廣惠忠信而志愛人君之行志當爲慈或爲子孔晁曰四者君德不爲驕侈不爲泰靡不淫于美括柱茅茨爲民愛費泰肆靡侈也括刮也刮去其皮不文飾也茨屋蓋孔曰言務儉也因就木枝曰括山林非時不升斤斧以成草木之長川澤非時不入網罟以成魚鼈之長不卵不蹼以成鳥獸之長畋獵唯時不殺童羊不

夭胎童牛不服童馬不馳不騖澤不行害土不失其宜萬物不失其性天下不失其時蹼䙰獸足也夭胎毀胎也騖澤猶云竭澤行害如非時火田以藥餧獸之類不卵不蹼本作不麛不卵據說文訂蹼音巽獵本作漁羊亦作牛故書作佃漁以時童不夭胎馬不馳騖土不失宜茲據太平御覽八十四卷訂正土可犯材可蓄潤溼不穀樹之竹葦莞蒲礫石不可穀樹之葛木以爲絺綌以爲材用犯讀爲範範土爲器陶瓬之事也莞苻蘺蒲水草皆可爲席或云蒲柳也礫細石盧曰絺綌謂葛材用謂木孔曰所謂土不失宜 御覽九百九十五卷引此云葛小人得其葉以爲羹君子得其材以爲絺綌以爲朝廷夏服疑孔注軼文故凡土地之間者聖人裁之並爲民利是以魚鼈歸其淵鳥獸歸其林孤寡辛苦咸賴其生裁裁成賴其生賴以養其生也 故書無以字獸字依丁本訂淵舊作泉葢唐人避諱改今正山林以遂其材工匠以爲其器百物以平其利商賈以通其貨工不失其務農不失其時是謂和德遂遂長孔曰和故不失土多民少非其土也土少人多非其

人也是故土多發政以漕四方四方流之土少安帑而外其務方輸夏箴曰中不容利民乃外次開望曰土廣無守可襲伐土狹無食可圍竭二禍之來不稱之災孔曰漕轉流歸言移內入也夏箴禹之戒書也利福業次舍于田開望古書名也政以人土相稱爲善愚謂發政以漕如大聚篇所云是也外務謂設業于外使各輸穀以養圍竭圍之以待其竭　潛夫論引此云土多人少莫出其材是謂虛土可襲伐也土少人衆民非其民可遺竭也是故土地人民必相稱也　天有四殃水旱饑荒其至無時非務積聚何以備之夏箴曰小人無兼年之食遇天饑妻子非其有也大夫無兼年之食遇天饑臣妾輿馬非其有也國無兼年之食遇天饑百姓非其有也戒之哉弗思弗行禍至無日矣明開塞禁舍者其取天下如化不明開塞禁舍者其失天下如化孔曰積材用聚穀蔬古者國家三年必有一年之儲非其有言流亡也不明謂失其機變化之頃謂其疾丁曰開塞開源節流也禁粥熟室市舍舍用振穹　此節及孔注舊

有訛脫據羣書治要太平御覽玉海所引增訂人各修其學而尊其名聖人制之丁曰衣食足則禮義興制之言制禮也故諸橫生盡以養從生從生盡以養一丈夫孔曰橫生萬物也從生人也一丈夫天子也言兆民養天子也　從子容反無殺天胎無伐不成材無墮四時如此者十年有十年之積者王有五年之積者霸無一年之積者亡生十殺一者物十重生一殺十者物頓空十重者王頓空者亡此言積聚之不可緩也霸若昆吾大彭豕韋也孔曰生多則重生少則空兵強勝人人強勝天能制其有者則能制人之有不能制其有者則人制之令行禁止王之始也孔曰勝天謂有天命　故書王下脫之字據羣書治要補出一曰神明出二曰分光出三曰無適異出四曰無適與無適與者亡此言威柄不可下移也孔曰政出二臣分君之明光亦明也君臣無適異民無適與不亡何待　適丁歷反主也專也

## 柔武第二十六

維王元祀一月既生魄王召周公旦曰嗚呼維在文考之緒功維周禁五戎五戎不禁厥民乃淫孔曰此文王卒之明年春也愚謂據此可知史記漢書謂武王不改元之謬一月周正月也在察也緒謂未竟之業周帀也五戎五者致戎之道一曰土觀幸時政賈不疑二曰獄讐刑赦姦吏濟貸三曰聲樂□□飾女滅德四曰維勢是輔維禱是怙五曰盤遊安居枝葉維落五者不距曰生戎旅興土功築遊觀徼幸于閒暇之時讐謂讐獄赦罔濟成貸忒輔附盤樂也枝葉維落言臣民解體距絕也故必以德爲本以義爲術以信爲動以成爲心以決爲計以節爲勝成成其功也務在審時紀綱爲序和均道里以匡辛苦見寇□戚靡適無□勝國若化不動金鼓善戰不鬬故曰柔武四方無拂奄有天下匡救也孔曰辛苦窮也拂違也無拂言威也王念孫曰適與敵同無下闕文當是下字

大開武第二十七

維王一祀二月王在酆密命訪於周公旦曰嗚呼余夙夜維商密不顯誰和告歲之有秋今余不獲其落若何前篇云元祀此不應云一祀且距伐紂時尚遠或是十祀之訛下篇倣此盧曰密如君不密之密蓋云茲事密不顯誰其與我合意者愚謂落落實取材也是時紂已疑周周亦忌商矣周公曰茲在德敬在周其維天命王其敬命遠戚忠信爲周戚憂也無干和無再失維明德無佚佚不可還維文考恪勤戰戰何儆何好何惡時不敬殆哉干和謂賞罰刑政之乖再失貳過也佚逸豫也一日偷安雖悔無及何敬言無所不敬何好何惡言無有作好作惡也干故書作十茲依丁本王拜曰允哉余聞國有四戚五和七失九因十淫非不敬不知今而言維格余非廢善以自塞維明戒是祗孔曰言非不欲敬而未知所聞而汝格至也是祗敬之愚謂塞滿也周公拜曰茲順天天降寤于程程降因于商商今生葛葛右有周維王其明用開和之言言孰敢不格趙云降寤于程即指太姒之夢愚謂葛蔓延之草喻

政亂也右助也言昔天窮周以夢囚商政已失今商更淫戲自絕于天是右助有周也開和疑是書名未詳四戚一內同姓二外婚姻三官同師四宦同勞妻父曰婚壻父曰姻師長也同師同僚也 姓舊作外茲從丁本五和一有天維國二有地維義三同好維樂四同惡維宦五遠方不爭得天心方能享國資地之利以和義同好惡言人和也不爭孔曰以文德來遠七失一立在廢二廢在祇三比在門四諂在內五私在外六私在公七公不違趙曰立在廢立者在所廢也廢在祇廢者在所祇也孔曰暱比近諂公私干錯公法不能違之所謂失愚謂立即八柄之置也私在外外寵也私在公假公濟私也九因一神有不饗二德有不守三才有不官四事有不均五兩有必爭六富有別七貪有匱八好有遂九敵有勝不誠則不饗命去則不守用違其才則不官事有難易簡繁故不均物莫能兩大疑則戰故必爭富有別教之禮也好有遂天從民欲也敵有勝戰不正勝也十淫一淫政破國動不時民乃不保二淫好破義言不協民乃不和三淫樂破德德不純民乃

失常四淫動破醜醜不足民乃不讓五淫中破禮禮不同民乃
不協六淫采破服服不度民乃不順七淫文破典典不式教民
乃不類八淫權破故故不法官民乃無法九淫貨破職百官令
不承十淫巧破用用不足百意不成政賦斂徭役淫好聲色犬馬之屬協協于義也勤謂賞罰舉錯破醜不足以勸懲也淫中傲情也淫采開色不衷之服淫文巧言深文變亂舊章式用類善也權權勢故典故官不率成憲則民無法守貨假也以名器假人則無以勸功故令之而不承淫巧必費財財匱則事不成民乃不保舊脫乃字依北堂書鈔增
嗚呼十淫不違危哉今商維茲維去也孔曰言商紂所行如此十者之弊其
唯弟茲命不承殆哉若人之有政令廢令無赦乃廢天之命訖
文考之功緒忍民之苦不祥弟亥弟天將以周繼商宜益敬德以承之孔曰廢政令則罪不赦而乃廢天命絕父業忍民患是不祥也若農之服田務耕而不耨維草其宅之既秋
而不穫維禽其饗之人而獲飢云誰哀之服田力田也宅如甲宅之宅根也盧曰卽

背播背穫之意欲武王纘承文考之功緒王拜曰格乃言嗚呼夙夜戰戰何畏非道何惡非是不敬殆哉孔曰王心以周公言爲至故拜也

## 小開武弟二十八

維王二祀一月既生魄王召周公旦曰嗚呼余夙夜忌商不知道極敬聽以勤天命忌惡也惡其淫亂周公拜手稽首曰在我文考順明三極躬是四察循用五行戒視七順順道九紀是正戒警道由紀理也孔曰皆文王之所行三極既明五行乃常四察既是七順乃辨明勢天道九紀咸當順德以謀罔惟不行勢當爲埶法也三極一維天九星二維地九州三維人四左孔曰九星四方及五星也四左疏附禦侮奔走先後是也愚謂九星正歲時辨封域察禨祥九州奠山川則土壤周知其利害左助也毛詩傳曰率下親上曰疏附相道前後曰先後喻德宣譽曰奔走武臣折衝曰禦侮四察一目察維極二耳察維聲三口察維言四心察維念

四者審其邪正洪範之明聽從睿也 極當爲色 五行一黑位水二赤位火三蒼位木四白位金五黃位土 五行九疇之首位之所以修六府 七順一順天得時二順地得助三順民得和四順利財足五順得助明六順仁無失七順道有功 孔曰順天時得天道順道有功得人功思謂順利因利也順得當爲順德助明謂輔劭者明作有功也 九紀一辰以紀日二宿以紀月三日以紀德四月以紀刑五春以紀生六夏以紀長七秋以紀殺八冬以紀藏九歲以紀終 從子至亥爲辰配以甲乙所以紀日宿次也星紀至析木月與日會之次也日陽精常實故紀德有眚則修德月陰宗有盈有闕故紀刑有告則修刑孔曰日爲禮月爲法四時終則成歲 時候天視可監時不失以知吉凶 三月爲時五日爲候視示同監時不失兼三極四察七順言之 王拜曰允哉余聞在昔訓典中規非時罔有恪言日正余不足 惠棟曰恪古文格字

寶典弟二十九

維王三祀二月丙辰朔王在鄗召周公旦曰嗚呼敬哉朕聞曰何脩非躬躬有四位九德何擇非人人有十姦何有非謀謀有十散不圍我哉何慎非言言有三信信以生寶寶以貴物物周爲器美好寶物無常維其所貴信無不行（位所以立德所以行姦讀爲奸亂也散雜也圍困苦之意信者國之寶凡所謂寶者以物之可貴物周于用爲器天下美好之物不一惟視其君之所貴重若以信爲寶則蠻貊可行四海皆準　三祀唐書大衍厤議引作元祀今以周厤推之武王元年元餘四百九十二天正己未朔人正戊午朔惟建午月爲丙辰朔耳三年二月亦非丙辰朔當闕疑）行之以神振之以寶順之以事明衆以備改口以庸庶格懷患（神慎也振動也衆庶來歸猶懷後患）四位一曰定二曰正三曰靜四曰敬敬位丕哉靜乃時非正位不廢定得安宅（丕大哉始也慎終于始時非待時而動廢失宅居也）九德一孝孝子畏哉乃不亂謀二悌悌乃知序序乃倫倫不騰上乃不崩三慈惠知長幼知長幼樂

養老四忠恕是謂四儀風言大極意定不移五中正是謂權斷補損知選六恭遜是謂容德以法從權安上無慝七寬弘是謂寬宇準德以義樂獲純嘏八溫直是謂明德喜怒不郄主人乃服九兼武是謂明刑惠而能忍尊天大經九德廣備次世有聲孝者必敬敬畏必無亂謀倫理次也不騰不相超越崩墜失之意四儀四方所儀則風言流言大極已甚也權斷謂權其中正而斷之選善也補不足損有餘以臻至善也容德有容之德宇器宇恭遜寬容恐近優柔故濟之以法義純大嘏福也溫直溫厚易直也郄閒也喜怒以理故無閒隙主人為人主也武刑之大者溫肅並行天之大經次世猶言累世　故書孝字不重而衍一上字今訂

十姦一窮口干靜二酒行干理三辯惠干智四移潔干清五死勇干武六展允干信七比譽干讓八阿眾干名九專愚干果十愎孤干貞惠讀為慧移讀為侈自多其潔若陳仲子之類死勇期死也展允必信也國語所謂復言不謀身也比譽競名也專愚愚而自專也愎諫者必孤立　姦謝云當作干古字姦作奸奸與干通用史記尚以漁釣奸周是

也行去聲惠與慧通孔融傳將不早惠乎謂早慧也移與侈通梟氏侈弇故書作移是也比如字阿眾同流合污也十散一廢□□□□行乃泄□□□□□□三淺薄間瞞其謀乃獲四說咷輕意乃傷營立五行恕而不顧弗憂其圖六極言不度其謀乃費七以親爲疏其謀乃虛八心私慮適百事乃僻九愚而自信不知所守十不釋大約見利忘親孔曰間瞞不察謂所謀也慮曰說咷即悅佻不厚重也極言不度謂汗漫也丁曰乃傷營立謂敗其所經營創立者愚謂間私也瞞閉目之貌獲猶淮南子不獲五度之獲謀也行恕不願言與人不恕費拂也逆于理也適專主也心存固我故僻而不中釋解約要也言不中竅要間如字後漢書獨行傳間竄歸家注云私也說音脫咷音挑費音弗中肅費而隱釋文本作拂適丁厤反三信一春生夏長無私民乃不迷二秋落冬殺有常政乃盛行三人治百物物德其德是謂信極政法天以爲信信至而物感也信既極矣嗜欲□在在不知義欲在美好有義是謂生寶以義輔信信乃可寶好呼報切周公拜手

稽首興曰既能生寶恐未有臣子孫其敗既能生寶未能生仁恐無後親王寶生之恐失王會道維其廢王會可王之機也故書臣在曰字下茲依丁本王拜曰格而言維時余勸之以安位教之廣用寶而亂亦非我咎上設榮祿不患莫仁安以四位則能擇人教以九德則民興仁又設爵祿以勸之豈患無仁哉仁以愛祿允惟典程既得其祿又增其名上下咸勸孰不競仁維子孫之謀寶以爲常愛惜也擇仁而祿之是愛祿也賢臣迪哲記于功載是得祿而又增其名也

酆謀第三十

維王三祀王在酆謀言告閔此距伐紂時尚有八年云三祀疑誤商謀伐周人以其謀告武王王召周公旦曰嗚呼商其咸辜維日望謀建功謀言多信今如其何孔曰商君臣皆罪周日望以周建功也周公曰時至矣乃興師循故言謀言果信則

時至矣我當興師承之故初也謂用三同三讓三虞也初用三同一戚取同二任用能三

矢無聲戚親矢誓也無聲不譁也皆欲其同力同心三讓一近市二賤粥三施資孔曰

以財讓也近來民市施資以恩也三虞一邊不侵內二道不毆牧三郊不留人

禦之于竟不使內侵不毆牧不留人防鈔掠及閒諜王曰嗚呼允從三三無嘯厥徵可因

言三者前用之而無違既有徵矣可因而用之與周同愛愛徵無疾疾取不取疾至致

備曲禱不德不德不成害不在小終維實大悔後乃無與助微無疾惡

也言今天下諸侯助周者皆愛周者也次之雖不愛周亦無惡周之意則商雖惡周不能取也然在周不可不爲之備不然曲

禱之而神不德事不成厥害非小後悔無及曲舊作由據孔注曰曲爲非義神不德之是孔本作曲也今正帝命不

詔應時作謀不敏殆哉孔曰帝天詔僭敏疾也周公曰言斯允格誰從已

出出而不允乃菑往而不往乃弱士卒咸若周一心已謂紂也諸侯皆已

叛商誰從之出不允是菑不往是弱吾惟撫我士卒使之咸順周一心以應時而已

## 寤儆第三十一

維四月朔王告儆召周公旦曰嗚呼謀泄哉今朕寤有商驚予孔曰夢爲紂所伐故驚欲與無口則欲攻無庸以王不足戒乃不興憂其深矣乃猶而也周公曰天下不虞周驚以寤王王其敬命虞度也言無叛意奉若稽古維王克明三德維則戚和遠人維庸致王禱赦有罪懷庶有茲封福奉承若順稽同古天也言承順天道合于天之無私則民歸往之孔曰三德剛柔正直和近人則遠人用庶衆封大也愚謂庶有猶庶類也監戒善敗護守勿失無爲虎傳翼將飛入邑擇人而食爲虎傳翼喻助凶暴爲字舊脫據韓非子及文選注增傳音附不驕不吝時乃無敵驕泰吝嗇也吝本作悋王拜曰允哉余聞曰維乃予謀謀時用臧不泄不竭維天而已乃汝也謂公之謀王亦前聞之臧善也泄怠緩竭竭歷言天運有常故順天者不可先時後時也余維與汝監舊之葆咸祗曰戒戒維宿曰當爲日孔曰言戒于心宿古

文夙

皇清經解續編卷千三十終

長沙王賓
善化劉鐸校

逸周書集訓校釋四　　嘉定朱右曾亮甫著

武順弟三十二

天道尚左日月西移地道尚右水道東流人道尚中耳目役心西移陽趨于陰東流陰趨于陽孔曰耳目爲心所役也心有四佐不和曰廢地有五行不通曰惡天有四時不時曰凶孔曰四佐脾腎肺肝也愚謂廢廢疾也水木火土金不生則氣化絕不相勝則功用匱凶災也春秋傳曰天反時爲災天道曰祥地道曰義人道曰禮知祥則壽知義則立知禮則行禮義順祥曰吉祥象也天事恆象義宜也高卑燦陳各有宜也人如天之無爲則壽吉禮左還順天以利本武禮右旋順地以利兵將居中軍順人以利陳本謂治國之本陽主生陰主殺故喪禮亦尚右也人有中曰參無中曰兩兩爭曰弱參和曰强男生而成三女生而成兩五以成

室室成以生民民生以度謝曰有中無中謂男女形體孔曰陽奇陰耦五謂相配成室左右手各握五左右足各履五曰四枝元首曰末孔曰四枝手足元首頭也盧曰易大過象云本末弱本謂初末謂上又說文云木上曰末則以元首爲末理固然也五五二十五曰元卒一卒居前曰開一卒居後曰敦左右一卒曰閭四卒成衞曰伯開卽啓司馬法大前驅啓詩元戎十乘以先啓行是也敦厚也卽殿也左右一卒如里之有門故曰閭四卒百人克殷篇百夫是也鉏書皆言五伍爲兩四兩爲卒卒蓋後所改三伯一長曰佐三佐一長曰右三右一長曰正三正一長曰卿三卿一長曰辟盧曰伯統四卒百人以下皆三三而益佐十二卒三百人右三十六卒九百人正百八卒二千七百人卿三百二十四卒八千一百人辟九百七十二卒二萬四千三百人愚謂此周初三軍之制卿爲軍帥則正爲中大夫右爲下大夫佐爲上士伯爲中士平辟必明卿必仁正必智右必肅佐必和伯必勤卒必力孔曰卒二十五人之師故以勇力爲之也　和肅舊互易茲從丁本辟不明無以慮官卿不仁無以集衆伯不勤無以行令卒不

力無以承訓慮計度也集和也行奉行也均卒力貌而無比比則不順均伯勤勞而無攜攜則不和均佐和敬而無留留則無成均右肅恭而無羞羞則不興辟必文聖如度均同也貌若荀子請貌之蓋謂恭敬也無比欲其各致死力無攜欲其勞而不怨留遲滯也羞縮恧之意興奮發也文者以文德經武功孔曰聖君所爲如度度功不有差也比朋志反王念孫曰比當爲北古文背字元忠尚讓親均惠下集固介德元忠忠之大者讓謂不爭功不伐善親均惠下則能安集固守大德危言不干德曰正正及神人曰極世世能極曰帝孔曰不干謂不犯也愚謂正直之德孚于上下則造其極矣道敷于後裔則世世能極矣

武穆弟三十三

曰若稽古曰昭天之道熙帝之載撰民之任夷德之用總之以咸殷等之以口禁成之以口和咸康于民鄉格維時監于列辟敬惟三事永有休哉前篇訓軍制此篇訓軍政也天道溫肅生殺之道熙廣也帝載謂六府三事所以教

養萬民者也任以九職任之也夷常咸和也言將總此以誠和殷民也等齊也盧曰列辟周上世之賢君所當取法者也　闕處疑是九禁五和九禁見大開篇五和見大開武篇三事一倡德二和亂三終齊德有七倫亂有五遂齊有五備倫理遂通備具也五備一同往路以撲遠邇二明要醜友德以眾爾肅三明辟章遠以肅民教四明義倡爾眾教之以服五要權文德不畏強寵撲遠邇以節勞選要醜善惡之要友德順德也眾力競之意甯功辟法章明倡率服行也不畏強寵言法行台貴五遂一道其通以決其雍二絕口無赦不疑三挫銳無赦不危四閑兵無用不害五復尊離羣不敵道由也通迎服者決攻之也雍抗拒者挫折也謂不用命而敗衄者閑兵無用未詳復覆也孔曰羣離故不敵也　道音導雍塞也古無壅字復音福七倫一毀城寡守不路二通道不戰三小國不凶不伐四正維昌靜不疑五睦忍寍于百姓六禁害求濟民七一德訓民民乃章毀圯也不路師不入其境道通則不戰不上于殘民凶惡也正其綱維昌明安靜言有道

之邦也和睦容忍以安百姓禁害禁侵掠章謂明于敎訓 欽哉欽哉余夙夜求之無射 射厭也射音亦

## 和寤弟三十四

王乃出圖商至于鮮原召邵公奭畢公高 時蓋武王十年也鮮原近程邑小山別大山曰鮮蒐以簡軍實爲伐商計也邵公周之同姓畢公文王庶子邵畢皆采地今鳳翔府岐山縣境有邵亭西安府咸陽縣北有畢原 王曰嗚呼敬之哉無競惟人人允忠惟事惟敬小人難保 强國以賢治事惟敬保安之也 后降惠于民民罔不格惟風行賄賄無成事 孔曰人之歸惠如草應風如用賄則無成事 緜緜不絕蔓蔓若何豪末不掇將成斧柯 緜緜微細也蔓蔓曼衍也鋭毛爲豪纖緖爲末掇拾取也柯斧柄也孔曰言防患在微 王乃厲翼于尹氏八士唯固允讓 厲作也翼佐也尹氏八士或云卽逵适突忽夜夏隨騧也王以作爲翼佐之任任之八士八士罔讓而陳其謨如下文所云者也 厲孔讀爲勵云獎厲也 德降爲則振于四方行有令問

成和不逆加用禱巫神人允順法本于德有諸己而後求諸人也振整理也事成民和罔有違逆

武寤第三十五

王赫奮烈八方咸發高城若地商庶若化武王伐紂不期而會孟津八百諸侯是八方咸發也若地不待攻而無阻也若化不徠而歸附也約期于牧案用師旅牧地名在朝歌南七十里今衛輝府汲縣地呂氏春秋曰武王伐紂至鮪水紂使膠鬲候周師曰將何之武王曰將之殷膠鬲曰將以何日至曰將以甲子至商郊是約期于牧也案發聲案烏汗反荀子王制篇注云發聲也商不足滅分禱上下孔曰于牧野將戰先禱天地也王食無疆王不食言庶赦定宗丁曰不食言謂先有此庶赦定宗之言克紂後必不食之庶赦指無罪而為紂所囚者愚謂庶赦猶云胥從罔治定宗者定其宗主立武庚也尹氏八士大師三公咸作有績神無不饗大師呂尚也三公據克殷篇是周公邵公畢公也孔曰言羣臣皆謀立功而神明饗其禱王克配天合于四海惟乃永寧合讀為洽

## 克殷第三十六

**周車三百五十乘陳于牧野帝辛從**尚書序曰惟十有一年武王伐殷唐志稱竹書紀年云武王十一年庚寅周始伐商則牧野之戰在周正爲十一年二月商正爲十一年正月也呂覽首時篇言武王立十二年而成甲子之事管子及家語並同者以文王虆年爲武王元年故也若漢志以爲十三年又連文王受命年數之謬矣帝辛紂之號從逆戰也　周厤武王十一年元餘五百二積月六千二百有八閏餘十八積日十八萬三千三百二十七小餘四百九十二大餘二十七天正辛卯朔十六日丙午故世俘曰維一月丙午旁生魄是月小盡二月庚申朔故又曰二月既死魄越五日甲子朝至接于商　**武王使尚父與伯夫致師**尚父太公望伯夫四卒百人也致師挑戰也周禮注曰致其必戰之志古者將戰先使勇力之士犯敵焉　**王既誓以虎賁戎車馳商師商師大崩**軍旅曰誓今尚書牧誓是也虎賁禁旅也周禮虎賁氏掌先後王而趨以卒伍與司右戎右之職不同粱玉繩謂即車右非也孟子曰武王伐殷虎賁三千人　賁音奔　**商辛奔內登于鹿臺之上屛遮而自燔于火**鹿臺在朝歌城內新序曰紂爲鹿臺七年而成其大三里高千尺竹書謂之南單之臺孔曰屛遮自障愚案史記云

紂衣其寶玉衣赴火而死是也武王乃手大白以麾諸侯諸侯畢拜遂揖之手持也孔曰大白旗名揖諸侯共追紂也愚謂通帛爲旜夏大黑殷大白周大赤皆以色別之諸侯拜賀武王也商庶百姓咸俟于郊羣賓僉進曰上天降休再拜稽首武王答拜庶庶民百姓百官俟于郊待武王也羣賓周之羣臣于商爲賓休美也弔商庶百姓而慰安之商人則再拜稽首若崩厥角王獨答拜者羣賓嫌不敢當先入適王所乃克射之三發而後下車而擊之以輕呂斬之以黃鉞折縣諸大白孔曰輕呂劍名折絕其首愚謂黃鉞以黃金飾之此事世多疑之然墨子云武王折紂而係之赤繯載之白旗荀子云紂縣于赤旆尸子云武王親斫殷紂之頸汲郡古文云王親禽紂于南單之臺正與此同孟子所謂聞誅一夫紂未聞弒君也 縣音圓乃適二女之所既縊王又射之三發乃右擊之以輕呂斬之以玄鉞縣諸小白孔曰二女妲己及嬖妾縊自縊也玄鉞黑斧小白旗名也愚謂司馬法曰夏執玄鉞殷執白鉞玄鉞用鐵不磨礪小白者雜帛爲物乃出場于厥軍除墠爲場翼日除道修社及商紂宮孔曰平治社以及宮徹宜去者宜居者遷居焉 此節諸本皆

脫據史記補玩孔注疑所脫不止十字及期百夫荷素質之旗于王前孔曰素質白旗前爲王道也一作以前于王　荷音禍叔振奏拜假又陳常車叔振武王弟曹叔振鐸奏進假嘉也進白于王言將拜受天之嘉命也常車威儀車建太常畫日月周公把大鉞召公把小鉞以夾王散宜生泰顛閎夭皆執輕呂以奏王王入即位于社太卒之左羣臣畢從大柯斧重八斤小者半之奏讀如湊亦夾衞之意王立于社南而屯卒于其西以衞也　召公史記作畢公散宜生依史記增毛叔鄭奉明水衞叔封傅禮召公奭贊采師尚父牽牲毛叔名鄭文王庶子明水元酒取陰陽之潔氣也衞叔封康叔也傳禮相儀蓋攝宗伯史記作布茲所見本異贊佐采幣蓋攝冢宰牽牲攝司徒也尹逸筴曰殷末孫受德迷先成湯之明侮滅神祇不祀昏暴商邑百姓其章顯聞于昊天上帝武王再拜稽首膺受大命革殷受天明命武王又再拜稽首乃出尹逸史佚疑即八士之叔夜夜逸聲相近筴祝文也受德紂之名孔曰神祇天地也舉天地則宗廟以下廢可知也受天大命以改殷天明命王天下也愚謂

祝未畢而先拜稽首以將云膺受大命也祝畢又再拜稽首敬受天之明命也　筴依說文當作冊膺受大命以下十七字據史記及文選注所引補　立王子武庚命管叔相武庚紂子祿父殷初定未集故命管叔相之乃命召公釋箕子之囚命畢公衛叔出百姓之囚表商容之閭箕子名胥餘紂諸父釋徑出之出謂慮其罪而出之商容殷賢者紂廢之故表其閭　表商容之閭五字諸本俱脫據史記補乃命南宮忽振鹿臺之錢散巨橋之粟南宮忽仲忽也振散之以拼窮之史記曰紂厚賦稅以實鹿臺之錢盈鉅橋之粟服虔云鉅橋倉名許慎曰鉅鹿水之大橋也　故書錢作財又脫散字據太平御覽八百三十五卷訂乃命南宮百達史佚遷九鼎三巫孔曰鼎王者所傳寶三巫地名陳逢衡曰巫與筮通三巫商人卜筮之重器洪頤煊曰周本紀作展九鼎寶玉三巫疑即寶玉之譌愚謂洪說近是乃命閎夭封比干之墓比干亦紂諸父諫紂而死封而樹之禁樵采者括地志云墓在衛州汲縣北十里二百五十步乃命宗祝崇賓饗禱之于軍宗祝主祭祀之官崇賓人姓名孔曰饗祭前所禱之神乃班孔曰還鄗京也

世俘弟三十七舊弟四十今移此使與克殷相次世大古通用世俘者大俘也孔廣森經學卮言曰書序武王

伐殷往伐歸獸識其政事作武成蓋孟子所謂驅虎豹犀象而遠之者出於此篇漢律厤志引武成曰惟一月壬辰旁死霸云云今世俘篇具有其語又載虎二十有二云云頗與歸獸事相類意武成世俘文多大同但孟子所讀武成有血之流杵世俘無之則又未可竟以當武成耳

維四月乙未日武王成辟四方通殷命有國四月建卯之月乙未月七日也武王既歸成天下君乃頒克殷之命于列邦孔曰此克紂還歸而作也

維一月丙午旁生魄若翼日丁未王乃步自于周征伐商王紂越若來此追敘伐紂逮師之日也據古文武成周師以武王十年建亥月二十八日戊子始發王以十一年建子月三日癸巳乃行十六日丙午逮師此言丁未差一日耳旁近也生魄望也王引之曰越若詞也來至也二月既死魄越五日甲子朝至接于商則咸劉商王紂執矢惡臣百人孔曰朔爲死魄惠曰接讀爲捷愚謂咸讀爲戔絕也劉殺也矢姒殺生相矢之矢乖也矢惡臣蜚廉惡來之輩 禮內則接以大牢鄭讀爲捷說文云戔古文讀若咸殺生相矢大元文也太公望命禦方來丁卯望至告以馘

俘孔曰大公受命追禦紂黨方來愚案丁卯月八日戊辰王遂禦循追祀文王時日王
立政戊辰九日孔曰禦循追祀以克紂告祖考壇帷而祭是日立王政布天下愚案說文云禦祀也蓋祀天即位也循因
也追祀以王禮祀之禮大傳云牧之野武王之大事也己事而退柴于上帝遂設奠于牧室即說此事也呂他命伐
越戲方壬申荒新至告以馘俘侯來命伐靡集于陳辛巳至告
以馘俘甲申百弇以虎賁誓命伐衛告以馘俘呂他荒新侯來百弇皆將也越
戲方陳衛皆紂邑壬申十三日丁曰呂他之命不言至荒新之至不言命恐有譌文愚謂或荒新與他偕命錯舉互文也越未
詳戲戲陽在彰德府內黃縣北方防陵在彰德府安陽縣西南靡集紂黨寰宇記曰衛州汲縣古陳城也辛巳二十二日甲申
二十五日　他音佗惠棟云呂他南宮氏越戲方一作反虎方見南宮中鼎銘
辛亥薦俘殷王鼎武王乃翼矢珪矢憲告天宗上帝辛亥即下文辛亥四
月二十三日此篇非一人所記故錯出于此鼎即九鼎翼嚴敬也矢陳也珪鎮珪長尺二寸憲憲令天宗日月星辰上帝昊天
上帝王不革服格于廟秉黃鉞語治庶國籥人九終不改祭天之服而格廟急

于語治也秉鉞示當斷制天下焉籥如笛長三尺三孔或曰六孔吹之以節舞九終九成也　舊脫黃鉞二字依下文例增

王烈祖自大王大伯王季虞公文王邑考以列升維告殷罪孔曰虞公虞仲邑考文王子也愚謂上文追祀文王未及列祖此乃備焉以列升謂以王禮祀三王以侯禮祀大伯虞仲邑考也

籥人造王秉黃鉞正國伯造進也國伯入州之伯　壬子王服袞衣矢琰格廟籥人造王秉黃鉞正邦君周禮曰琰圭以易行以除慝注云圭有鋒尺二寸征伐誅討之象邦君庶邦之君

癸丑薦殷俘王士百人籥人造王矢琰秉黃鉞執戈王入奏庸大享一終王拜手稽首王定奏庸大享三終孔曰王士紂之士而囚俘者愚謂庚戌用俘主燎懸首之旂此乃獻俘也執戈虎賁氏執以衛王庸大鐘也肆夏樊遏渠本大享之樂以金奏之故云奏庸大享三終周公制樂王出入奏王夏定安也　殷俘王士或作俘殷王士庸鏞本字經典皆作鏞

甲寅謁戎殷于牧野王佩赤白旂籥人奏武王入進萬獻明明三終謁告也以克殷牧野之事告也赤白旂翼王如佩武明明皆詩篇名萬舞干舞也夏小正曰萬用入學

乙卯籥人奏崇

禹生開三終王定（孔曰崇禹生開皆篇名愚案國語衞彪傒曰所壞亦不可支也豈卽禹乎連日有事者庚戌以郊天告廟辛亥以追王告廟壬子正邦君癸丑薦俘甲寅告牧野之事惟乙卯以庶邦君助祭爲正祭焉自辛亥薦俘殷王鼎以下至此若移後至于冲子之下則順矣）

庚子陳本命伐磿百韋命伐宣方新荒命伐蜀乙巳陳本新荒蜀磿至告禽霍侯艾侯俘佚侯小臣四十有六禽禦八百有三十兩告以馘俘百韋至告以禽宣方禽禦三十兩告以馘俘百韋命伐厲告以馘俘（孔曰此復說克紂所命伐也庚子閏二月十一日梁曰磿者磿之譌路史國名紀酈商時侯國盧曰黃歇說秦曰割濮磿之北磿近濮愚謂今山東東昌府濮州南有麻山泰安府泰安縣西有蜀亭河南懷慶府修武縣北有濁鹿城然距朝歌俱遠非五日能往返也霍侯都磿艾侯都蜀佚侯葢附近小國來助霍艾者　磿讀如麻艾本或作文三十舊譌作三百）

武王狩禽虎二十有二貓二麋五千二百三十五犀十有二氂

七百二十有一熊百五十有一羆百一十有八豕三百五十有二貉十有八麈十有六麝五十麋三十鹿三千五百有八孔曰武王克紂遂總其圖所獲禽獸愚謂此孟子所謂驅虎豹犀象而遠之者也貓似虎而淺毛麋似鹿澤獸犀似牛而豕頭庳腳黑色有三角一在頂一在額一在鼻氂狀如牛尾有朱有白可爲旄熊似豕山居冬蟄勇鬬羆如熊黃白文猛憨多力豕野豬貉似狐善睡麈鹿之大者羣鹿隨之視其尾麝似獐而小臍有香麋獐也　貓或作猫麋或作麋麈一作鹿麋舊亦爲麋依梁處素說改武王遂征四方凡憝國九十有九國馘磿億有十萬七千七百七十有九俘人三億萬有二百三十凡服國六百五十有二孔曰憝惡也武王以不殺爲仁無緣馘億也俘馘之多此大言之也盧曰億下不當更言十萬十字非衍卽誤　憝徒對反磿本作魔或作磨未詳孰是

時四月既旁生魄越六日庚戌武王朝至燎于周維予沖子綏文既旁生魄十六日也庚戌二十二日乙未成辟至此始獻俘者蓋將帥分征憝國始告至也先廟後天者將因其祖以達

之文文德也勝殷遏劉庶自此可綏天下以文德也武王降自車乃俾史佚繇書于天號
至廟而後命作書示不敢專孔曰使史佚用書薦俘于天武王乃廢于紂矢惡臣百人伐右
厥甲小子鼎大師伐厥四十夫家君鼎帥司徒司馬初厥于郊
號廢禁錮也伐殺也孔曰言初克紂于商郊號令所伐也　臣下舊衍人字依盧說訂武王乃夾于南門
用俘皆施佩衣衣先馘入孔曰陳列俘馘于南門內夾道以示衆也愚謂獻俘者佩櫜鞬衣戎衣先
俘入廟　武王二字疑衍武王在祀大師負商王紂縣首白旂妻二首赤旂
乃以先馘入燎于周廟大師樂師負紂及二女首所縣之旂入燎于廟燎旂非燎首也使瞽者負之者
示紂不明以至此也若翼日辛亥祀于位用籥于天位天位南郊圜丘越五日乙
卯武王乃以庶國祀馘于周廟翼予沖子斷牛六斷羊二庶國
乃竟告于周廟曰古朕聞文考脩商人典以斬紂身告于天子
稷乙卯二十七日翼佐助也武王戒諸侯于乙卯助祭也牛六羊二未聞竟讀爲儆戒備也古昔也言成湯弔伐之典昔朕

曾聞之文考今脩而用之已將斬紂身事告之天與稷矣用小牲羊犬豕于百神水土于誓社曰維予沖子綏文考至于沖子孔曰百神天宗水土山川告誓也用牛于天于稷五百有四用小牲羊豕于百神水土社二千七百有一孔曰所用甚多似皆益之

商王紂于商郊時甲子夕商王紂取天智玉琰五環身厚以自焚孔曰更說始伐紂時天智玉之上美者縫環其身以自厚也太平御覽七百十八卷引作取天知玉琰及庶玉衣身以自焚庶玉則銷天知玉琰在火中不銷凡厥有庶告焚玉四千孔曰衆人告武王五日武王乃俾千人求之四千庶玉則銷天智玉五在火中不銷凡天智玉武王則寶與同孔廣森曰顧命越玉五重蓋即此天智玉五以其在火不銷故寶之凡武王俘商舊寶玉萬四千佩玉億有八萬故書作俘商舊玉億有八萬茲依北堂書鈔藝文類聚太平御覽增補

大匡第三十八

惟十有三祀王在管管叔自作殷之監東隅之侯咸受賜于王

王乃旅之以上陳誥用大匡順九則八宅六位寬儉恭敬夙夜

有嚴克殷後二年王巡守方國管管叔邑今河南開封府鄭州地孔曰東隅自殷以東旅謂各使陳其政事愚謂東諸侯被紂化久故訓以正之咸與維新也　陳誥舊作東隅陸麟書說據孔注當如此今作上東隅者涉上文而誤昭質非

樸樸有不明明執於私私回不中中忠於欲思慧醜詐質性也樸僿也執讀為絷心本明為私所絷則回曲而不中故當盡心以絕物欲慧者智之發參之以私則詐而非質　執拘也月令則執騰駒絷邑本作絷昭信非展展盡不伊伊言於允思復醜譖孔曰展似信而非伊思謂展者復言不諜身伊維允誠也思之於義言乃可復譖不信也　伊維也爾雅釋詁文譖音僭昭讓非背背黨

雍德德讓於敬思賢醜爭讓德為讓非欲其背公植黨雍蔽塞也思賢思自奮于賢　雍音擁昭

位非忿忿非口直直立于眾思直醜比位者謂其所立忿恚也卓立不可奪非有所恚

於人比阿黨也比去聲昭政非閑閑非遠節節進於政思正醜殘孔曰政以道民非禁閑之故貴得節愚謂殘虐也昭靜非窮窮居非意意動於行思靜醜躁靜者游象外以觀物窮則爲物所困而計無所出也意以慮行靜則能慮躁則寡謀昭潔非爲爲窮非涓涓潔於利思義醜貪爲讀爲僞好名之人能讓千乘之國苟非其人簞食豆羹見于色是有時而窮也謂亦潔也爲僞古通用左傳爲將改立君者又曰子爲不知義皆作僞昭因非疾疾非不貞貞固於事思任醜誕丁曰所當因者非欲急成也疾急也愚謂誕虛也昭明九則九醜自齊齊則曰知悖則死勇齊正也明則去醜謂之知遂醜悖則必不得其死死于勇非知也盧曰九則九醜尚少其一疑昭質一段有脫文勇如害上則不登于明堂盧曰如與而同愚案杜預曰明堂策勛序德故不義之人不得升明堂所以明道明道惟法明法惟人人惟重老重老惟寶道者法之本法待人而行人至老而智故老成人國之寶也　明法句舊脫明惟人三字依陸麟書說增補嗚呼在昔文考戰戰惟時祗祗汝其夙夜濟濟無競惟人惟允惟

讓不遠羣正不邇讒邪汝不時行汝害于士戰戰懼也祇祇齊齊敬也孔曰汝諸侯也言當近正人遠讒人愚謂士當爲事士惟都人孝悌子孫不官則不長官戒有敬官以長人不官才不足以勝官官口朝道舍賓祭器曰八宅緩比新故外內貴賤曰六位官所治事處曰官君與臣圖政處曰朝道廬宿樓止行旅者舍廛舍孔曰安之比之各以其道則六位順也大官備武小官承長備武詰戎兵也承長從其長也大臣封攝外用和大中臣用均勞故禮新小臣用惠施舍靜眾封四境攝正也正其四封而外和大國所謂守在四鄰也均均勞逸也新新故謂士大夫及賓客施施恩舍赦罪靜安也禁請無怨順生分殺不忘不憚俾若九則生敬在國國咸順順維敬敬維讓讓維禮辟不及寬有永假言所以抑其請而無怨者由上之仁育義正有以順明天地之生殺也分明也勿狃故常勿憚更始言移風易俗有其漸九則既順生敬于國則國人順之而敬讓風行矣辟行假至也言同至于王道分明也本呂覽注假音格

## 文政弟三十九

惟十有三祀王在管管蔡開宗循王禁九慝昭九行濟九醜尊九德止九過務九勝傾九戒固九守順九典蔡叔食邑疑即今大名府長垣縣之祭城其後成王改封蔡仲于蔡今汝寧府上蔡縣地孔曰二叔開其宗族循鎬京之政九者所茂政也濟謂濟其醜以好也愚謂傾危也以爲可危也

九慝一不類二不服三不則四務有不功五外與內通六幼不觀國七閭不通徑八家不開刑九大禁不令孔曰徑路刑法也不令不宣令也愚謂類善也不服不從教也外與內通謂外臣交結近侍觀如時觀弗語之觀不觀國謂以童子從政也閭不通徑未詳　不令下舊有路徑二字王念孫曰當爲徑路孔注誤入正文今依訂

九行一仁二行三讓四信五固六治七義八意九勇意當爲慧智也下同

九醜思勇醜忌思意醜變思義醜口思治醜亂思固醜轉思信醜奸思讓醜殘思行醜頑思仁醜讐忌怨也報私怨也變猶詐也轉者執持不力頑者頑鈍無廉隅讐自矜奮以誇人也　奸

姦同九德一忠二慈三祿四賞五民之利六商工受資七祗民之死八無奪農九足民之財祿常祿賞非常也敬死孔云勸葬也九者皆施德布惠之事九過一視民傲二聽民暴三遠慎而近頑四法令口亂五仁善是誅六不察而好殺七不念而害行八口思前後九偷其身不路而助無漁視示同不戒視成謂之暴慎誠也頑無實也路道也無衍文漁侵漁也慎誠也爾雅釋詁文頑古文貌九勝一口口口二口口口三同惡潛謀四同好和固五師口征惡六迎旋便路七明賂施舍八幼子移成九迪名書新孔曰潛謀潛密之謀畢尚迎旋猶云迎送委積授節故便也移如移郊移遂血氣未定端其所習則易成也迪道也有道之人以時書而用之九戒一內有柔成二示有危傾三旅有罷賓四亂有立信五教用康經六合詳毀成七邑守維人八飢有兆積九勞休無期孔曰柔成善柔謟人也康逸也守邑無備恃其人衆皆危道思謂地神曰示言社稷有傾危之勢罷疲也賓當爲還驛也以亂

立信信不義也共謀詳審而適以毀成三思反惑也兆積謂積聚財穀不賑窮乏　罷音疲兆衆也積音恣勞力報反九

守一仁守以均二智守以等三固守以典四信守維假五城濬

守立六廉守以名七戒守以信八競守以備九國守以謀等義理之

等維假言至乎義也戒九戒有備則國强　假音格九典一祇道以明之二稱賢以賞之

三典師以教之四因戚以勞之五位長以遵之六羣長以老之

七羣醜以移之八什長以行之九戒卒以將之稱舉典主戚憂位立遵表也老

之卒之也移習也孔曰將之軍旅行陳也位長王海引作伍長遵表也廣雅釋詁文嗚呼充虛爲害無

由不通無虛不敗孔曰陰陽姦謂之充國無人謂之虛

大聚第四十

維武王勝殷撫國綏民乃觀于殷政告周公旦曰嗚呼殷政總

總若風草有所積有所虛和此如何孔曰總總亂也有積有虛言不平也愚謂地邑民居

參相得曰和周公曰聞之文考來遠賓廉近者趙曰欲來遠賓在廉察近者之利病使之各得其所道別其陰陽之利相土地之宜水土之便營邑制命之曰大聚先誘之以四郊王親在之賓大夫免列以選赦刑以寬復亡解辱削赦輕重皆有數此謂行風山南水北爲陽山北水南爲陰農事陽燠則早陰寒則晚土地之宜如大司徒土會之法是也水土之便因之以制城郭溝瀆聚市邑也在察也免列謂擢之衆人之中選擇也亡者復之辱者解之削削其職赦赦其罪數等差也風風聲　道秋冒反別彼列反相息亮反輕舊闕茲依丁本乃令縣鄙商旅曰能來三室者與之一室之祿孔曰以一夫之耕祿之闢關脩道五里有郊十里有井二十里有舍遠旅來至關人易資舍有委市有五均早莫如一送行逆來振乏救窮老弱疾病孤子寡獨惟政所先民有欲畜天子近郊五十里此下邑之制故得十之一井以解渴舍房舍可止宿便行旅也孔曰均平也言早莫一價惠曰河間獻王所傳樂元語其道五均事云天子取諸侯之土以立五均則市無二價四民常均彊者

不得困弱富者不得邀貧公家有餘恩及小民矣愚謂委委積也行而無資曰乏全無生業曰窮疾病廢疾癃病發政施仁先是數者皆民所欲畜者也畜養也　關舊作開依玉海訂正資貨也春秋傳曰民易資者不求豐焉謂交易其所有之貨也孔晁云貿易供其資非是

發令以國爲邑以邑爲鄉以鄉爲閭禍災相卹資喪比服五戶爲伍以首爲長十夫爲什以年爲長合閭立教以威爲長合旅同親以敬爲長飲食相約興彈相庸耦耕俱耘男女有婚墳墓相連民乃有親六畜有羣室屋既完民乃歸之鵲冠子云五家爲伍十伍爲里四里爲扁十扁爲鄉管子亦以二千家爲鄉此時周禮未定疑亦當然閭二十五家也資助比合服事也比服猶云通力合作立教以威故閭胥有觵撻之罰旅當爲族百家也趙曰功作則互相勸是興游惰則互相糾是彈惠曰漢時有街彈之室蓋取則于古孔曰六畜牛馬豬羊犬雞　彈徒干反

鄉立巫醫具百藥以備疾災畜百草以備五味立勤人以職孤立正長以順幼立職喪以卹死立大葬以正同立君子以脩禮樂立小人以教用兵立鄉

射以習和容春獵耕耘以習遷行教芧與樹藝比長立職與田疇皆通立祭祀與歲穀登下厚薄此謂德教孔曰草味不同言五味非一也通連比也登下隨穀豐儉也愚謂勤人能勤恤者正長若書傳所言鄉大夫致仕而歸居門側之塾以教子弟是也職喪掌殯斂之令大葬族墳墓也鄭司農云和閭門之內行容謂容貌也四時皆田舉春以該之習遷行者習出入坐起隨行鴈行之節芧草名可爲布言芧則桑麻可知比長伍長也麻田曰疇數芧與樹藝比長之職使一比之民田疇連比也　畜百草句本作畜五味以備百草依王念孫說訂正芧說文曰草也可以爲繩廣韻集韻並云與苧同王褒僮約云多取蒲苧益作繩索亦名三稜見上林賦注直呂反若其凶土陋民賤食貴貨是不知政孔曰不順政故曰凶山林藪澤以因其利工匠役工以攻其材商賈趣市以合其用外商資貴而來貴物益賤資貴物出賤物以通其器夫然則關夷市平財無鬱廢商不乏資百工不失其時無愚不教則無窮乏之此謂和德澤無水曰藪水鍾曰澤役工居肆也合聚也價貴徠商商集貨賤資賤出貴農商皆利器猶用也鬱廢不流通

也史記計然曰積著之理務完物不息幣言久停貨物則無利也時寒溫也若弓人春液角夏治筋秋合三材寒定體之類利舊闕今依丁本趣趨同若有不言乃政其凶言教也陂溝道路叢苴邱墳不可樹穀者樹以材木春發枯槁夏發葉榮秋發實蔬冬發薪烝以匡窮困揖其民力相更爲師因其土宜以爲民資則生無乏用死無傳尸此謂仁德陂阪也山旁曰陂水注谷曰溝容二軌曰道容三軌曰路柴棘萑葦爲叢草之翳薈爲苴土高曰邱水崖曰墳枯槁謂木之櫧翳者榮華也實蔬草木之實可食者麤曰薪細曰烝揖讀爲輯孔曰資資用也傳尸傳于溝壑惠云猶轉尸也淮南子鬱而無轉高誘曰轉讀作傳山旁曰陂釋名文叢俗作藂周禮注叢物萑葦之屬楚辭注柴棘爲叢苴子余反管子苴多臆藿注曰謂草之翳薈烝通作蒸揖音集漢書郊祀志揖五瑞正作輯旦聞禹之禁春三月山林不登斧以成草木之長夏三月川澤不入網罟以成魚鼈之長且以幷農力執成男女之功夫然則土不失其宜萬物不失其性人不失其事天不失其時以成萬財萬財

既成放以爲人天下利之而勿德是謂大仁春夏耕耘藝穕之時故禁樵漁不但順成草木魚鼈亦以弁其力使操執成就農桑之功孔曰放以爲人放散以供人用也　土不失其宜舊作有土而不失其宜天下利之而勿德是謂大仁二句作此謂正德今據藝文類聚訂正類聚放作牧形相似淵深而魚鼈歸之草木茂而鳥獸歸之稱賢使能官有材而士歸之關市平商賈歸之分地薄斂農民歸之水性歸下民性歸利王若欲來天下民先設其利而民自至譬之若冬日之陽夏日之陰不召而民自來此謂歸德稱舉也分地則有恆產薄斂則有餘資　淵舊作泉蓋唐人避所諱也民性舊作農民來舊作求並依玉海所引訂正五德既明民乃知常各得其所而無苟且之心武王再拜曰嗚呼允哉天民側側余知其極有宜孔曰側側喻多長有國也丁曰言人民雖多自有治之之道　側或讀爲側隷釋平輿令薛君碑側爾酸辛乃召昆吾治而銘之金版藏府而朔之謝曰昆吾掌治世官孔曰朔之月朔省之也　昆吾山出善金見山海經注故因以名掌冶者爾雅云鉼金謂之鈑

箕子弟四十一亡

耇德弟四十二亡舊作者德據序訂正

皇清經解續編卷千三十一終

長沙王實

善化劉鐸　校

皇清經解續編卷千三十二　南菁書院

逸周書集訓校釋五　嘉定朱右曾亮甫著

商誓弟四十三誓讀爲哲篇中有商先誓王故以商誓名篇

王若曰告爾伊舊何父□□□□□幾耿肅執乃殷之舊官人序文□□□□□及太史比小史昔及百官里居獻民□□□來尹師之敬諸戒疾聽朕言用胥生蠲尹左傳殷民七族有饑氏六族有蕭氏幾氏卽饑蕭卽蕭也路史國名紀相州有幾城書序祖乙圯于耿卽邢也執摯通詩曰摯仲氏任又曷震用伐鬼方或以震爲摯伯名皆殷之世家大族也北昔皆人名里居賢民致仕及未仕者疾速蠲明尹正也執讀若至王曰嗟爾衆予言若敢顧天命予來致上帝之威命明罰今惟新誥命爾敬諸朕話言自一言至于十話言其惟明命爾若順也話言善言也王曰在昔后稷惟上帝之言克播百穀登禹之績凡在天下之庶民罔不惟后

稷之元穀用蒸享在商先誓王明祀上帝□□□亦惟我后
稷之元穀用告和用胥飲食肆商先誓王維厥故斯用顯我西
土言猶命也登成也元穀嘉穀蒸祭享食也明祀禮祀也闕處當是社稷宗廟四字告和告民和也今在商紂
昏憂天下弗顯上帝昏虐百姓棄天之命上帝弗顯乃命朕文
考曰殪商之多罪紂肆予小子發弗敢忘天命朕考胥翕稷政
肆上帝曰必伐之予惟甲子克致天之大罰□帝之來革紂之
□予亦無敢違大命昏亂使天下憂弗明天之威命殪殺翕順也文王順行稷政未遑致天討棄舊作奉今依丁本敬諸昔在西土我其有言胥告商之百無罪其維一夫
予既殛紂承天命予亦來休命爾百姓里居君子其周卽命休美
卽就也言當受命于周□□□□□□□□□□□□□□□□□□□
□□□□□□□□□爾冢邦君無敢其有不告見于我有周

其比冢邦君我無攸愛上帝曰必伐之今予惟明告爾冢大也言我既告爾冢邦君庶其來見于周相親比乃冢邦君敢違大命無我攸愛故帝亦曰必伐之予不忍遽行天罰且明告爾予其往追口紂遂遽集之于上帝天王其有命爾百姓獻民其有綴艿夫自敬其有斯天命不令爾百姓無告往往日追自牧野至沬土也遽棸同乃也集成也告成功于帝天王武王自謂也綴艿盧云若綵之絕而復續草之刈而更生也宜各自敬以享斯天命我周不令爾困苦無告此克紂時所命爾者也遽音臻臻乃也爾雅釋詁文綴連也一曰贅也艿音仍草不翦曰艿西土疾勤其斯有何重天維用重勤興起我罪勤我無克乃一心爾多子其人自敬助天永休于我西土爾百姓其亦有安處在彼宜在天命弗反側興亂予保奭其介凡我勞苦而來豈為斯天位惟恐天以我殫勤降我違天之罰且我之勤不克免者乃一心于爾眾卿大夫也保安奭盛介大也弗舊闕反側作及側茲從丁本有斯勿用天命若朕言在周曰商百姓無罪朕命在周其乃先作我肆罪疾

予惟以先王之道御復正爾百姓越則非朕負亂惟爾在我有斯勿用天命句當在朕命在周下言伐商之時會謂庶赦定宗爾乃勿用天命相率作亂以患苦我周則予惟以法從事而已道御以刑嚮教也復反也越則語辭負亂猶怙亂也在我言爾之禍福在我王曰百姓我聞古商先哲王成湯克辟上帝保生商民克用三德疑商民弗懷用辟厥辟今紂棄成湯之典肆上帝命我小國曰革商國肆予明命汝百姓其斯弗用朕命其斯爾冢邦君商庶百姓予則口劉滅之疑定也用剛柔正直三德之人定商民之不安用君天下闕處疑是虔字王曰靃予天命維既咸汝克承天休于我有周斯小國于有命不易靃飛聲也咸皆也皆以告也不易莭安處在彼之命靃呼郭反急疾聲也昔在盟津帝休辨商其有何國太誓言武王渡河中流白魚躍入王舟既渡有火自上至于王屋流爲烏是帝降休美也是時諸侯不期而會者八百明商之諸侯皆歸于周矣盟津在河南府洛陽縣東北命予小子肆我殷戎亦辨百度口口美左右予予肆劉

殷之命此處所脫疑不止兩字今予維篤佑爾予史太史違我寔視爾靖疑胥敬誥其斯一話敢逸僭予則上帝之明命予爾屏屏爾百姓越爾庶義庶刑予維及西土我乃其來卽刑乃敬之哉庶聽朕言罔胥告予史當爲予使古史使通假違太史名寔是也言我是示爾安爾所疑爾其胥敬我誥命逸過也僭不信也屏放流之也庶義庶刑言義所當刑卽就也我其來就爾殷致刑也罔胥告言毋謂我罔以斯言相告也　故書誥作請屏作拜兹從丁本

度邑第四十四

維王克殷國君諸侯乃徵厥獻民九牧之師見王于殷郊盧曰九牧九州之牧康成注尚書州立十二人爲諸侯師以佐牧也　舊作乃厥獻民徵主九牧之師今依史記及玉海訂王乃升汾之阜以望商邑永歎曰嗚呼不淑充天對遂命一日維顯畏弗忘汾阜名在殷郊淑善充當對答也遂讀曰墜言紂不善承天意墜天命于一日明顯可畏之至也　汾一作邠

史記作幽充舊作兕依文選注改王至于周自鹿至于丘中具明不寢王小子御告叔旦叔旦亟奔即王曰久憂勞問害不寢曰安予告汝鹿丘中皆地名具明達旦也小子御內豎也即就害何安坐也丘李善曰或爲苑天亟幾力反害讀爲曷安坐也爾雅釋詁文王曰嗚呼旦維天不享于殷發之未生至于今六十年夷羊在牧飛鴻滿野天自幽不享于殷乃今有成明堂篇言武王克商後六年崩路史發揮引竹書武王崩年五十四則克商時年四十有八也此謂天命去殷至今六十年故云未生夷羊高誘曰土神韋昭曰神獸未知孰是飛鴻淮南子作飛蛩注云蛾蠓之屬史記索隱引隨巢子作飛拾亦蟲名也言天示妖祥冥冥其中已不享殷至今乃有成命也　夷羊史記作麋鹿飛作蜚自幽二字盧依史記刪今從原本維天建殷厥徵天民名三百六十夫弗顧亦不賓威用戾于今天民賢者也三百六十言衆也賓擯同威滅戾至也天建殷邦其登用天民若伊萊甘巫可指名者甚衆故其後嗣雖不顧天天亦不即擯滅延六十年之久而至于今也　厥徵史記作其登天民名作名民顧作顯威作滅嗚呼予憂茲難近飽于卹辰是不室我

未定天保何寢能欲飽于卹言憂甚多也辰時也不室言未定都邑天保言天眷也欲安也王曰
旦予克致天之明命定天保依天室志我其惡卑從殷王紂日
夜勞來定我于西土我維顯服及德之方明卑讀爲孔貶之貶墜也言我既致天
命亟宜登用天民以定天保卜宅以依天室汝其志我所惡墜命如殷紂夙夜勤劬勞來斯民以定我于西土我其明我事使
德教顯于四方乃可安寢也　一切經音義云貶古文卑貶墜也詩詁訓傳文叔旦泣涕于常悲不能
對常古裳字二句錯簡當在不得高位于上帝下王□□傳于後闕處當是欲旦二字王曰旦汝
維朕達弟予有使汝汝播食不遑暇食矧其有乃室今維天使
予惟二神授朕靈期予未致于休予近懷于朕室汝維幼子大
有知此下言定天保也達明達也使猶命也播猶陳也室家室靈讀爲零落也夢神示以徂落之期恐不能致于休嘉近
懷我家惟周公可付託也昔皇祖底于今勖厥遺得顯義告期付于朕身肆
若農服田饑以望穫予有不顯朕卑皇祖不得高位于上帝遺遺

訓期付期望付託也饑以望稷喻急也卑讀爲俾盐后稷以來積累以基天命令大統雖集未致太平未作禮樂無以光顯祖業于天下是使皇祖不得享配天之祭也汝幼子庚厥心庶乃來班朕大環茲于有虞意乃懷厥妻子德不可追于上民亦不可答于下朕不賓在高祖維天不嘉于降來省汝其可瘳于茲乃今我兄弟相後我篚竊其何所即今用建庶建庚更也更其謙讓之心來勸也班布也賓列也布德于天下若環之循而無窮且有虞度之心若懷安其妻子上隳祖德下乖民望則朕死不從乎高祖之列天恐後之不嘉故使二神降省瘳愈也何所言無用也不傳子而傳弟故曰庶建　庚更也詩推度災文來勸也爾雅文賓列也廣雅文于曰也叔旦恐泣涕其手惠曰王欲傳位于旦故恐其讀爲拱王曰嗚呼旦我圖夷茲殷其惟依天室其有憲命求茲無遠天有求繹相我不難此下言依天室也圖度夷平憲法也武王時殷之世家大族已有蠢動之心觀商誓篇可見武王以爲不遷終有後患故言我欲平殷惟使之依近天室以習憲令其地即于此求之勿遠天意待人尋繹其輔相我者不難也故後周公卒遷殷土　室字依陸龢書說增自雒汭

延于伊汭居易無固其有夏之居雒汭雒水入河之處在河南府鞏縣北伊汭伊水入雒處在河南府偃師縣西南五里延及也易平也欲夷兹殷故欲居易無固也竹書云太康居斟尋桀亦居之今在鞏縣西南後周公不營此者葢卜之不吉　易舊作陽據史記訂徐廣曰夏居河南初居陽城後居陽翟以釋陽字謬也我南望過于三塗我北望過于嶽鄙顧瞻過于有河宛瞻延于伊雒無遠天室三塗山名在河南府嵩縣西南嶽司馬貞以為太行山在懷慶府河內縣北鄙都鄙近嶽之邑也顧瞻回顧也宛坐見貌此規畫畿甸也　嶽鄙有河並據史記訂延字據玉海增其名茲曰度邑名舊作曰據玉海訂

武儆弟四十五

惟十有二祀四月王告夢丙辰出金枝郊寶開和細書命詔周公旦立後嗣屬小子誦文及寶典二當作六告夢疑卽二神授朕靈期之夢開和書名誦成王名寶典卽此書弟二十九篇餘未詳王曰嗚呼敬之哉汝勤之無葢口周未知所周不知商口無也朕不敢望敬守勿失以詔宥小子曰允哉

汝夙夜勤心之無窮也此篇殘缺不可讀

五權弟四十六

維王不豫于五日召周公旦曰嗚呼敬之哉昔天初降命于周維在文考克致天之命汝惟敬哉先後小子勤在維政之失政有三機五權汝敬格之哉克中無苗以保小子于位天子有疾稱不豫言不悅也在察也先後相導也格量度也苗末也言無務乎末務格量度也蒼頡文見文選注苗字本作緢纖微之義廣雅云末也三機一疑家二疑德三質士疑家無授眾疑德無舉士質士無遠齊吁敬之哉天命無常敬在三機疑家威權震主者疑德僞行也質士不學之士舉士舉而任之事也齊如荀子以國齊義之齊言任以遠大而不克濟也齊音劑五權一曰地地以權民二曰物物以權官三曰鄙鄙以權庶四曰刑刑以權常五曰食食以權爵計夫授地無曠土無游民物猶事也事繁官多事簡官省鄙都鄙量遠近度多寡以建城市常常德

也出禮入刑刑以正德食祿也班祿視爵不遵承括食不宜極賞則濫濫不得食括法也官不奉法以奪其祿濫讀為屈竭也丁曰濫賞則匱竭如水漏也　承一作奉括法也廣雅釋詁文食不宜下舊有不宜授臣四字盖孔注之脫爛僅存誤入正文者又不得二字舊倒今並正極刑則仇仇至乃別丁曰人各一心也鄙庶則奴奴乃不滅國大則驕驕乃不給鄙統于都如奴寧主衛者眾故無滅亡之患君驕則奢侈故財不給用也宮庶則荷荷至乃辛物庶則撫撫乃不和謝曰荷與苛同見漢書鄺食其傳盧曰辛疑丵之訛說文叢生草也讀若浞苛細煩碎之意梁處素云撫疑無之訛愚謂無雜也舊作物庶則爵乃不和依惠氏趙氏王氏說訂地庶則荒荒則聶人庶則匱匱乃匿聶當為懾懼也士廣無守可襲伐故懼財用竭則民逃亡匿亡也

嗚呼敬之哉汝慎和稱五權維中是以句以長小子于位實維永寍稱度也和以度之權其中而用之則三機亦無失也

## 成開弟四十七

成王元年大開告用此武王崩之明年三統厤謂之周公攝政元年非也周公大開告成王以所當用者

也周公曰嗚呼余夙夜之勤今商孽競時逋播以輔余何循何循何慎王其敬天命無易天不虞孔曰言商餘紂子祿父競求是逋逃播越之人以自輔當敬天命備不度者也易以豉反在昔文考躬脩五典勉茲九功敬人畏天教以六則四守五示三極祇應八方立忠協義乃作孔曰祇敬協和也三極一天有九列別時陰陽二地有九州別處五行三人有四佐佐官維明惠曰九列即九星孔曰四佐謂天子前疑後丞左輔右弼愚案蒼龍朱鳥歲星熒惑塡星陽也咸池元武太白辰星陰也冀幷水也幽兗青木也荆揚火也豫土也雍金也疑謂博聞多識可決疑惑者丞謂承天子之遺忘者直立敢斷廣心輔善謂之輔廉潔切直匡過諫邪謂之弼丁曰四佐注與小開武不同者武王彼時尙爲諸侯成王則已爲天子故也五示顯允明所望孔曰謂當明五示示于民也五示一明位示士二明惠示眾三明主示寍四安宅示孥五利用示產孔曰主明則民安之安宅則妻孥寍利用則產業眾產足不窮家懷思終主爲之宗德以撫眾眾和乃同懷安也孔

曰言五示之義同謂和同四守一政盡人材材盡致死二士守其城溝三障水以禦寇四大有沙炭之政孔曰任人盡其材則死力效致愚謂沙炭至微而政不遺此則大者可知六則一和眾二發鬱三明怨四轉怒五懼疑六因欲孔曰鬱謂穀帛滯積者也怒則轉之疑則懼之欲則因之九功一賓好在笥二淫巧破制三好危破事四任利敗功五神巫動眾六盡哀民匱七荒樂無別八無制破教九任謀生詐好危謂儌倖求成任利貪利也孔曰在笥謂實幣于笥無節限也盡哀送終過制也無別亂同也任謀權變不犯此則成功也此下舊有和集集以禁實有離莫遂通其十二字今依卜世昌本刪之五典一言父典祭祭祀昭天百姓若敬二顯父登德德降爲則則信民寍三正父登過過慎於武設備無盈四譏父登失脩政戒官官無不敬五口口口口制哀節用政治民懷盧曰父者尊之之詞言父蓋宗伯之屬顯父司徒之官正父司馬之官譏父師氏保氏之職所闕當是司空孔曰祭祀見享受福民乃化則法信民心也使正舉事過于

前無自滿刺譏之士舉政之失戒其官官無不敬矣懷歸之也
愚謂宗伯相禮有辭命之節故曰言父若順也司徒掌教賓興
其賢者能者故曰顯父登德司馬掌
邦政政正也　譏舊作機據孔注改五典有常政乃重開內則
順意外則順敬內外不爽是曰明王重開言四達不悖爽差也
重開下舊有之守二字
盧曰衍文今審
定爲下節錯文王拜曰允哉維予聞曰何鄉非懷懷人惟思思
若不及禍格無日式皇敬哉余小子思繼厥常以昭文祖之守
定武考之烈嗚呼余夙夜不寧言民何往而不求安安民在思
立政思之不審則有禍也格至
式用皇
大也

作雒弟四十八

武王克殷乃立王子祿父俾守商祀建管叔于東建蔡叔霍叔
于殷俾監殷臣祿父武庚名管叔監殷東之諸侯蔡叔霍叔相
武庚王制曰天子使其大夫爲三監監于方伯
之國蓋本殷
制武王因之王既歸乃歲十二月崩鎬肂于岐周孔曰乃歲乃
後之歲也肂

攢塗惠曰士喪禮掘肂見衽自天子至于士殯皆曰肂愚謂岐周在鎬西北三百餘里畢在鎬東數十里不應殯遠而葬近蓋謂鎬京之周廟耳　肂息四反埋棺之坎也又羊至反

周公立相天子三叔及殷東徐奄及熊盈以略

孔曰立謂爲宰攝政也殷祿父徐徐戎奄殷之諸侯愚案金縢云武王既喪管叔及其羣弟乃流言于國曰周公將不利于孺子書傳云管蔡流言奄君謂祿父曰武王死成王幼周公疑此百世之時請舉事然後三監及殷畔是其事也徐盈姓國在安徽泗州東南奄熊姓國今山東曲阜縣熊盈謂徐奄之同姓國不以道取曰略謂相煽搆亂　略本亦作畔

周公召公內弭父兄外撫諸侯

孔曰弭安也

元年夏六月葬武王于畢二年又作師旅臨衞政殷殷大震潰降辟三叔王子祿父北奔管叔經而卒乃囚蔡叔于郭凌凡所征熊盈族十有七國俘維九邑俘殷獻民遷于九畢

孔曰畢地名下畔其上曰潰郭凌地名囚拘也俘囚爲奴十七國之九邑罪重故囚之獻民士大夫也九畢成周之地愚謂天子七月而葬畢在鎬東杜南今陝西長安縣地衞在殷南政讀爲征震懼辟法也公族有罪則磬于甸人謂縊殺之也周公既葬武王而出明年征殷罪人既得公爲鴟鴞之詩其秋王

感雷風之變迎周公于東三年春踐奄而歸十有七國奄其一也故詩曰自我不見于今三年政本亦作攷水經注云滎陽縣有號亭俗謂之平桃城城內有管叔冢九畢玉海引作九里誤也爾雅畢堂牆言如堂之牆也雒北有郘故謂之畢耳

俾康叔宇于殷俾中旄父宇于東此成王四年事也宇宅也中旄父系國未聞中音仲父音甫書大傳曰周公攝政一年救亂二年伐殷三年踐奄四年封侯衛五年營成周六年制禮作樂

周公敬念于後曰予畏周室不延俾中天下延長也不延舊作克追據初學記訂又引俾中天下作以爲天下宗蓋所見本異

及將致政乃作大邑成周于土中立城方千七百二十丈郛方七十里南繫于雒水北因于郟山以爲天下之大湊孔曰王城地于天下土爲中郛郭也繫因皆連接也湊會也愚謂王城在今河南府城西北古者六尺四寸爲步三百步爲里一里之長百九十二丈依攷工記國方九里當云千七百二十八丈今略其奇數耳郟山在河南府城北立城舊無立字依藝文類聚初學記太平御覽玉海增又七百作六百七十里作七十二里詩地里攷通鑑前編又作郛方十七里

制郊甸方六百里因西土爲方千里分以百縣縣有四郡郡有四鄙大

縣立城方王城三之一小縣立城方王城九之一都鄙不過百室以便野事孔曰西土岐周通爲圻內野事耕桑之事愚謂六百里開平方得方百里者三十六宗周圻內方八百里開平方得方百里者六十四合之得方百里者百是爲千里縣方百里郡方五十里鄙方二十五里然地有山川沮澤不能方罫如圖故有大縣小縣之差三之一方三里也九之一方一里也　因舊作國據水經注改大縣下舊無立字據通鑑前編增農居鄙得以庶士士居國家得以諸公大夫凡工賈胥市臣僕州里俾無交爲趙曰以用也農之秀者可爲士士有功效可爲大夫孔曰工商百胥人臣僕各異州里而居不相雜交也愚謂胥庶人在官給徭役臣僕私家僕從乃設丘兆于南郊以祀上帝配以后稷日月星辰先王皆與食丘圜丘兆域也先王謂太昊炎帝黃帝少昊顓頊五德之帝　日月星辰四字藝文類聚太平御覽玉海引俱作農星農星星之一耳疑非也封人社壝諸侯受命于周乃建大社于國中其壝東青土南赤土西白土北驪土中央亹以黃土將建諸侯鑿取其方一面之土燾以黃土苴以白茅以

**爲社之封故曰受列土于周室**封人地官之屬壝謂爲壇之堳埒驪黑也禹貢徐州貢五色土釁隙鑄也以黃土彌四土之隙燾覆苴藉也孔曰王者封五色土爲社建諸侯則割其方土與之使立社茅取其潔黃取其王者覆四方此節正文及孔注並據公羊傳文十三年正義訂**乃位五宮大廟宗宮考宮路寢明堂**位立也古通用宗宮文王廟考宮武王廟也孔曰路寢王之所居明堂在國南者也**咸有四阿反坫重亢重郎常累復格藻棁設移旅楹舂常畫旅**孔曰咸皆也宮廟四下曰阿反坫外向室也重亢累棟也重郎累屋也常累系也復格累芝栭也藻棁畫梁柱也承屋曰移旅列也舂常謂藻井之飾也愚謂四阿四注屋四面有霤阿下也垝霤之坫在堂隅反坫者當坫之上屋榮反向外如飛翼重亢複屋棟一名棼重郎即重屋也常累未詳或云結網施宇下以禦鳥雀者也復格即複窄廣雅云楶謂之窄柱頭斗栱也藻棁畫梁上侏儒柱爲藻文也爾雅云連謂之簃謂堂邊小屋移即簃也藻井今名承塵以板承橑有界畫如井旅樹門屏也天子外屏畫以文采亢讀爲亢龍之亢極也極即棟也說文複屋之棟曰棼郎即廊說文無廊字累字本作絫又作纍廣雅釋器云纍索也又云纅綹也今殿屋宇下施鐵絲網蓋其遺制復音福復格御覽一百八十四卷引作楶閣王念孫以格爲楶字之譌楶謂之栭郭璞云即櫨也御

覽引通俗文內讀爲納納陛也孔曰玄階
云連閣曰簃 內階玄階隄唐山廇 以黑石爲階唐中庭道隄謂
高爲之也山廇謂廇畫山雲 漢書音義孟康曰納陛謂
鑿殿基際爲陛不使露尊者不欲露而升陛故內之霤也 應門
庫臺玄閫 天子五門皋庫雉應路應門正門也其內爲治朝亦
曰朝門閫門橛在門中而短孔曰門皆有臺于庫門
見之從可知也 舊解閫爲門限案爾雅柣謂之閾注云門限
又橛謂之闑注曰門閫說文梱門橛也閾榍也榍限也是閫非
即閾也晏子春秋曰和氏之璧井里
之困也可見門閫有以石爲之者

## 皇門第四十九

維正月庚午周公格于左閎門會羣臣 格至也巷門謂之閎言
左則有右矣蓋在路門
旁 舊脫于字又羣臣作羣門据玉海九十卷二百六十
九卷所引增訂孔曰路寢左門曰皇門閎音皇未詳所據 曰嗚
呼下邑小國克有耇老據屏位建沈人罔不用明刑維其開告
予于嘉德之說命我辟王小至于大 耇老老成人也據依據屏
屏蔽建立也沈人沈伏在
下之賢刑法辟君也言下邑小國既用老成又求新進尚且罔
不用法況有天下爾可不各進善言所以命我辟王者無小無

大知無不言乎舊予于誤倒依王念孫說訂我聞在昔有國誓王之不綏于卹乃維
其有大門宗子勢臣罔不茂揚肅德訖亦有孚以助厥辟勤王
國王家誓當爲哲不綏于卹言不以憂者爲安大門大族也孔曰宗子適長勢臣顯仕茂勉揚舉肅敬訖既孚信也
乃方求論擇元聖武夫羞于王所自其善臣以至有分私子苟
克有常罔不允通咸獻言在于王所孔曰方旁羞進私子庶孼也常謂常德愚謂此言大
門宗子勢臣以人事君也武夫爪牙之士分職也私子家臣通達也薦之朝使獻言也 自字舊錯在注中依丁如金說訂
人斯是助王恭明祀敷明刑王用有監明憲朕命用克和有成
用能承天嘏命百姓兆民用罔不茂在王庭克用有勸永有孚
于上下明憲先王之法克和民和也有成政立也承奉嘏大茂美也惟能相勸勉故孚于上天下地 克用舊作先用
依王念孫說訂孚舊闕依丁本人斯既助厥辟勤勞王家先人神祇報職用休
俾嗣在王家四國用寧小人用格口能稼穡咸祀天神戎兵克

愼軍用克多王用奄有四鄰遠土丕承萬子孫用末被先王之靈光職主休美也嗣王家謂嗣王家之職小人細民格來咸和也戰功曰多承繼也孔曰奄同丕大末終也　辟字舊脫今增在王家舊作在厥家據困學紀聞訂四國舊作王國據玉海訂至于厥後嗣弗見先王之明刑維時乃胥學于非夷以家相厥室弗卹王國王家維德是用孔曰時是胥相爲是相學于非常不憂王家之用德愚謂以家相厥室言惟顧其家室　乃舊作及依王念孫說訂以昏臣作威不詳不屑惠聽無辜之辭乃維不順之辭是羞于王王皁求亘言于是人斯乃非維直以應維作誣以對俾無依無助昏亂之臣怙勢作威孔曰詳善皁大亘善也王求善而是人作誣以對故王無依助也　以昏至亘言三十字並依王念孫說訂譬若畋犬驕用逐禽其猶不克有獲是人斯乃讒賊媢嫉以不利于厥家國譬若匹夫之有婚妻曰予獨服在寢以自露厥家驕虛憍也虛憍之犬猶不能獲禽剹蔽賢之人能不病其家國乎巧辭傷善曰讒險心害人曰賊媢嫉皆妒也服事寢室

露敗也以妒婦喻昏臣也媚夫有邇無遠乃食蓋善夫俾莫通在于王所乃

維有奉狂夫是陽是繩是以爲上是授司事于正長孔曰媚夫見近利而

無遠慮利爲掩蓋善夫俾莫通盧曰食猶日月之食掩蔽之意丁嘉葆曰繩如繩息嬀之繩譽也愚謂狂夫愚妄之人陽揚舉

之也正大夫也長一職之長　食王念孫曰當爲弇爾雅弇蓋也繩說文作譝命用迷亂獄用無成小

民率穡保用無用壽亡以嗣天用弗保媚夫先受殄罰國亦不

寧嗚呼敬哉監于茲朕維其及孔曰命者教也率皆痛愁困也安民之用無所宜施是故民失

其性天所不安用非其人故也愚謂穡讀爲歔悲意殄絕其世罰罰其人及及于禍也朕藎臣大明爾德

以助予一人憂無維乃身之暴皆卹藎進也言爾尚大明爾德以助我憂天下暴惡也譏

賊媢嫉必受殄罰是可憂也　大舊作夫據玉海訂爾假予德憲資告予元譬若衆畋常

扶予險乃而予于濟假嘉資用也爾嘉示我以德憲用告我善如衆共畋獵至險阻之處相爲扶持是能

濟成子者汝之力也盧曰而古與能同　古文能作耐或省作而劉向說苑凡能字皆作而易屯卦而不寧鄭讀而爲能是也

汝無作趙曰似有缺文愚謂衍文

大戒弟五十

維正月既生魄王訪于周公曰嗚呼朕聞維時兆厥工非不顯朕實不明以侊伯父孔曰兆始工官言政治維是始正其官愚謂侊完也言伯父之訓非不明顯朕愚不知所以完守之者曲禮曰五官之長曰伯是職方天子同姓謂之伯父謂三公兼二伯者也故成王謂周公爲伯父　以侊句舊脫據說文所引補段玉裁曰侊音義與㵎愚同亦通維士非不務而不得助大則驕小則懾懾謀不極予重位與輕服非其得福厚用遺恇懼者失常故謀不得中如驕者之意則必予重位而與之細事然非欲共享治平之福而厚遺之以爵祿乎庸止生郄庸行信貳眾輯羣政不輯自匿此又言取士之難止容止郄間隙矜持懈則簞豆見于色是生郄也貳當爲貳差也行有誠亦有僞故恐信非所信也用賢所以安輯庶政不輯則慝矣匿慝也　貳讀爲忒禮緇衣篇其儀不忒釋文本作貳

嗚呼予夙勤之無或告予非不念念不知孔曰我雖勤之無有告我者徒知而不得

明知也周公曰於敢稱乃武考之言曰微言入心夙喻動眾大乃不驕行惠于小小乃不懾連官集乘同憂若一謀有不行微言微眇之言入心入人深也夙喻以身率之不待言而喻也行惠者接以寬和待之忠恕連官集乘言連事共職相爲佐助猶同車共載也有不行言必行也予惟重告爾庸厲口以餌士權先御之明約必遺之孔曰餌謂爵祿權謂勢重愚謂明約賞罰也其位不尊其謀不陽我不畏敬材在四方盧曰賢者不在尊位雖有善謀亦不能顯示于人在四方言野多遺賢或且以資敵無擅于人塞匿勿行惠戚戚服孝悌乃明明立威恥亂孔曰擅人專己塞匿陰忌惠順戚近也愚謂孝悌明則等威立而人恥亂使眾之道撫之以惠內姓無感外姓無讁人知其罪感憾古今字無憾不施其親也無讁不求備于一人也如是則眾無不懷自知其辜恩之罪上之明審教幼乃勤貧賤制口設九備乃無亂謀九備一忠正不荒美好乃不作惡四口說聲色憂樂盈匿五頑信傷辯曰費口口六出觀

好怪內方淫巧七口口謀躁內乃荒異八口口好威民眾日逃九富寵極足是大極內心其離九備既明我貴寶之應協以動遠邇同功保守也協同心之和也謀和適用覆以觀之上明仁義援貢有備謀和適用敷奏以言也覆觀明試以功也上尚也援汲引也貢進也備具也此咎庸止庸行之問也聚財多口以援成功克禁淫謀眾匿乃雍財當為材雍塞也孔曰閉塞不行也順得以動人以立行輯佐之道上必盡其志然後得其謀順得當為順德盡其志謂忠信重祿以體之無轉其信雖危不動貞信以昭其乃得人上危而轉下乃不親孔曰轉移也貞信如此得其用也上危而下不親之不足信故也　無轉丁本作無失貞信舊亦闕茲並據孔注訂

王拜曰允哉允哉敬行天道

皇清經解續編卷千三十二終

長沙王　賓

善化劉　鐸校

逸周書集訓校釋六　　嘉定朱右曾亮甫著

## 周月第五十一

惟一月既南至昬昴畢見日短極基踐長微陽動于黃泉陰降慘于萬物冬至日在牽牛出赤道南二十四度故曰南至古厤冬至中星去日八十二度日在牽牛初則奎十度爲中星自奎十一度至畢十六度凡五十九度故昴畢見極至基始踐履也冬至日出辰入申陽照三不覆九故極短夏至日出寅入戌陽照九不覆三故極長長即短之始短即長之始也陽伏泉下故泉動而溫陰氣盛于地上故物慘而死慘寒氣慘烈也○冬至中星去日八十二度者據三統厤也是月斗柄建子始昬北指陽氣虧草木萌蕩日入後漏下三刻爲昬虧少蕩動也陽氣雖少而萌芽將動故曰孳萌于子日月俱起于牽牛之初右回而行月周天進一次而與日合宿日行月一次而周天厤舍于十有二辰終則復始是謂日月權輿牽牛之初星紀也于辰爲丑日

月起此而右轉入子月行二十七日而周天又二日九百四十
分日之四百九十九而與日會則進一次矣日行三十日進一
次三百六十五日九百四十分日之二百三十五而復其故處
舍躔也日月之會爲辰自星紀以至析木之津是也權輿始也
造厤必始冬至以正氣朔故曰日月權輿 孫星
衍曰權輿草木之始釋草云其萌虇蕍卽權輿也 周正歲首數
起于一而成于十次一爲首其義則然凡四時成歲歲有春夏
秋冬各有孟仲季以名十有二月月有中氣以著時應 古厤皆以中數
朔不必在其月中必在其月故夏殷周厤元皆歲與朔會漢語
曰黃帝建氣物發數氣二十四氣也則中氣由來久矣 于下
舊衍時字據玉中刪歲字舊不重據御覽增
又脫月有二字日文選曲水詩注及御覽補 春三月中氣驚蟄
春分淸明夏三月中氣小滿夏至大暑秋三月中氣處暑秋分
霜降冬三月中氣小雪冬至大寒 孔穎達云雨水雪散而爲雨
水也驚蟄蟄蟲驚而走出穀
雨言雨以生百穀淸明謂物生淸淨明潔小滿言物長于此小
得盈滿芒種言有芒之穀可稼種小暑大暑小寒大寒謂極寒
極熱之中分爲大小月初爲小月半爲大處暑暑將退伏而潛
處白露陰氣漸重露濃色白寒露言露氣寒將欲凝結小雪大

雪以霜雨凝結爲雪十月猶小十一月轉大閏無中氣斗指兩辰之間朔數三百五十四日有奇爲一年中數三百六十五日有奇成一歲中朔參差正之以閏中氣在月盡則後月是閏也淮南天文訓云斗指子則冬至加十五日指癸則小寒指丑則大寒指報德之維則越在陰地而立春指寅則雨水指甲則雷驚蟄指卯中繩曰春分指乙則清明風至指辰則穀雨指常羊之維則立夏指巳則小滿指丙則芒種指午則陽氣極而夏至指丁則小暑指未則大暑指背陽之維則立秋指申則處暑指庚則白露降指酉中繩曰秋分指辛則寒露指戌則霜降指號通之維則立冬指亥則小雪指壬則大雪又十五日指子是屆中氣而後指辰閏無中氣故指兩辰間也萬物春生夏長秋收冬藏

天地之正四時之極不易之道夏數得天百王所同得天得天地之正也魏志高堂隆云黃帝高辛夏后皆以十三月爲正少昊唐殷皆以十二月爲正高陽虞周皆以十一月爲正此云百王同夏則隆說謬也其在商湯用師于夏除民之災順天革命改正朔變服殊號一文一質示不相沿以建丑之月爲正易民之視若天時大變亦一代之事夏以平旦爲朔殷以雞鳴爲朔周以夜半爲朔號名號也沿因也以季冬爲孟春故天時大變

此改正亦改時之明證也　玉海無湯至正朔十六字覩本亦作眂亦越我周王致伐于商改正異械以垂三統至於敬授民時巡守祭享猶自夏焉是謂周月以紀于政械謂禮樂之器也統本也寅爲人統丑爲地統子爲天統自從也

時訓弟五十二

立春之日東風解凍又五日蟄蟲始振又五日魚上冰風不解凍號令不行蟄蟲不振陰氣奸陽魚不上冰甲胄私藏易乾鑿度云天氣三微而成一著康成曰五日爲一微十五日爲一著故五日爲一候十五日成一氣東風條風也振動也言漸蘇也泰卦用事陽息而升故魚上負冰風者天之號令凡言此者人君政失則氣候乖天事恆象著以示警使修省焉奸犯也陽不勝陰故不振魚有鱗甲胄之象凡此災祥之應有三蟄蟲不振陰奸陽義也鴻鴈不來遠人不服象也草木不萌動果蔬不熟類也餘倣此　氣字舊脫據御覽補驚蟄之日獺祭魚又五日鴻鴈來又五日草木萌動獺不祭魚國多盜賊鴻鴈不來遠人不服草木不萌動果

蔬不熟（獺似狐而小青黑色冰解魚多獺將食之先陳以祭埤雅曰豺祭方獺祭圓夏小正云正月鴈北鄉鄉者鄉其居也萌動將茁也）雨水之日桃始華又五日倉庚鳴又五日鷹化爲鳩桃不始華是謂陽否倉庚不鳴臣不從主鷹不化鳩寇戎數起（倉庚商庚黃鳥也鷹鷀鳩也應陽而變喙柔而不鷙否塞也鷙不感化故有寇戎 從舊闕依丁宗洛本）春分之日玄鳥至又五日雷乃發聲又五日始電玄鳥不至婦人不娠雷不發聲諸侯失民不始電君無威震（康成云燕以施生來巢人堂宇而孚乳故玄鳥爲祈子之候大壯用事陽盛上奮與陰相搏其聲爲雷其光爲電雷震百里諸侯之象電光照耀象君之威）穀雨之日桐始華又五日田鼠化爲鴽又五日虹始見桐不華歲有大寒田鼠不化鴽國多貪殘虹不見婦人苞亂（田鼠食稼鴽當爲翟說文云牟母也一名鴾虹螮蝀也桐葉知秋其華知寒燠苞叢也叢亂淫也易緯注云虹陰陽交接之氣失節不見似夫人淫姿亦此意也）清明之日萍始生又五日鳴鳩拂其羽又五日戴勝降于桑萍不

生陰氣憤盈鳴鳩不拂其羽國不治兵戴勝不降于桑政教不中萍楊花入水所化鳴鳩鶻鳩一名鶻鵃郭璞云似山雀而小靑黑色短毛多聲拂羽康成以爲翼相擊戴勝一名鵖鴔埤雅云頭上有花成勝三月飛在桑閒蠶生之候憤盛也盈滿也立夏之日螻蟈鳴又五日蚯蚓出又五日王瓜生螻蟈不鳴水潦淫漫蚯蚓不出嬖奪后命王瓜不生困於百姓螻蟈蛙之屬蛙鳴始于二月立夏而鳴者其形較小其色褐黑好聚淺水而鳴舊謂郎蝦蟇非也王瓜一名土瓜四月生苗延蔓五月開黃花子如彈丸生靑熟赤或以爲郎瓠瓠也水大無蛙故爲水潦之徵康成易緯注云蚯蚓淫卵御覽引郭璞爾雅圖贊云蚯蚓土精無心之蟲交不以分淫於阜螽觸而感物無有常雄故蚯蚓不出爲嬖奪后命之象小滿之日苦菜秀又五日靡草死又五曰小暑至苦菜不秀賢人潛伏靡草不死國縱盜賊小暑不至是謂陰慝苦菜菜也生于秋淩冬不凋至夏乃秀葉似苦苣而細斷之有白汁花黃似菊康成云靡草薺葶藶之屬穎達云以其枝葉靡細故曰靡草慝惡也芒種之日螳螂生又五日鵙始鳴又五日反舌無聲螳螂

不生是謂陰息鶪不始鳴令姦壅偪反舌有聲佞人在側螳螂秋深乳子至夏乃生鶪伯勞也五月陰極于下應候而鳴離騷所謂鶗鴂也反舌能辨反其舌效百鳥之鳴令百舌鳥是也息滅也令姦壅偪言令壅塞而姦僭偪也百舌巧言如佞　反舌蔡邕以爲蝦蟇康成以爲百舌鳥案握誠圖云江充之害反舌鳥入殿則是鳥也　夏至之日鹿角解又五日蜩始鳴又五日半夏生鹿角不解兵革不息蜩不鳴貴臣放逸半夏不生民多厲疾鹿陽獸感陰氣而解角蜩良蜩也半夏治痰之藥角者獸之兵放逸放縱晏佚厲疾瘧也　小暑之日溫風至又五日蟋蟀居辟又五日鷹乃學習溫風不生國無寬教蟋蟀不居辟恆急之暴鷹不學習不備戎盜蟋蟀生土中有翼而未能飛但居壁上辟壁同鷹感陰氣學習搏擊之事急褊急　恆急舊作急迫據御覽訂　大暑之日腐草爲蠲又五日土潤溽暑又五日大雨時行腐草不爲蠲穀實鮮落土潤不溽暑物不應罰大雨不時行國無恩澤蠲馬蠲也溽溼也穎達云六月建未未值井井主水故大雨時行鮮如葬

鮮者之鮮謂未熟而墮落也不應罰言刑罰不當 蠲舊作螢據說文及段氏北戶錄訂然說者疑焉爾雅云蛝馬蛝注云馬蠲蚼俗呼馬蠸廣雅云蛆蟝馬蠸馬蚿也又云馬蝬螢蛆也方言云馬蚿北燕謂之蛆蟝其大者謂之馬蚰本草作馬陸一名百足一名商蚷一名秦蟝皆一物也陶注本草云此蟲足甚多寸寸斷便寸寸行又引李當之云蟲長五六寸狀如大蚕夏月登樹鳴冬則蟄唐本草注云亦名刀環蟲以其死側臥若刀環也據此諸說並無腐草變化之說陶注本草螢火云此是腐草爛竹根所化初時如蛹腹下已有光數日便能飛而不言螢火卽蠲惟呂覽云腐草化爲螢蚈蚈卽蠲也高誘曰蚈馬蚿也一曰螢火也

立秋之日涼風至又五日白露降又五日寒蟬鳴涼風不至國無嚴政白露不降民多欬病寒蟬不鳴人皆力爭 寒蟬似蟬而小青赤色一名蜺鳴則天涼嚴政嚴肅之政欬瘷也 欬舊作郟據藝文類聚訂

處暑之日鷹乃祭鳥又五日天地始肅又五日禾乃登鷹不祭鳥師旅無功天地不肅君臣乃口農不登穀暖氣爲凶 殺鳥而不卽食如祭然肅嚴急也禾木王而生金王而死黍稷之屬也 凶舊作災據御覽訂

白露之日鴻鴈來又五日玄鳥歸又五日羣鳥

養羞鴻鴈不來遠人背畔玄鳥不歸室家離散羣鳥不養羞下
臣驕慢來自北而來也燕去而蟄如歸家然養羞者蓄食以備冬如藏珍羞秋分之日雷始收聲
又五日蟄蟲培戶又五日水始涸雷不始收聲諸侯淫泆蟄蟲
不培戶民靡有賴水不始涸甲蟲為害穎達云戶穴也以土培益穴之四畔以陰氣將
至而猶須出入故也淫泆淫佚泆侈甲蟲若稻蟹之類　水始涸唐書厤志引作爰始收潦然太平御覽兩引此與今本同故
仍之泆舊作佚據御覽訂寒露之日鴻鴈來賓又五日爵入大水為蛤又五
日菊有黃華鴻鴈不來小民不服爵不入大水失時之極菊無
黃華土不稼穡鴻鴈先至者為主後至者為賓大水海也蛤蜃屬似蛑而圓極過也霜降之日豺
乃祭獸又五日草木黃落又五日蟄蟲咸俯豺不祭獸爪牙不
良草木不黃落是為愆陽蟄蟲不咸俯民多流亡豺似狗高前廣後黃色羣
行其牙如錐殺獸而陳之若祭俯垂頭也陽氣下沈垂頭嚮之爪牙武士愆陽陽不潛藏也立冬之日水始

冰又五日地始凍又五日雉入大水爲蜃水不冰是爲陰負地不始凍咎徵之咎雉不入大水國多淫婦晉語云雉入于淮爲蜃雉丹雉也立秋來立冬去大蛤曰蜃負借也言陰敗也雉與蛇交合不以類淫之象也小雪之日虹藏不見又五日天氣上騰地氣下降又五日閉塞而成冬虹不藏婦不專一天氣不上騰地氣不下降君臣相嫉不閉塞而成冬母后淫佚六陽盡消天不近物故云上騰純陰用事地體凝凍故云下降閉塞謂物盡蟄天地猶君臣也嫉惡也老陰母后之象大雪之日鶡旦不鳴又五日虎始交又五日荔挺生鶡旦猶鳴國有訛言虎不始交將帥不和荔挺不生卿士專權鶡旦一名寒號夏月毛采五色至冬盡落夜則忍寒而號以求旦荔挺香草一名馬䪥又名馬蘭似蒲而小或曰似䪥而長厚三月開紫碧花五月結實訛言妖言也虎將帥之象　鶡旦舊作鳴鳥依王念孫說訂顏氏家訓曰說文荔似蒲而小根可爲刷蔡邕章句云荔似挺高誘呂覽注云荔草挺出然則月令注荔挺爲草名誤矣王引之曰月令篇中草名二字者則但言生一字者則言始生未有狀其生

〔之貌者究當從鄭〕冬至之日蚯蚓結又五日麋角解又五日水泉動蚯蚓不結君政不行麋角不解兵甲不藏水泉不動陰不承陽〔結盤屈如結也麋澤獸色青黑肉蹏目下有兩孔能夜視陽氣踵黃泉而出故水泉動承奉也〕小寒之日鴈北向又五日鵲始巢又五日雉始雊鴈不北向民不懷主鵲不始巢國不寍雉不始雊國大水〔穎達云鴈北鄉晚者正月乃北鄉鵲始巢據晚者若早者詩緯推度災云復之日鵲始巢是也雷在地中雉聞則雊不雊不聞雷也陽不勝陰陰沴故主水〕大寒之日雞始乳又五日鷙鳥厲疾又五日水澤腹堅雞不始乳淫女亂男鷙鳥不厲國不除姦水澤不腹堅言乃不從〔鷙鳥鷹隼之屬太陰殺氣將盡故猛疾與時競腹堅言冰堅固凸出如腹論衡曰火為言言不從則水火相射故不堅〕

月令弟五十三亡〔盧氏據蔡邕明堂月令論隋書牛宏傳謂禮記月令郎周書月令因以呂氏十二紀首補之然如馬融論語注引月令改火之文蔡邕牛宏引月令論明堂之制今俱不見于呂覽則其同異未可知也宋崇文總目有〕

周書月令一卷則別有單行本今不可攷矣餘詳逸文

## 謚法弟五十四

維三月既生魄周公旦太師望相嗣王發既賦憲受臚于牧之野將葬乃制作謚三月謂成王元年作謚法之月也武王未葬故不諱賦布憲法臚旅也布法于天下受諸侯旅見之禮于時追謚西伯為文王而謚法未備及此將葬武王乃攷制之　舊作維周公旦太公望開嗣王業建功于牧之野終將葬乃制謚遂敘謚法茲據困學紀聞訂謚者行之迹也號者功之表也車服者位之章也是以大行受大名細行受細名行出於已名生於人迹蹤迹術云大略也號若成湯武丁是也名謂號謚勸沮之方以車服動之于生前以號謚惕之于身後春秋傳曰謚以勸德言勸成其德也五經通義云謚之言列陳列所行以為勸戒也自殷以前有名號而無謚堯舜禹皆名也虞書堯呼舜舜呼禹及其殁稱之為帝為皇祖不敢名也湯號也成湯既殁猶稱為湯而馬融蔡邕之倫並以為謚春秋繁露風俗通獨斷並以黃帝之黃亦為謚皆非也但湯有成湯武湯之目則亦謚之先聲矣白虎通曰天子崩大臣至南郊謚之明不得欺天故厲幽之

謚宣平不能改自晉魏以還君上無惡謚失其義矣婦人無外事故從其夫之謚有謚自魯隱公母聲子始太子未立無謚晉賀循云周靈王太子聰哲明智年過成童亡猶不謚春秋諸侯即位未踰年稱子卒不爲謚行未成也申生有謚惠公改葬而尊之其後陳有悼太子蔡有隱太子亦其例也諸侯薨天子謚之卿大夫卒君謚之春秋王室卑諸侯不請謚故莊公元年王錫桓公命而前此已書葬我君桓公矣周禮太史掌小喪賜謚小史掌卿大夫之喪賜謚讀誄皆告贈謚于柩夫易名致行勸沮之大典後世則官顯例得美謚何以襃貶哉　宋太平興國八年詔增周公謚法五十五字美謚七十一字爲一百字平謚七字爲二十字惡謚十七字爲三十字據此則周公謚法當其有九十五字今本除去神聖帝皇王君公侯八字外尚有九十六字蓋有後人羼入者矣

民無能名曰神 聖之至妙無形無方 稱善賦簡曰聖 敬賓厚禮曰聖 孔曰所稱得人所賦得簡愚謂賦布也簡壹德不懈也禮記曰仁義接賓主有事俎豆有數曰聖 德象天地曰帝 博厚高明同于天地 靜民則法曰皇 靜安皇大也前民利用惠及萬世 仁義所在曰王 仁天道義地道一貫三爲王王往也民往歸之 賞慶刑威曰君 賞足以慶刑足以威君之道也 從之成羣曰君 從之成羣如一年成聚二年成邑三年成都 立制及衆曰公 公正無私 執

應八方曰侯所執守者可應八方侯候也 壹德不解曰簡壹專一也平易無城府也簡約也大也盧曰簡不優于文而列在文前蓋篇中錯簡多矣 經緯天地曰文道德博厚曰文勤學好問曰文慈惠愛民曰文愍民惠禮曰文錫民爵位曰文能經緯順從天地之道德之盛也博厚廣博深厚學問所以成文理論衡曰文者德惠之表呂覽曰文者愛之徵也憂民而順理則政事斐然舉所可舉順理成章博厚寫據史記正義作博聞茲依元本勤學舊例茲據通鑑前編訂左傳正義又有忠信接禮曰文 剛彊理直曰武威彊叡德曰武克定禍亂曰武刑民克服曰武夸志多窮曰武剛無欲彊不撓理忠恕直無曲威武競彊而有叡聖之德叡思之德也春秋傳曰止戈爲武又曰夫武禁暴戢兵保大定功安民和衆豐財者也法以正民而民服法本于德故也夸大也好大喜功黷武不厭管子曰兵威而不止命曰武滿．剛彊理直白虎通引作强理勁直 敬事尊上曰恭尊賢貴義曰恭尊賢敬讓曰恭既過能改曰恭執事堅固曰恭愛民長弟曰恭執禮御賓曰恭芘親之闕曰恭尊賢讓善曰恭敬事不懈于位尊上責難于君尊賢則嚴憚貴義則齊肅敬有德讓有功過勿憚改能自拱持執事堅固言奉承弗失以愛撫民以慈字幼皆恭道也賓客主恭執禮以返之親之闕失修德以蓋之讓善謂己有善而讓之人也　尊上舊作僎上據後漢書竇皇后紀注訂禮檀弓疏引作敬順事上左傳疏引作殺妾事上俱非長弟通鑑前編作悌長王念孫曰長弟者仁愛之意齊語云不長弟于鄉里是也

照臨四方曰明譖訴不行曰明照臨四方豫見安危也譖訴不行能先覺也

威儀表備曰欽表見于外者可畏可象也　表舊作悉據馬融堯典注訂

大慮靜民曰定安民法古曰定純行不爽曰定靜安也大慮深思遠慮也法古以安民有定識純行而不爽有定力爽差也　舊衍安民大慮曰定複出今刪爽舊作二據左傳疏史記正義訂

諫爭不威曰德綏柔士民曰德孔曰不以威拒諫安民以居安士以事　綏柔句舊脫據史記正義補

辟地有德曰襄甲冑有勞曰襄辟開廣也有勞言能攘除外患　左傳疏地作土甲冑句作因事有功

有伐而還曰釐質淵受諫曰釐小心畏忌曰釐戰功曰伐不窮兵所以受福淵深也受諫獲益能求福也畏忌敬憚也能敬憚則過寡矣釐亦作僖　小心句舊脫據左傳疏補

博聞多能曰憲通古

今多才能故能制憲令

聰明叡哲曰獻知質有聖曰獻聰明叡哲具視聽思之德孔曰知質有聖有所通而無蔽知質句舊脫據史記正義補

溫柔聖善曰懿孔曰性純淑也

五宗安之曰孝慈惠愛親曰孝協時肇享曰孝五宗五服內之族屬也慈惠愛親者體親心以惠其下孔曰協合肇始也常如始親魏書甄琛傳引作民

秉德不回曰考大慮行節曰考回邪也不回所以成其德大慮所以成其節考成也秉德句舊作孝今訂

執心克莊曰齊資輔共就曰齊齊肅自治資輔佐以共成

淵源流通曰康豐年好樂曰康安樂撫民曰康令民安樂曰康淵源流通言明于義理觀物無滯年豐民和由其能敬天愛民也孔曰安樂撫民無四方之虞令民安樂富而教之淵源句舊錯在恭議之下今併此

安民立政曰成能成先業

布德執義曰穆中情見貌曰穆布德不私執義而固情貌相符表裏若一皆敬以成之

敏以敬順曰頃祗勤追懼曰頃慈仁和民曰頃敏疾也順當爲慎頃敬也追懼能悔過也祗勤二句舊脫據左傳昭八年昭三十一年疏補

昭德有勞曰昭威儀恭明曰昭聖聞周達曰昭

昭德明其德也勞功也恭明恭敬昭明也聖聞令聞也 威舊作容明舊作美據左傳釋文訂 保民耆艾曰胡

彌年壽考曰胡 孔曰六十曰耆七十曰艾彌年大年也 彊毅果敢曰剛追補前過

曰剛 自勝爲彊致果爲毅果敢勇敢也剛以勝私故能補過 柔德考眾曰靜恭己鮮言曰

靜寬樂令終曰靜 柔德考眾當依魏書源懷傳作柔直考終直作德終作眾並古文假借鮮言靜默也靜亦作靖 治而無眚曰平執事有制曰平布綱持紀曰平 眚過也制法度言不偏也 持舊作治據左傳疏訂 由義而濟曰景布義行剛曰景耆意大慮曰景

景強也大也用義而成能自強也布義行剛以剛行義也耆強也 清白守節曰貞大慮克就曰

貞不隱無屈曰貞外內用情曰貞 清白不污固守其節就成也精定不動惑故成也不隱無屈者堅守其正外內用情者內外如一外內句舊脫據擅弓疏左傳疏補 猛以剛果曰威猛以彊

果曰威彊毅信正曰威 孔曰猛則少寬果敢行也彊甚于剛愚謂剛在心彊在力彊于行毅于斷以伸其正信伸同 治典不殺曰祁 秉常不衰祁大也句舊脫據史記正義補左傳疏作經典不易 辟土

服遠曰桓克敬勤民曰桓辟土兼國曰桓桓武志也克敬當作克敵道德純

備曰思大省兆民曰思外內思索曰思追悔前過曰思純且備由其慮深通敏省察疾苦思興利革弊也外內思索言求善也　備舊作一據馬融堯典注訂柔質慈民曰惠愛

民好與曰惠柔質寬柔之質與施予也孟子曰惠而不知為政又曰分人以財謂之惠柔質受諫曰

慧慧智也能受諫則慧矣能思辨眾曰元行義說民曰元始建國都曰元

主義行德曰元能以深思辨章百姓可以長人矣元長也行義說民民說其義主義者以義為主　始左傳疏作好非也元始也兵甲亟作曰莊叡圉克服曰莊勝敵志強曰莊死於

原野曰莊屢征殺伐曰莊武而不遂曰莊亟數叡深圉強也死於原野為國捐軀也屢征殺伐好勇尚力也遂成也莊壯同志強左傳釋文作克亂疏作克壯克殺秉政曰夷安民好

靜曰夷夷傷也平也誅戮不忌傷人多矣好靜則平易之義也　民舊作心亦作人據左傳疏訂靜亦作靖執義

揚善曰懷慈仁短折曰懷揚稱也孔晁曰短未六十折未三十鄭康成說未冠曰短未婚曰折

夙夜警戒曰敬夙夜恭事曰敬善合法典曰敬夙夜警戒敬身也夙夜恭事敬事也法典所在非敬何以守之平日敬孔曰法之以常而加敬也恭左傳疏作勤舊有象方益語不可曉今從史記正義儀禮通解文獻通考刪述義不克曰丁述而不悌曰丁丁強也孔曰不悌不遜順也丁說文作玎有功安民曰烈秉德遵業曰烈孔曰以武立功遵世業不墜愚謂烈業也光也秉後漢書陰皇后紀注作執剛克爲伐曰翼思慮深遠曰翼伐功也思深慮遠翼翼敬事也剛德克就曰肅執心決斷曰肅嚴整不撓成其剛德執心決斷言嚴果也愛民好治曰戴典禮不寒曰戴戴奉也寒愆同死而志成曰靈亂而不損曰靈極知鬼神曰靈不勤成名曰靈死見神能曰靈好祭鬼神曰靈生前之志死而成之所謂爲厲鬼以殺賊也棄法行私曰亂損滅也極知鬼神者窮幽測隱不務民義也不勤成名若周靈王之生而能神死見神能若杜伯彭生之類好祭鬼神謂瀆祀如靈巫短折不成曰殤未家短折曰殤不成未成人也喪服傳十九至十六曰長殤十五至十二爲中殤十一至八歲爲下殤孔曰未家者未室家也不顯尸國曰

隱隱拂不成曰隱顯明尸主也以闇主國若鄭隱公隱拂違拂也如魯隱公欲讓國而不成不顯句左傳釋文作不尸其國年中早夭曰悼恐懼從處曰悼年不稱志如晉悼公從處未詳孔曰言險阸也亦所未驗不思忘愛曰刺愎佷遂過曰刺刺謬戾也孔曰忘愛忘其愛已者拒諫曰愎反是曰佷刺音辣外內從亂曰荒好樂怠政曰荒孔曰官不治家不理淫于聲色怠于政事從子用反荒亦作[木荒]在國逢難曰愍使民折傷曰愍在國連憂曰愍禍亂方作曰愍難外患也災癘水旱民多夭折憂內難也方作滋長也愍亦作潛閔蚤孤短折曰哀恭仁短折曰哀孔曰蚤者未知人事體恭質仁功未施也蚤孤隕位曰幽壅遏不通曰幽動靜亂常曰幽隕位失其位也壅遏不通言心蔽干欲昏亂暗昧動靜亂常言起居無節號令不時隕舊作有虞從史記正義作鋪茲據文獻通考訂靜舊作祭據左傳疏訂克威捷行曰魏克威惠禮曰魏魏大也孔曰有威而敏行雖威不逆禮史記年表索隱引作克捷行軍曰魏魏音巍通作徽魯魏公亦作徽公去禮遠眾曰煬好內遠禮曰煬好內怠政曰煬肆行勞神

曰煬去禮遠眾悖理弃民也好內遠禮非禮宣淫也肆行勞神恣肆其行疲憊其神也煬釋金也一曰火熾猛也　肆行句舊作肆行勞祀曰悼錯在前悼謚下茲據穀梁定元年疏訂醜心動懼曰甄醜恥也心能有恥動則戒懼甄讀爲眞魯眞公衛眞侯是也此節盧從史記正義作甄心動懼曰頃茲從故書與文獻通考合威德剛武曰圉孔曰圉禦也能禦亂患也愚案漢功臣表有費圉侯陳賀善聞周達曰宣舊作聖善周聞據左氏傳釋文訂治民克盡曰使使民以義行見中外曰慤孔曰表裏如一勝敵壯志曰勇孔曰不撓屈昭功寧民曰商孔曰明有功者也狀古述今曰譽譽美也以文章狀述古今心能制義曰度孔曰制事得宜愚謂心如度能度萬事也好和不爭曰安孔曰失外在少斷內貞復曰白孔曰正而復終始一也不生其國曰聲孔曰生於外家暴慢無親曰厲殺戮無辜曰厲暴慢句舊脫據隱二年左傳疏補無辜杜預引作不辜官人應實曰知量才授官知之要務凶年無穀曰穅孔曰不務稼穡盧曰漢書諸侯王表有中山穅王昆侈師古注引好樂怠政曰穅則與前荒謚相同或誤記耳古者三年耕有一年之食上苟勤于民事則緩急自當有備凶歲不能爲災穅之爲言虛

也名實不爽曰質孔曰言相應也不悔前過曰戾孔曰知而不改溫良好樂曰
良和厚易直使人可好可樂怙威肆行曰醜恃其威勢肆行妄爲德正應和曰莫服虔曰發
號施令天下應和之莫然而定無喧譁也勤施無私曰類杜預曰施而無私物得其所類善也好變動
民曰躁使民不安躁古文作趮慈和徧服曰順服虔曰上愛下曰慈和中和也爲上而愛下行之以
中和天下徧服從而順之滿志多窮曰感孔曰自足者必不足者也盧曰感古憾字危身奉上曰
忠忘身之危鞠躬盡瘁思慮果遠曰趕孔曰自任多近于專金履祥曰趕當作悍怠政外交曰
攜不自強而恃人也攜離也怠舊作息依獨斷訂疏遠繼位曰紹孔曰非其次弟偶得之也彰義
掩過曰堅著善而掩不善是長其過也堅長也肇敏行成曰直敏于行而行成則能正人之曲內
外賓服曰正外賓內服非正不能華言無實曰夸夸虛也教誨不倦曰長服虔
曰教誨人以善不懈倦言善長人以道德也愛民在刑曰克在察克能也嗇於賜與曰愛
孔曰言貪吝也逆天虐民曰抗天者理也逆理害民是抗天也好廉自克曰節廉廉隅孔曰自

勝其情欲擇善而從曰比服虔云損益古今之宜比方而從之也好更改舊曰易孔曰變改
故常名與實爽曰繆名美實惡思慮不爽曰厚爽差也舊作思厚不爽曰愿據史記正義通
鑑前編所引訂貞心大度曰匡心正而明察少隱哀之方景武之方也方類也施
爲文也除爲武也孔曰施德除惡辟地爲襄服遠爲桓剛克爲發柔克
爲懿履正爲莊有過爲僖施而不成爲宣惠無內德爲平襄攘也詩
曰獫狁于襄發奮發壯往也懿美也莊嚴正也僖樂也孔曰無內德惠不成也發蘇洵集作伐失志無轉則
以其明餘皆象也失當爲矢志定不移則以其明所及爲謚象謂象其事行和會也勤勞也
遵循也爽傷也肇始也乂治也康安也怙恃也享祀也胡大也
服敗也秉順也就會也蹇過也錫與也典常也肆放也穅虛也
叡聖也惠愛也綏安也堅長也耆彊也考成也周至也懷思也
式法也布施也敏疾也捷克也載事也彌久也詩常棣傳曰九族會曰和老子

日五味令人口爽言傷其口也壽考謂之胡考言大年也顏氏家訓曰打破人軍曰敗讀補敗反敗之則服之矣就如就正之就穅亦作康康者虛荒之名堅與臤賢並通自多其能之意春秋傳曰不懦不耆耆懦之反也盧曰自和會也以下皆廣訓篇內字義

明堂第五十五

大維商紂暴虐脯鬼侯以享諸侯天下患之四海兆民欣戴文武是以周公相武王以伐紂夷定天下旣克紂六年而武王崩成王嗣幼弱未能踐天子之位周公攝政君天下弭亂六年而天下大治乃會方國諸侯于宗周大朝諸侯明堂之位史記云九侯有女入于紂九侯女不好淫紂怒殺之並脯九侯九鬼聲相近路史國名紀云相之隆慮有九侯城夷平也武王十一年克紂十七年十二月崩成王時年十三歲攝政謂百官聽于冢宰弭亂黜殷踐奄也方國四方之國宗周雒邑也祭統云卽宮于宗周唐大衍厤議云周書革命六年而武王崩管子家語以爲七年通克殷之歲也天子之位負斧扆南

面立羣公卿士侍于左右三公之位中階之前北面東上諸侯之位阼階之東西面北上諸伯之位西階之西東面北上諸子之位門內之東北面東上諸男之位門內之西北面東上天子成王也負背也扆在太室戶外狀如屏畫斧焉故曰斧扆侯伯皆北上統于天子門正門也　羣舊作卒據玉海九十五卷訂九夷之國東門之外西面北上八蠻之國南門之外北面東上六戎之國西門之外東面南上五狄之國北門之外南面東上四塞九采之國世告至者應門之外北面東上此宗周明堂之位也夷蠻戎皆上右狄上左者以亦南面避尊也四塞九采謂九州之外爲中國藩塞供事者世告至世一見也　塞息代反　此字舊脫據玉海增明堂者明諸侯之尊卑也故周公建焉而朝諸侯於明堂之位制禮作樂頒度量而天下大服萬國各致其方賄七年致政於成王康成云頒讀爲班度謂丈尺高卑廣狹量謂豆區斗斛筐筥所容受方賄土之所有此篇闕逸

尙多盧文弨據御覽補八十一字實不盡此今列逸文者字舊脫據文選東都賦注增政一本作位非也

## 嘗麥弟五十六

維四年孟夏王初祈禱于宗廟乃嘗麥于大祖月令孟夏之月農乃登麥天子乃以彘嘗麥先薦寢廟成王始舉行此禮也太平御覽八百三十八卷引此宗廟作岱宗大祖作廟是月王命大正正刑書大正葢司寇也春秋鄭有少正是月爲斷薄刑決小罪之時故使正刑書爽明僕告旣駕少祝導王亞祝迎王降階卽假于大宗少宗少祕于社各牲羊一牡豕三爽明旦明也僕大僕也少祝中士亞祝上士階路寢之階假至也大宗少宗大宗伯小宗伯也少祕內史也掌書王命社主陰陰主殺將頒刑書故假社而告焉社與后土皆羊一豕三不用大牢者告祭殺禮假音格少祕惠士奇以爲小史史導王于北階王陟階在東序乃命大史尙大正卽居于戶西南向九州牧伯咸進在中西向宰乃承王中升自客階作筴執筴從中宰坐尊中于大正之前大祝以王命作筴告大

宗王命口口祕作筴許諾乃北向繇書于兩楹之閒作筴必于廟示不敢
專也堂東西牆謂之序大史下大夫尙上也大史遷王近戶大
正近牖在中中中庭也宰宰夫承奉也中本盛算器此蓋盛作筴
之具筆及鉛槧也作筴者執筴從宰而升宰乃奠中于兩楹閒
尊猶奠也大祝下大夫告大宗以王命作筴大宗遂以王命命
祕繇用也 牧舊闕茲依丁本三禮圖云中長尺二寸首高七
寸背上四寸穿之容算八此所用中當亦相類筴初革反獨斷
云長二尺短者半之尊本作蓴與奠
相似士喪禮注云古文奠爲尊也 王若曰宗揜大正昔天之
初誕作二后乃設建典命赤帝分正二卿命蚩尤宇于少昊以
臨四方司口口上天未成之慶揜大宗名訓刑而告宗伯者亦出禮入刑之意二后當作元后
二卿左右大監監萬國者猶周之周召分陝也蚩尤古諸侯即
二卿之一少昊魯也蚩尤冢在壽張亦魯地也 誕舊闕茲依
丁本宇于二字舊倒據路史訂少昊路史作小顥大戴記用兵
篇云蚩尤庶人之貪者蓋猶三苗本是諸侯而呂刑謂之苗民
也馬融孔傳並以蚩尤爲少昊
之末九黎君名時代隔遠非也 蚩尤乃逐帝爭于涿鹿之河九
隅無遺赤帝大懾乃說于黃帝執蚩尤殺之于中冀以甲兵釋

怒用大正順天思序紀于大帝用名之曰絕轡之野梁曰史記注涿鹿山
名阪泉一名黃帝泉至涿鹿與涿水合所謂涿鹿之河也愚案
今宣化州保安州東南有涿水赤帝神農之後帝楡罔黃帝軒
轅氏也山海經云帝令應龍攻蚩尤遂殺之釋怒釋民之怒甲
兵刑之大者黃帝始以兵定天下故首溯之順天思序致天討
使民畏法而思倫序紀于大帝言天紀
其績　河本或作阿涿水見水經注
乃命少昊清司馬鳥師
以正五帝之官故名曰質天用大成至于今不亂此因蚩尤事終言之清一
名青陽黃帝子已姓爲黃帝司馬代蚩尤居少昊其後有名質
者代軒轅氏有天下以鳥師正五帝之官具詳春秋傳　質讀
爲摯知清非卽質者禮祭法疏引春秋命厤序云黃帝傳十世
少昊傳八世顓頊傳十二世帝嚳傳十世路史稱黃帝之後有
帝鴻帝魁又引竹書云黃帝至禹爲世三十曹植少昊贊
云祖自軒轅青陽之裔是金天氏不得親代黃帝明矣
其在
啓之五子忘伯禹之命假國無正用胥興作亂遂凶厥國皇天
哀禹賜以彭壽思正夏略五子五觀也亦曰武觀啓子太康昆
弟國于觀墨子云武觀淫溢康樂野
于飲食萬舞奕奕章聞于天路史稱竹書云武觀以西河叛帝
征西河以武觀歸是其事也彭大彭夏之伯諸侯者壽其名也

今太原府榆次縣西南有武觀城　啓舊作殷形近而譌今予小子聞有古遺訓予亦述朕文考之言不易予用皇威不忘祗天之明典令口我大治用我九宗正州伯教告于我文考當作文祖皇大威畏祗敬也九宗正九族之長相在大國有殷之口辟自其作口于古是威厥邑無類于冀州嘉我小國其命余克長王國相視也此言殷紂不善所以殞命大國謂殷威虐類種也冀州紂所都　威王念孫謂是威字之譌威即滅字嗚呼敬之哉如木既顛厥巢其猶有枝葉作休爾弗敬恤爾執以屏助予一人集天之顯亦爾子孫其能常憂恤乃事顛覆也休讀爲休茂蔭也丁曰敬恤爾執謂敬念所執之事屏輔也集天之顯言成上天眷顧之顯命勿畏多寵無愛乃囂亦無或刑于鰥寡非罪惠乃其常無別于民言用法者勿憚貴寵之臣勿惜囂言之姦順乎天討之典貴賤無別衆臣咸興受大正書乃降太史筴刑書九篇以升授大正以刑書之筴九篇升　刑書九篇蓋即春秋傳之九刑毀則爲賊掩賊爲藏竊賄爲

盜盜器爲姦主藏之名賴姦之用爲大凶德有常無赦即其逸文　乃左還自兩柱之間箴大正

曰欽之哉諸正敬功爾頌審三節無思民因順爾臨獄無頗正

刑有惙夫循乃德式監不遠以有此人保寍爾國克戒爾服世

世是其不殆維公咸若箴規戒也諸正司寇之屬官主刑獄者頌誦也三節蚩尤五觀殷紂也無思思也因依順從也頗偏也惙憂也慎之至也人民服事也敬戒爾事慎用中罰世世不危維公之循理稱職也　惙舊作掇茲依丁本

太史乃降大正坐舉書乃中降再拜稽首王命大正升拜于

上王則退由中階降尊刑憲　舊作王命太史正涉上而誤衍也　是月士師乃命太宗序

于天時祠大暑乃命少宗祠風雨百享士師用受其胾以爲之

資邑士師下大夫掌邦之八成及憲令刑書既頒告于百神以信法也祠暑于壇祠寒于坎百享百神在祀典者胾肉也謂胙肉也資邑使都邑資以爲法　乃命百姓遂享于家無思民疾供百享歸祭

閭率里君以爲之資野百姓百官疾疾苦也率若連率之率閭率里君周禮謂之閭胥里宰野六遂也

歸如字一齊饋率悉類反宰乃命冢邑縣都祠于太祠宰用受其職載以爲之資采宰公邑之宰太祠邑中尊祭之神若社稷及鄉先生職所當祭自受之故曰職載采公卿大夫之采太祠下舊衍及風雨也四字蓋校注之詞溷入正文今刪君乃命天御豐穡享祠爲施大夫以爲資箴君采邑之君天御未審或云太御之譌穡嗇同資箴箴大夫無骫法也太史乃藏之盟府以爲歲典盟府司盟之府

本典第五十七

維四月既生魄王在東宮告周公曰嗚呼朕聞武考不知乃問不得乃學俾資不肖永無惑矣今朕不知明德所則政教所行字民之道禮樂所生非不念念而不知敬問伯父字愛也道民以政教化民以禮樂皆本于明德念慮也念而不知舊脫念不二字依王念孫訂敬舊作故據文選注改周公再拜稽首曰臣聞之文考能求士者智也與民利者仁也能收民獄者義

也能督民過者德也爲民犯難者武也（收如收威之收謂收斂整齊之督正也）智能親智仁能親仁義能親義德能親德武能親武五者昌于國曰明（方以類聚君有是德然後能用是人賢能在位是謂明主）明能見物高能致物物備咸至曰帝帝鄉在地曰本本生萬物曰世世可則效曰至至德照天百姓口驚（識以別人權以達識物備咸至則如天之無爲而四時行百物生鄉猶眷顧也天所眷其本在德照天如天之臨照鄉音向）備有好醜民無不戒顯父登德德降則信信則民寍爲畏爲極民無淫慝（備備示之也民有所畏而協于中自無淫慝矣）生民知常利之道則國彊序明好醜必先固其務（正德利用厚生常利之道也然敎必先富故宜先固其務必先舊作口必依陸麟書說訂）均分以祁之則民安利用以資之則民樂明德以師之則民讓生之樂之則母之禮也政之敎之遂以成之則父之禮也父母之禮以加于民其慈口口（祁讀若算明示之也示以等威則無

覬覦給以田里通其材用則無窮乏敎以禮樂則無爭競成成其名也　祢舊作利據說文訂利舊闕依陸麟書說補

古之聖王樂體其政士有九等皆得其宜曰材多人有八政皆得其則曰禮服士樂其生而務其宜是故奏鼓以章樂奏舞以觀禮奏歌以觀和禮樂既和其上乃不危九等忠信敬剛柔和貞固順用得其宜故材多八政夫婦父子兄弟君臣其則即禮也樂以鼓爲節章表也舞有揖讓之容故可觀禮

王拜曰允哉幼愚敬守以爲本典治之本國之典也

皇清經解續編卷千三十三終

善化劉鐸
長沙王賓 校

逸周書集訓校釋七　嘉定朱右曾亮甫著

官人弟五十八

王曰嗚呼大師朕維民務官論用有徵觀誠考志視聲觀色觀隱揆德可得聞乎周公曰亦有六徵嗚呼乃齊以揆之論用謂辨論官材而用之徵驗齊辨也盧曰此篇亦見大戴禮通篇皆文王之言論如字禮作倫盧辯云理次也志舊作言王念孫云當依禮作志齊如齊大小之齊差其等列也　一曰富貴者觀其有禮施貧賤者觀其有德守嬖寵者觀其不驕奢隱約者觀其不懾懼其少者觀其恭敬好學而能悌其壯者觀其廉潔務行而勝私其老者觀其思慎彊其所不足而不踰此皆觀其所難禮施有禮而施惠德守操守也隱約謂在下位者血氣衰往往貪得自恣故觀其所慎勉也　父子之間觀其孝慈兄弟之間觀其和友君臣

之間觀其忠惠鄉黨之間觀其信誠省其居處觀其義方省其喪哀觀其貞良省其出入觀其交友省其交友觀其任廉此皆觀其所當然義以方外則無苟且貞者精定不動惑良者量力而動不敢越限倉卒大故可以覘其識與守也方以類聚故觀其友任保也以信相親也釋名云貞定也良量也設之以謀以觀其智示之以難以觀其勇煩之以事以觀其治此皆觀其才設假設也治謂倥偬之中處置得宜臨之以利以觀其不貪濫之以樂以觀其不荒喜之以觀其輕怒之以觀其重醉之酒以觀其恭從之色以觀其常遠之以觀其不二暱之以觀其不狎此皆觀其養濫氾荒失也從讀爲縱常常度也二讀爲貳暱親也狎則犯禮復徵其言以觀其精曲省其行以觀其備此之謂觀誠精微也曲委曲備細也二曰方與之言以觀其志志殷以淵其氣寬以柔其色儉而不諂其禮先人其言後人見其所不足曰日益者也好臨人以色高人

以氣賢人以言防其所不足發其所能曰日損者也方常殷正淵深也儉卑約也篤于禮訥于言不自諱其不足是求益者也賢勝也防蔽而衛之也發讀爲伐禮正作伐其貌直而不止其言正而不私不飾其美不隱其惡不防其過曰有質者也其貌曲媚其言工巧飾其見物務其小證以故自說曰無質者也止留質誠也曲媚曲以媚人見物表見之事小證猶云小節以故自說者以他故自解其過晉語多爲之故韋昭曰多作計衛文選注引賈逵云故謀也然則謂以詐謀自解亦通喜怒以物而色不變煩亂以事而志不淫深導以利而心不移臨攝以威而氣不卑曰平心而固守者也喜怒以物而心變易煩亂以事而志不治導之以利而心遷移臨攝以威而氣惵懼曰鄙心而假氣者也營惑亂也攝迫也和平其心堅固其守非有學者不能也不治言恇擾無主惵亦懼也鄙心假氣言不學而假血氣以自強攝如攝乎大國之攝舊作懾據後漢書注文選注訂設之以物而數決敬之以卒而度應不文而辯

曰有慮者也難決以物難說以言守一而不可變困而不知止曰愚依人也（物事也數之言速也敬當依禮作驚卒倉卒也度應以法度應之辯慧也依當爲隱聲之誤也隱暗也　數所角反敬讀爲驚卒與猝同言字舊脫依王念孫說增依讀爲隱隱白虎通廣雅並云衣隱也禮中庸注云齊人言殷聲如衣殷隱衣依古聲並同盧文弨云依讀爲夔未見所出）營之以物而不誤犯之以卒而不懼臨義而不可遷臨之貨色而不過曰果敢者也易移以言志不能固已諾無決曰弱志者也（置立也不過猶云不顧　易移舊作移易據禮訂易以豉反）順予之弗爲喜非奪之弗爲怒沈靜而寡言多稽而險貌曰質靜者也屏言而弗顧自順而弗讓非是而彊之曰妒誣者也（險讀爲儉多稽學之博儉貌心之廉屏當爲辨自順恣意自遂非是而彊者明知其非故蹈之也妒誣妒賢誣善也　險禮作儉古通用屏禮作辨聲相近彊去聲）微而能發察而能深寬順而恭儉溫柔而能斷果敢而能屈曰志治者也華廢而誣巧言令色皆以無爲有者

也此之謂考志淵微之所發而顯之所揆察者能見其深志治者其志不亂也廢大也誣無實也三曰誠在于中必見諸外以其聲處其氣氣初生物物生有聲聲有剛柔清濁好惡咸發于聲處定也氣稟于天形成于地聲發于形實本于氣剛柔清濁氣稟之異而聲之好惡象之　處其氣舊作處其實據禮訂好惡如字心氣華誕者其聲流散心氣順信者其聲順節心氣鄙戾者其聲醒醜心氣寬柔者其聲溫和信氣中易義氣時舒知氣簡備勇氣壯力華誕虛妄流散言無相也醒讀爲嘶散聲中正也易信實之徵義剛氣充故時而舒也智者簡通賅備勇者壯毅有力　醒禮作斯孔廣森曰內則注沙猶斯也正義曰斯謂酸嘶古嘶字單作斯耳今案說文作㪐散聲漢書王莽傳大聲而嘶注云聲破也易以豉反知舊作和據禮訂聽其聲處其氣考其所爲觀其所由以其前觀其後以其顯觀其隱以其小占其大此之謂視聲由者所從來之意也隱中藏也　隱顯二字舊互倒王念孫據禮訂四曰民有五氣喜怒欲懼憂喜氣內蓄雖欲隱之陽喜必見怒氣

內蓄雖欲隱之陽怒必見欲氣懼氣憂悲之氣皆隱之陽氣必見五氣誠于中發形于外民情不可隱也隱匿陽外也喜色猶然以出怒色薦然以侮欲色嫗然以愉懼色薄然以下憂悲之色瞿然以靜猶然舒和貌薦然如鷹之怒鷹神獸也侮陵也嫗然欲得之貌如雞將伏卵然愉讀爲偷偷苟且求悅人也薄讀也瞿然瞪視之貌　猶禮作由注云當爲油新生好貌案猶通作繇爾雅云繇喜也又荀子子道篇蓋猶若也注云舒和之貌則宜讀如字薦讀爲鷹首氏反說文薦獸之所食草古者神人以廌遺黃帝又曰豸獸長豸豸然欲有所司殺豸卽廌也禮作搋下王念孫據之以爲茀字之誤亦通愉禮作偷惠云古通用瞿禮作矍玉藻云視容瞿瞿注云不審之貌誠智必有難盡之色誠仁必有可尊之色誠勇必有難懾之色誠忠必有可新之色誠潔必有難污之色誠靜必有可信之色新禮作親古通假質浩然固以安僞蔓然亂以煩雖欲改之中色弗聽此之謂觀色浩然浩浩然無所阻閡也蔓然蕪亂貌中色誠中之色五曰民生則有陰有陽人多隱

其情飾其僞以攻其名有隱于仁賢者有隱于智理者有隱于文藝者有隱于廉勇者有隱于忠孝者有隱于交友者如此不可不察也盧辯云人含陰陽之氣生而有知有知故生隱僞情實攻取忠誠也小施而好德小讓而爭大言顧以爲質僞愛以爲忠尊其得以攻其名如此隱于仁賢者也好德好人之德己顧當爲愿慤也尊得攻名者表暴其一德以取美名　攻舊作政據禮訂前總唱功慮誠弗及佯爲不言內誠不足色示有餘自順而不讓措辭而不遂此隱于智理者也前猶始也唱導也始則總率而唱導其功慮其實有不及則佯爲聽明內蘊之狀蓋能發不能收又欲掩其不能者也遂直也言留其不盡動人以言竭而弗終問則不對佯爲不窮貌而有餘假道而自順因之口初窮則託深如此隱于文藝者也竭而弗終者意竭而弗竟其詞佯爲不窮者對非所問也託深謂託爲艱深　貌上舊作空圍王曰本無貌字貌而讀爲貌如口言以爲廉矯厲以爲勇內恐外誇亟稱其

說以詐臨人如此隱于廉勇者也矯厲矯情厲色也亟欺冀反數也自事其親而好以告人飾其見物不誠于內發名以事親自以名私其身如此隱于忠孝者也見物人所共見之事若割股廬墓之類盧云發與伐同欲得孝敬之名是以名私身也見音現下同比周以相譽知賢可徵而左右不同而交交必重己心悅而身弗近身近而實不至懼不盡見于眾而貌克如此隱于交友者也此之謂觀隱結黨相譽知賢名之可求而相爲左右也雖不同量亦與之交將借其人以重己也實實德也能爲己重故心說憚其嚴正故身弗近郎近焉實亦弗至但懼眾不知其能交賢士故貌爲親密耳克能也

六曰言行不類終始相悖外內不合雖有假節見行曰非誠質者也悖逆也節非所安故曰假行皆緣飾故曰見誠舊作成據禮訂言忠行夷爭靡及私施弗求多情忠而寬貌莊而安曰有仁者也言發于中行歸于庸所爭必公求多求人之以己爲多事變而能治效窮而能達措身立方而能遂曰有知

者也效功遂成也不苟合于世而能保身以遂志少言以行恭儉以讓有知而言弗發有施而心弗德曰謙良者也弗伐其智弗矜其施微忽之言久而可復幽閒之行獨而弗克其行亡如存曰順信者也微忽細微易忽幽閒幽室閒居愼行于獨非求勝人也亡如存所謂死者可作生者不愧貴富恭儉而能施嚴威有禮而不驕曰有德者也隱約而不懾安樂而不奢勤勞而不變喜怒而有度曰有守者也變謂變易其忠勤之志直方而不毀廉潔而不戾彊立而無私曰有經者也不毀不隳所守不戾不乖乎人有經言能守其常道虛以待命不召不至不問不言不過行不過道曰沈靜者也不過行言必顧行也不過道以道制行也忠愛以事親驩以敬之盡力而不固敬以安之曰忠孝者也固當依禮作面驩以養敬以事力竭而不見于面舊作驩以盡力而不回敬以盡力而不口茲據初學記訂合志而同方共其憂而任其難行忠信而不疑遯隱遠而不舍曰

交友者也（方嚮也志之所嚮任擔持之也隱遠不舍言迹睽而心合　迹舊闕禮作迷蓋迹字之訛）志色辭氣其入人甚俞進退工故其與人甚巧就人甚速叛人甚易曰位志者也（俞然也人以爲必應然也工故工于詐謀也未得志則乞憐已得志則背叛是志于爵位之鄙夫也　此節及下節並依禮校補）飲食以親貨賄以交接利以合故得望譽征利而依隱于物曰貪鄙者也（接利以利相接望讀爲安征奪隱據也）質不斷辭不至少其所不足謀而不已曰僞詐者也（既不能斷而辭又不及所不足未能致者也）言行亟變從容克易好惡無常行身不篤曰無誠者也（從容克易言安然變易無慙作　亟欺翼反）少知而不大決少能而不大成規小物而不知大倫曰華誕者也（略有知能便自誇詡故曰華誕）規諫而不類道行而不平曰竊名者也（類善也道行猶云行道不平言多詭異也）故曰事阻者不夷時□者不回面譽者不忠飾貌者不靜假節者不平多私者不義揚言者寡信此

之謂揆德事阻謂行險也靜讀爲情揚振揚張大也靜禮作情文選注引此亦作情古通假

王會弟五十九

成周之會墠上張赤帟陰羽此名爲會其實殷同故爲壇于國外孔曰除地曰墠王應麟曰覲禮諸侯覲于天子爲宮方三百步四門壇十有二尋深四尺周禮掌次合諸侯設重帟又幕人云朝覲會同供其帷幕幄帟注云帟在幕若幄中坐上承塵以繒爲之愚案陰淺黑色以黑羽飾赤帟　陰洪頤煊讀爲翳羽葆幢也如是則不須言羽孔曰陰鶴也未知所本天子南面立絻無繁露朝服八十物搢珽孔曰繁露冕之所垂也所尊敬則有焉八十物大小所服搢插也珽似笏愚案玉藻注云珽或謂之大圭長三尺杼上終葵首終葵首者于杼上又廣其首方如椎頭王曰崔豹古今注云冕綴玉下垂如繁露　唐叔荀叔周公在左太公望在右皆絻亦無繁露朝服七十物搢笏旁天子而立於堂上孔曰唐荀國名皆周成王弟旁謂差在後近天子故其冕亦無旒愚謂荀叔蓋武王庶子今山西絳州西有故荀城笏諸侯以象長二尺有六寸中博三寸首廣二寸半王曰笏晉宋以來謂之手板古者搢之以記事宇文周百官始執笏堂下之右唐公

虞公南面立焉堂下之左殷公夏公立焉皆南面絻有繁露朝服五十物皆搢笏堂下謂中階之左右唐公春秋唐惠侯之先也或曰薊國也武王封堯後于薊虞公卽陳侯殷公宋夏公杞也孔曰冕有繁露搢笏則虞唐同也爲諸侯之有疾病者阼階之南祝淮氏榮氏次之珪瓚次之皆西面王曰祝主祭祀之贊詞能知山川敬于禮儀明神之事者以爲祝瓚盛鬯酒之器以珪爲柄孔曰淮榮二祝之氏也彌宗旁之爲諸侯有疾病者之醫藥所居彌如招弭之弭宗尊也弭祝之所也旁之謂次珪瓚南而少後弭止也士喪禮注巫掌招弭以除疾病說文無彌字相者太史魚大行人皆朝服有繁露孔曰魚太史名及大行人皆贊相賓客禮儀也堂下之東面郭叔掌爲天子菉幣焉絻無繁露孔曰郭叔虢叔文王弟菉錄諸侯之幣也王曰虢在畿內括地志云在岐州陳倉縣愚謂今在陝西鳳翔縣竟君奭言武王惟茲四人迪哲時虢叔已死矣此郭叔蓋文王弟之子若孫內臺西面正北方應侯曹叔伯舅中舅比服次之要服次之荒服次之西方東面正北方伯父中子次之臺郎壇也

壇有三成鄭康成說上等爲堂堂方二丈四尺三等每面各一丈二尺上言堂下是上等也此言內臺是中等也下言外臺是下等也其次自北而南故云正北方伯父中子與應侯曹叔相對不重言比要荒三服省文也孔曰應侯成王弟曹叔武王弟二舅成王之舅伯父姬姓之國王曰中子王之支子丁曰比輔也輔近王畿之地 方千里之內爲比服方二千里之內爲要服方三千里之內爲荒服是皆朝於內者孔曰此服名因于殷非周制也 堂後東北爲赤帟焉浴盆在其中孔曰雖不用而設之敬諸侯也 其西天子車立馬乘六青陰羽鳧旌其西浴盆之西立馬不稅駕六馬皆青色陰羽以飾蓋鳧羽以爲旌皆建于車上王曰公羊說王度記云天子駕六鳧似鴨而小長尾背有文 中臺之外其左泰士臺右彌士受贄者八人東面者四人中臺卽內臺其外則下等也王曰泰士蓋上士彌士卽中士下士贄之言至所執以自致孔曰受賓幣士也四人東面則西面四人也 其左泰士舊作其右盧疑其誤今訂正 陳幣當外臺天玄駹宗馬十二玉玄纁璧綦十二參方玄纁璧豹虎皮十二四方玄纁璧琮十二六入爲玄在緅緇之閒天之色也駹屬也宗猶

先也以毦先馬猶以乘韋先牛其下三者皆以玉先之繚繞也綦帛蒼艾色或云雜文帛也參方四方者陳幣之次弟方列之也珍珪長尺二寸孔曰玄纁以黑組紐之珍珪有鋒鋭　**外臺之**王曰聘禮記絇組尺絇組亦名繅藉虎豹示服猛也

**四隅張赤帟爲諸侯欲息者皆息焉命之曰爻閭**孔曰每角張帟息者隨所近也愚謂閭者聚也設于臺之四隅如卦爻故曰爻閭

**周公旦主東方所之青馬黑鬣謂之母兒其守營牆者衣青操弓執矛**孔曰周公主東方則太公主西方東青馬則西白馬矣王曰鬣郎鬣字營牆壝宮之牆也司儀注云官壝土以爲牆愚謂矛刺兵也酋矛長常有四尺夷矛三尋盧曰此東方故衣青執矛　餘方各異

**西面者正北方稷愼大麈**稷愼至會稽二十國皆列于臺東西面其序則自北而南也孔曰稷愼肅愼也貢麈似鹿王曰大行人云九州之外謂之蕃國各以其所貴寶爲摯書序云成王東伐淮夷肅愼來賀山海經云大荒之中有山曰不咸有肅愼氏之國在白民北急就篇注云麈似鹿尾大而一角愚謂不咸山今曰長白山肅愼今黑龍江地

**穢人前兒前兒若獮猴立行聲似小兒**孔曰穢韓穢東夷別種王曰後漢東夷傳云穢北與高句驪沃沮南與辰韓接東窮大海西至樂浪爾雅注云鯢魚似鮎四腳前似猴後似狗聲如小兒啼

大者長八九尺上林賦之鰅益部方物記之鰅魚即此愚謂今朝鮮國江原道古穢人地良夷在子在子幣身人首脂其腹炙之藿則鳴曰在子孔曰良夷樂浪之夷也貢奇獸王曰爾雅疏九夷二曰樂浪藿豆葉愚謂良讀如郎今朝鮮平安道古樂浪幣疑當爲鼈 幣舊闕藿作霍茲並依王本揚州禺禺魚名王曰說文鰅魚名皮有文出樂浪東暆神爵四年初捕收輸考工周成王時揚州獻鰅上林賦注禺魚皮有毛黃地黑文禺魚容反鰅同解隃冠丁曰解地獻隃冠之獸隃冠見下文 解音蟹隃音俞發人麃麃者若鹿迅走盧曰發北發也王曰王恢傳北發月支可得而臣愚謂說文麃麕屬師古漢書注云麃形如麞牛尾一角孔曰迅疾也麃薄交友俞人雖馬孔曰俞東北夷雖馬巂如馬一角不角者曰騏王曰爾雅注曰驨角如鹿茸 驨戶圭反案唐于逖聞奇錄云傳宏業宰天台縣有人獵得一獸形如豕仰鼻長尾有歧傳識之曰雖也雨則懸于樹以尾塞其鼻驗之信然說與孔異青丘狐九尾孔曰青丘海東地名王曰服虔云青丘國在海東三百里山海經云在朝陽北又曰青丘之山有獸如狐而九尾音如嬰兒能食人周頭煇羝煇羝者羊也孔曰周頭亦海東夷王曰羝牡羊也說文夷羊百斤左右爲羝黑齒白鹿白馬王曰山海經云黑齒國在青丘北呂覽云禹東至鳥谷青

巨之鄉黑齒之國東夷傳云裸國東南有黑齒國船行一年始可至

**白民乘黃乘黃者似狐其背有兩角**

孔曰白民亦東南夷王曰山海經云白民之國在龍魚北白身被髮有乘黃其狀如狐背上有角乘之壽二千歲淮南子云黃帝治天下飛黃服皁注云飛黃乘黃　狐舊作騏又脫一其字據文選注初學記訂

**東越海龕**

王曰東越卽閩州地孔曰龕文龕龕卽蛤也夢溪筆談云文龕卽吳人所食花蛤也盧云文選作侮食形近而譌

**歐人蟬蛇蟬蛇順食之美**

王曰山海經云歐居海中注曰今臨海永寧縣卽東歐在岐海中輿地廣記云溫台處皆東歐地愚案史記索隱稱姚氏云甌水名永嘉記水出寧山行三十餘里入江今浙江溫州府永嘉縣西南有東甌故城北有甌水爾雅翼云蟬似蛇無鱗體有涎沫類篇云蛇蟬黃質黑文順謂縱切之　蟬上演反今字作鱓生水岸泥窟中

**於越納**

孔曰於越越也洪曰說文魶魚似鼈無甲有尾無足口在腹下愚案今名鑊蓋魚　納與魶同奴盍反司馬相如傳禺禺鱋魶又作魶

**姑妹珍**

孔曰姑妹國後屬越盧曰卽姑蔑王曰輿地廣記云衢州龍遊縣本姑蔑地愚謂珍當是一物未聞　妹亡結反

**具區文蠡**

具區今蘇州府西南太湖也蠡蚌蛤之屬埤雅以爲形似蛇又云狀似蝸龍恐非具區舊作且甌據御覽九百四十一卷訂

**共人玄貝**

孔曰共人吳越之蠻玄貝貝斑貽貝也王曰爾雅注云玄貝貝黑色

鹽鐵論云幣與世易夏后氏以玄貝共音恭**海陽大蟹**孔曰海水之陽一蟹盈車王曰史記蘇秦傳云楚東有夏州海陽玄中記云北海之蟹舉一螯能加于山**自深桂**孔曰自深亦南蠻也謝曰當鼻深愚案埤雅云桂有三一曰菌桂葉似柹二曰牡桂葉如枇杷而大爾雅所謂梫木桂也三曰桂桂葉如柏皆生南海山谷間**會稽以鼉**會稽山在浙江紹興府東南王曰山海經注云鼉似蜥蜴長二丈有鱗彩皮可冒鼓**皆西嚮**孔曰自大摩已下至此向西面也

**正北方義渠以茲白茲白者若白馬鋸牙食虎豹**自此至奇幹二十國列于臺西東面亦白北而南也孔曰義渠西戎國茲白一名駮王曰西羌傳云涇北有義渠之戎括地志云寧原慶三州戰國爲義渠戎地爾雅云駮如馬倨牙食虎豹山海經云中曲山有獸如馬而身黑三尾一角虎牙爪音如鼓名曰駮愚謂涇北義渠乃戎之內徙者其始所在未聞**央林以酋耳酋耳者身若虎豹尾長參其身食虎豹**央林一作英林王曰書大傳云散宜生之於陵氏取怪獸曰虞山海經云林氏國有珍獸大若虎五采畢具尾長于身名曰騶吾乘之日行千里**北唐以閭閭似隃冠**孔曰北唐戎之在西北者射禮以閭象爲射器王曰山海經云縣雍之山其獸多閭注云閭即羭也如驢歧蹄又北山經注云角如䍮羊一名山驢儀禮注云閭如驢一角愚案穆

天子傳注引竹書紀年云北唐之君來見獻一驪馬是生騄耳卽此戎也

渠叟以䶂犬䶂犬者露犬也能飛食虎豹

王曰西域圖記云鉢汗國在葱嶺西五百餘里古之渠叟國山海經云馬成之山有獸如白犬而黑頭見人則飛露犬大蓋此類王念孫云䶂蓋蚼之假借字說文云北方有蚼犬食人　䶂音俱舊作颮音豹說文颮胡地風鼠不云犬也廣韻則云䶂比教反能飛食虎豹蓋此字之譌久矣茲從文選注及王應麟本

樓煩以星施星施者珥旄

孔曰樓煩北狄施所以爲旄羽珥王曰匈奴傳云晉北有樓煩之胡地里志云鴈門樓煩縣故樓煩胡地故城在代州崞縣東旄牛背膝及胡尾俱有長毛愚案說文云施旗皃珥瑱也蓋垂旄于旗若珥然　施李善甘泉賦注引作旄蓋所見本異

卜盧以紈牛紈牛者牛之小者也

孔曰卜盧盧人西北戎也今盧水是王曰紈與綠同　紈渠尤反通作觤文選王融曲水詩序紈牛露犬之玩字又从丸音桓注亦然

區陽以鼊封鼊封者若彘前後有首

孔曰區陽亦戎之名王曰荊州記云武陵郡西有陽山山有獸如鹿前後有頭常以一頭食一頭行

規規以麟麟者仁獸也

孔曰規規亦戎也麟似鹿牛尾一角馬蹄王曰陸璣云麟音中鍾呂行中規矩不履生蟲不踐生草王者至仁則出

西申以鳳鳥鳳鳥者戴仁抱義掖信

孔曰其形似雞蛇首魚尾戴仁向仁國抱義懷有義挾信歸有信也王曰爾雅疏云鳳雞頭蛇頸燕頷龜背魚尾五采足高六尺許

**氐羌以鸞鳥**氐地羌羌不同故謂之氐羌今謂之氐矣鸞大于鳳亦歸于仁義者也王曰說文云鸞赤色五采鳴中五音頌聲作則至瑞應圖云鸞鳥赤神之精鳳皇之佐愚謂今甘肅階州古白馬氐地也

**巴人以比翼鳥**孔曰巴人在南者比翼鳥不比不飛其名曰鶼鶼王曰爾雅注比翼鳥似鳧青赤色拾遺記云狀如離而多力張華以爲一青一赤愚謂巴國今四川重慶府

**方煬以皇鳥**孔曰方煬亦戎別名皇鳥配鳳者也王曰爾雅鳳其雌皇

**蜀人以文翰文翰若皐雞**王曰華陽國志云黃帝爲子昌意娶蜀山氏後子孫因封焉秦以其地爲蜀郡爾雅云鶾天雞注云鶾雞赤羽孔曰鳥有文采者皐雞似鳧冀州謂之澤特　說文翰天雞赤羽也逸周書曰文翰若翬雉一名鷐風周成王時蜀人獻之所據與孔晁本異爾雅注引此作采雞邢昺疏云文鶾若采雞者王會篇文彼云蜀人以文鶾文鶾若翬雉是郭璞所據本又與許孔異而邢昺所見則與許同今詳孔注似無鶾字故仍之

**方人以孔鳥**孔曰方人亦戎別名孔與鸞相配者王曰山海經云南方多孔鳥異物志云大如鴈而足高細頸龍背似鳳自背及尾皆珠文五采羽毛末皆圓文人指其尾則舞劉逵吳都賦注云孔雀尾長六七尺綠色有華彩朱崖交阯皆有之

**卜人以丹沙**

孔曰卜人西南之蠻丹沙所出盧曰卜卽濮也王曰郡國志越
嶲會無縣故濮人邑山海經曰柜山多丹粟荀子云南海有丹
干本草云生
武陵山谷
**夷用闟木**
王曰夷山海經云在東胡東南方草木
狀云烏文木樹高七八丈色正黑如水
牛角孔曰木生水中色黑而光其堅若鐵愚
謂古今注謂之鹽木出交州　闟茲消反
**康民以桴苡桴苡者其實如李食之宜子**
孔曰康亦西戎別名食桴苡卽有身王
曰隋書康國康居之後也唐以其地爲
康居都護府愚謂桴苡卽
芣苢也　桴音孚又音浮
**州靡費費其形人身反踵自笑笑則上脣弇其目食人北方謂之土螻**
孔曰費費曰梟羊好立行如
人被髮前足指長王曰山海
經云梟陽國在北朐之西其爲人人面長脣黑身有毛反踵見
人笑亦笑爾雅注云交阯及南康郡中亦有此俗謂之山都愚
案史記西南夷傳靡莫之屬正義云在姚州北索隱云與滇同
姓姚州今隸雲南楚雄府然則州靡西南夷也　費芳未反說
文作𦤎爾雅作狒弇舊作弇案說文及海內南經注
作拚拚弇字通土螻舊作吐嘍據說文廣雅御覽訂
**都郭生生欺羽生生若黃狗人面能言**
王曰海內南經狌狌知人名其爲
獸如豕而人面水經注云頭顏端
正善與人言音聲妙麗如婦人愚謂欺羽當是鳥名靈光殿賦
云佹欺偲以鵰眈欺㱿鵰類　都山海經注作鄭生一作狌

奇幹善芳善芳者頭若雄雞佩之令人不眛孔曰善芳鳥名不眛不忘也西山經云翼望之山有鳥焉其狀如烏三首六尾而善笑名曰鵸鵌服之令人不厭注引周書曰獻芳不眯疑幹或餘字之譌太平御覽亦作獻芳皆東嚮孔曰此東向列次也北方臺正東高夷嗛羊嗛羊者羊而四角北方臺正東者在臺北之東也孔曰高夷東北夷高句驪王曰九夷三曰高驪東夷傳云在遼東之東千里南與朝鮮濊貊東與沃沮北與扶餘接述異記云周成王時東夷進六角羊嗛苦簟反四或作六獨鹿邛邛邛邛善走者也孔曰邛邛獸似距虛負蹷而走王曰阪泉氏徙居至于獨鹿子虛賦蹴邛邛轔距虛張揖曰邛邛青獸其狀如馬距虛似鸁而小說苑孔子曰蛩蛩距虛見人將來必負蹷以走二獸者非性愛蹷也爲其得甘草而貴之也然則負蹷者或邛邛或距虛二物不相須也盧云爾雅邛邛距虛是一獸今此下文別出孤竹距虛則不與爾雅呂覽所說同也愚謂獨鹿郎涿鹿直隸宣化府保安州地舊作獨鹿邛邛距虛善走者也盧曰距虛二字後人以所旹闕妄增耳今訂孤竹距虛王曰地里志遼西令支縣有孤竹城括地志在平州盧龍縣南十二里殷時諸侯國姓墨胎氏愚謂盧龍縣今直隸永平府治孔曰距虛野獸驢騾之屬不令支玄獏盧曰不字發聲王曰齊語云北伐山戎刜令支斬孤竹括地志

云令支故城在平州盧龍縣西七十里㬎謂今在永平府遷安縣西爾雅云貘白豹注云似熊小頭庳腳能舐食銅鐵竹骨說文云似熊黃黑色不讀如丕 **不屠何青熊** 王曰管子云桓公敗胡貉破屠何注云屠何東胡之先也說文云熊似豕上林賦注云犬身人足 **東胡黃羆** 王曰山海經云大澤在鴈門北東胡在大澤東服虔曰烏桓之先也爾雅云羆似熊黃白文長頭高腳 **山戎戎菽** 孔曰戎菽巨豆也王曰匈奴傳燕北有山戎史記正義曰今奚國漢書注云戎菽胡豆也管子桓公北伐山戎以戎菽徧布于天下 **其西般吾白虎黑文** 其西謂在臺西也孔曰般吾北狄王曰釋文云騶虞義獸也白虎黑文不食生物有至信之德則至般音班據司馬相如封禪文般般之獸樂我君囿般般當是部落之名猶之規規也吾者騶虞也海內北經云林氏國有珍獸名曰騶吾注云吾亦作虞文選東京賦注引劉芳詩義疏云騶虞或作吾是也孔晁以般吾爲北狄則晁所見本已脫一般字矣黑文二字舊脫據詩疏鄭志訂 **屠州黑豹** 孔曰屠州狄之別也王曰晉史北狄有屠各山海經云幽都山多玄虎玄豹 **禺氏騊駼** 王曰管子云堯舜之王北用禺氏之玉又云王常有七筴禺氏邊山之玉一筴也山海經云北海內有獸狀如馬名騊駼史記匈奴奇畜則騊駼徐廣曰似馬而青 **大夏茲白牛茲白牛野獸也牛形而象齒** 史記云禹鑿龍門通大夏

括地志云大夏今并州晉陽及汾絳等州地或云在大宛西南二千餘里**犬戎文馬文馬赤鬣縞身目若黃金名吉黃之乘**王曰匈奴傳隴以西有犬戎山海經云犬封國有文馬名曰吉量乘之壽千歲注曰六韜云名曰雞斯之乘書大傳云散宜生之犬戎氏取美馬駮身朱鬣雞目瑞應圖云騰黃神馬一名吉光文馬說文作䮄云文馬也吉一作古**數楚每牛每牛者牛之小者也**孔曰數楚亦北戎也盧云西山經云黃山有獸如牛而蒼黑大目其名曰犛牛犛音美與此每牛正合**匈奴狡犬狡犬者巨身四足果**王曰晉灼云堯時曰葷粥周曰獫狁秦曰匈奴通典云山海經已有匈奴說文曰狡少犬也匈奴地有狡犬巨口而黑身愚謂果讀爲倮胡犬深毛惟狡犬四足無毛也**皆北嚮**北當爲南自高夷至此皆南向**權扶玉目**此下五國在臺南少東魚復以下在臺南少西孔曰權扶南蠻也玉目玉之有光明者形小也**白州比閭比閭者其華若羽伐其木以爲車終行不敗**孔曰白州東南蠻與白民接水中可居曰州州中出此珍木愚謂比閭卽并閭也本草拾遺云櫚木出安南性堅紫紅色有花紋者名曰花閭**禽人菅**孔曰亦東南蠻菅草堅忍王曰陸璣疏云菅似茅其根下有白粉柔韌宜爲索御覽九百九十六卷引作會人注云會一作禽**路人大竹**孔曰

路人東南蠻貢大竹愚謂路音近駱疑即駱越劉昫曰廣鬱縣古駱越所居今廣西南寧府地荊州記云臨賀東山中有大竹數十圍

長沙鼈孔曰特大而美故貢也王曰湘州記秦分黔中以南長沙鄉爲長沙郡

其西魚復鼓鐘鐘牛孔曰次西列也貢鼓及鐘而似牛形者王曰鐘牛未詳愚謂魚復今四川夔州府奉節縣

揚蠻之翟孔曰揚州之蠻貢翟鳥王曰爾雅鸐山雉注云長尾者　揚蠻舊作蠻揚丁嘉葆據孔注訂

倉吾翡翠翡翠者所以取羽王曰禮記注云蒼梧于周南越之地楚吳起南并蠻越遂有蒼梧異物志云翠鳥似燕翡赤而翠青王逸楚辭注云雄曰翡雌曰翠劉逵吳都賦注曰翡翠巢于樹巔生子夷人稍從下其巢子大未飛便取之

其餘皆可知自古之政孔曰餘謂眾諸侯貢物也愚謂古之政謂禹貢及伊尹獻令也

南人至眾皆北南人北嚮則北嚮人南嚮可知

伊尹朝獻　商書此篇目也伊尹制諸侯朝獻之贊本在商書中錄于此以明自古之制也古者篇題皆大題退在小題下

湯問伊尹曰諸侯來獻或無馬牛之所生而獻遠方之物事實

相反不利今吾欲因其地勢所有獻之必易得而不貴其爲四方獻令孔曰非其所有而當遠求于民故不利也爲獻令制其品服之令伊尹受命於是爲四方令曰臣請正東符婁仇州伊慮漚深九夷十蠻越漚鬋髮文身請令以魚皮之鞞鰂之醬鮫瞂利劍爲獻符夫餘婁挹婁王曰後漢東夷傳云夫餘國在玄菟北挹婁古肅愼之國仇州海中州伊慮卽醫閭也九夷夷有九種曰畎夷于夷方夷黃夷白夷赤夷玄夷風夷陽夷世本曰芊姓東越越世家云剪髮文身甌越之民也通典云文身之國梁時聞焉在倭東北人體有文如獸額上有三文左傳注云鞞佩刀削上飾荀子云楚人鮫革爲甲山海經注云鮫皮可飾刀劍本草注云沙魚一名鮫孔曰鰂魚名瞂盾也鮫文魚也愚謂醫巫閭山在錦州府廣寧縣西九夷卽禹貢嵎夷之地陸璣詩疏云魚獸似猪東海有之一名魚狸背有斑文腹下純青一切經音義引臨海記云烏鰂以其懷板含墨故曰小史魚又引埤蒼云魚腹中有骨背有一首闊二寸許有鬌甚長口中有墨噀則噀人吳都賦云扈帶鮫函注云鮫魚甲可爲鎧埤雅云鮫海魚也狀如鼈而無足利劍蓋倭刀之類　盧音閭漚音甌鬋與剪同鞞幷頂反刀室也鰂舊闕據北堂書鈔訂鰂卽烏鰂也瞂音伐正南甌鄧桂國損

子產里百濮九菌請令以珠璣瑇瑁象齒文犀翠羽菌鶴短狗爲獻王曰甌卽甌駱山海經云桂林八樹在番禺東秦取之爲桂林郡孔曰璣似珠而小菌鶴可用爲旌翳短狗狗之善者也愚謂趙世家索隱引劉氏云朱崖儋耳今謂之甌人卽甌駱荀子云楚縣之以鄧林損子疑卽瞫都漢武帝置朱崖郡治此今在廣東瓊州府瓊山縣東南產里卽車里今雲南普洱府也百濮或云在巴中或云今雲南曲靖府地九菌蓋卽九眞漢爲郡今安南國清化新平二府地漢書注應劭云珠崖郡在海中崖岸之間出珍珠故名又今廣東廉州府本漢合浦郡有珠池在府東南海中產珠一切經音義引異物志云瑇瑁如龜生南海中大者如籧篨背上有鱗煮之則柔埤雅云犀之通天者可以破水其夾正插角腰以上通其夾倒插角腰以下通　菌音畯又音窘短狗王本作矩狗正西昆侖狗國

鬼親枳已闒耳貫胸雕題離身漆齒請令以丹青白旄紕罽江歷龍角神龜爲獻王曰王肅云昆侖在臨羌西狗國犬戎也鬼親鬼方也山海經有聶耳離耳國呂氏春秋云北懷闒耳山海經有貫胸國其爲人胸有竅雕刻鏤也題頭也刻其肌以丹青涅之又有三身國一首三身又有黑齒國齒如漆荀子云南海有曾青丹干西海有文旄何承天纂文曰紕氐罽也孔曰江歷珠名龍解角故得也愚謂昆侖在甘肅西寧

府西塞外五代史云狗國人身狗首長毛穴居世本注云鬼方
于漢則先零戎也國策云楚得枳而亡今四川涪州也會青鍋
之精楊倞云可化黃金出蜀山越巂後漢書云冉駹夷能作毦
毲注云毦罽紕說文云罽西胡毳布也師古云氍毹之屬闟
音吸或讀如攝離身舊作離巨據文選注及王本訂後漢書注
引作離巨誤也旄音毛犛牛之尾名犛以犛為麾曰旄今四川
雅州府清溪縣大相嶺之外有地名旄牛產此
牛背犂及胡尾皆有長毛紕卑疑反罽居例反

**正北空同大夏莎車姑他旦略豹胡代翟匈奴樓煩月氏孅犁其龍東胡請令以橐駝白玉野馬騊駼駃騠良弓為獻**

王曰爾雅北戴斗極為空桐史記趙襄子娶空同氏大夏在西域月氏擊而臣之莎車國治莎車城趙世家北滅黑姑豹胡北胡也代北狄之別秦漢代縣今蔚州樓煩在晉北月支居敦煌祁連閒漢匈奴傳有昆龍新犂國東胡在燕北漢鮮卑其支裔也漢匈奴傳大月氏出一封橐駝唐吐蕃獨峰駝日馳千里野馬如馬而小出塞外駃騠駿馬也生七日而超其母東夷傳句驪別種名小水貊出好弓所謂貊弓愚謂空同國子姓舊說在隴右錢坫以為順天府薊州東北空同山是也莎車國今葉爾羌地樓煩今山西寧武府地或云漢之樓煩縣在今山西代州崞縣東北月氏今甘肅肅州及安西州地昆龍新犂在匈奴北東胡今直隸承德府以東白玉出于闐馬父驢

母日駛騠　氏音支𩤱犂亦作纖離李斯文乘纖離之馬卽此湯曰善

皇清經解續編卷千三十四終

善化劉　鐸
長沙王　賓校

逸周書集訓校釋八　　嘉定朱右曾亮甫著

祭公弟六十祭側界反禮記作祭公顧命

王若曰祖祭公予小子虔虔在位昊天疾威予多時溥愆我聞祖不豫有加予惟敬省不弔天降疾病予畏天威公其告予懿德王穆王也祭公名謀父周公之孫于穆王爲從祖食邑在河南管城今鄭州地虔虔敬也夏爲昊天疾急溥大也禮天子有疾稱不豫諸侯曰負茲今言不豫尊之也省省問弔淑也言不爲天所祐乃降是疾疢恐一旦不諱故望公告以美德祭公拜手稽首曰天子謀父疾維不瘳朕身尚在茲朕魂在于天昭王之所勖宅天命昭王穆王之父魂在先王左右言必死也勖勉也勉王安保天命王曰嗚呼公朕皇祖文王烈祖武王度下國作陳周維皇皇上帝度其心寘之明德付畀於四方用應受天命敷文在下我亦維有若

文祖周公暨列祖召公度如爰究爰度之度居也應亦受也言文武之安定下國制作陳布周密盡惟
天使之心能制義寘明德于其身故付與四方用是受命于天敷其文德于下土亦資周召之匡贊茲申予小子
追學於文武之蔑用克龕紹成康之業以將大命用夷居大商
之眾我亦維有若祖祭公之執和周國保乂王家孔曰夷平也言大商本其
初也愚謂申重也蔑末也猶言端緒也龕與堪同將奉也執執持和和燮保安乂治也　蔑亡結反小爾雅云末也王曰
公稱丕顯之德以予小子揚文武大勳弘成康昭考之烈孔曰稱舉
也昭考昭王愚謂揚續也王曰公無困我哉俾百僚乃心率輔弼予一人乃心
猶言盡心率用也　後漢袁安傳注云乃情猶竭情也率用也毛詩思文傳文祭公拜手稽首曰允乃
詔畢桓于黎民般桓憂也言信如王言君臣當悉心以憂民使民和樂般樂也　桓憂也方言文般音盤
公曰天子謀父疾維不瘳敢告天子皇天改大殷之命維文王
受之惟武王大克之咸茂厥功茂豐也維天貞文王之董用威亦

尙寬壯厥心康受乂之式用休亦先王茂綏厥心敬恭承之維武王申大命戡厥敵孔曰貞正也董之用威伐崇黎也愚謂言天使文王以正伐不正亦尙寬以敷文壯以奏武故能安受治之天用休美至于武王心乎茂安百姓敬承先緒爰申致天討而勝殷也公曰天子自三公上下辟于文武三公師表百職承弼一人故呼而告之辟法也辟音璧文武之子孫大開封方于下土天之所錫武王時疆土丕維周之基丕維后稷之受命是永宅之封讀爲邦方讀爲旁周所封建各有疆字皆天所錫與武王者丕詞也纘國承家當思維周之基業自后稷以來積累千餘載而後受命可不兢業小心求所以永居之乎　封方二字舊倒據孔注云大開國旁布于下土則舊本譌也王念孫曰封邦方旁古字通旁者溥也徧也維我後嗣旁建宗子丕維周之始幷宗子嫡子也今後所封建亦當思維樹屏之義以藩王室惠曰幷屏古字通　嗚呼天子三公監于夏商之旣敗丕則無遺後難至于萬億年守序終之旣畢丕乃有利宗丕維文王由之孔曰言當以夏商爲戒無後難之遺守其序而終也旣終之則有利于宗

皆由文武之德難去聲公曰嗚呼天子我丕則寅哉寅哉汝無以戾反罪疾喪時二王大功汝無以嬖御固莊后汝無以小謀敗大作汝無以嬖御士疾莊士大夫卿士汝無以家相亂王室而莫恤其外尙皆以時中乂萬國孔曰寅敬也戾反罪疾謂已所行時是二王文武也嬖御寵妾也莊正也小謀不法先王也大作大事也恤憂也外謂王室之外愚謂反仁爲戾背逆爲反以貧苦民爲罪急政害民爲疾固陋也寵妾棄后則夫婦之道苦風化之原薄矣小謀小人之謀無遠慮也嬖御士倖臣也疾嫉也家相嗜利營私者丕舊作不誤也反仁爲戾賈子道術篇文背理爲反管子注云以貧苦民爲罪賈子大政篇文莊士二字舊脫據緇衣篇訂嗚呼三公汝念哉汝無泯泯芬芬厚顏忍醜時維大不弔哉君德朝政責在三公故復申誡之若違道亂政受天下人詬詈是則大不善也孔曰泯芬亂也盧曰芬與棼同昔在先王我亦維丕以我辟險于難不失于正我亦以免沒我世孔曰先王祭公所事也辟君也言我事先王遇大難正而不失故能以善沒世愚謂險于難言遠于難也免免于罪沒終也辟必亦反丁讀爲避淮南主術篇云幽野

險塗注云險猶遠也嗚呼三公予維不起朕疾汝其皇敬哉兹皆保之孔曰皇大也言當式敬我言如此則天下皆安之曰康子之攸保勖教誨之世祀無絕不我周有常刑予指三公安子所保不遵道以亂政也勖教誨陳善閉邪也不讀曰否王拜手稽首黨言黨善也美也孔曰王拜則三公拜可知黨如字一云通作讜讀他朗反盧云黨讜古字通

史記第六十一

維正月王在成周昧爽召三公左史戎夫曰今夕朕寤遂事驚予乃取遂事之要戒俾戎夫主之朔望以聞左史史官記動者戎夫名也遂往也夢人以往事相驚孔曰集取要戒之言月朔望日于王前讀之左史漢書古今人表作右史玉藻云動則左史書之言則右史書之班固藝文志云左史記言右史記事二文正相反信不行義不立則哲士凌君政禁而生亂皮氏以亡孔曰君不行信義信義由哲士故哲士凌君之政也皮氏古諸侯也愚謂哲士智謀之士如陳氏厚施竊國羽翼既成急之生變今山西絳州河津縣西有皮氏城詔諛日近方正日遠則邪

人專國政禁而生亂華氏以亡國語云依嶸歷華韋昭云俱國名今河南開封府鄭州東南有華城好貨財珍怪則邪人進邪人進則賢良日蔽而遠賞罰無位隨財而行夏后氏以亡孔曰賢良不行貨故蔽遠桀由好財亡也愚案管子曰女華者桀之所愛也曲逆者桀之所善也湯皆事之以千金呂氏春秋云夏桀染于羊辛歧踵戎皆邪人也位正也政以賄成故無正嚴兵而不仁者其臣懾其臣懾則不敢忠不敢忠則民不親其吏刑始於親遠者寒心殷商以亡嚴兵猶嚴刑也淮南子云殷紂燔生人辜諫者爲炮烙鑄銅柱史記云紂以百姓怨望諸侯有叛者乃重辟刑臣不敢忠則不仁不仁故民莫親刑始於親自其親貴始也孔曰紂以暴虐亡也樂專於君者權專於臣權專於臣則刑專於民君娛於樂臣爭於權民盡於刑有虞氏以亡孔曰君荒於樂則權臣專斷用刑濫矣有虞商均之後愚案史記陳杞世家云舜傳禹天下而舜子商均爲封國夏后之時或失或續索隱云梁國虞城是也據此則虞氏之亡當在夏季商封舜後于遂胡公其後也故云遂世守之及胡公不淫奉孤以專命者謀主必畏其威而疑其

前事挾德而責數日疏位均而爭平林以亡孔曰謀主謂孤長大也前事謂專命丁曰人臣挾其奉孤之德而責報無已遂致與君日疏位均勢敵也大臣有錮職譁誅者危昔者質沙三卿朝而無禮君怒而久拘之譁而弗加三卿謀變質沙以亡孔曰錮職謂專權也愚謂錮猶廢也譁誅不服罪也質沙卽宿沙始煑海爲鹽此其後也弗加誅戮因久拘而謀叛宿說文作𡖋而質字古文作𧵍形相近三卿舊作譁卿依卜世昌本訂外內相閒下撓其民民無所附三苗以亡閒離閒撓亂也史記吳起曰三苗之國左洞庭右彭蠡不修德義而禹滅之弱小在彊大之閒存亡將由之則無天命矣不知命者死有夏之方興也扈氏弱而不恭身死國亡孔曰無天命命在彊大者也有夏啓也戰于甘滅扈愚案馬融曰有扈夏同姓國今陝西西安府鄠縣有扈谷嬖子兩重者亡昔者義渠氏有兩子異母皆重君疾大臣分黨而爭義渠以亡孔曰皆重不別長庶寵秩同也分黨各有所事而爭立也功大不賞者危昔平州之臣功大而不賞諂臣日貴功臣日

怒而生變平州之君以走出孔曰有功不賞而貴諂臣宜其出走也愚謂今山東泰安府萊蕪縣西有平州城召遠不親者危昔有林氏召離戎之君而朝之至而不禮留而弗親離戎逃而去之林氏誅之天下叛林氏孔曰林氏諸侯天下見其遇戎不以禮遂叛林氏林氏孤危愚謂離戎疑即驪戎在西安府臨潼縣東昔者曲集之君伐智而專事彊力而不信其臣忠良皆伏愉州氏伐之君孤而無使曲集以亡孔曰伐智自足也伏謂不爲之用曲集渝州皆古諸侯昔者有巢氏有亂臣而貴任之以國假之以權擅國而主斷君已而奪之臣怒而生變有巢以亡太平寰宇記云古居巢城陷爲巢湖湖在今安徽廬州府巢縣西孔曰秉政則專生殺而多怨讎君奪其政懼禍及故作亂斧小不勝柯者亡昔有鄶君嗇儉減爵損祿羣臣卑讓上下不臨後鄶小弱禁罰不行重氏伐之鄶君以亡孔曰柯所以秉喩君斧所以用喩臣不臨言不相承奉也小弱不能行令愚謂鄶國陸終子萊言之後妘姓也故城在河南開封府新鄭縣西

北重氏少昊時木正之後左傳注云高平方輿縣西北有重亭今在山東濟寧州魚臺縣北言鄶君以亡則國未滅也其後鄭桓公滅鄶在幽王時潛夫論以羔裘之詩證儈畜非也　鄶音檜萊言亦作求言　**久空重位者危昔有共工自賢自以無臣久空大官下官交亂民無所附唐氏伐之共工以亡**　山海經云炎帝之五世孫祝融降處江水生共工共工生術器是復土壤吳任臣云共工生術囂及句龍術囂襲共工號在顓頊時作亂帝命辛侯誅之以其弟句龍爲后土汲冢瑣語云昔共工之卿曰浮游既敗于顓頊自沒深淮之淵即術囂之臣也據此則非堯時共工明矣無臣言無人可爲己之臣也下官小臣也　**犯難爭權疑者死昔有林氏上衡氏爭權林氏再戰而勝上衡氏僞義弗克俱身死國亡**　孔曰爭爲犯難不果爲疑林氏恃勝上衡氏怠義所以俱亡愚謂僞讀曰爲古字通　**知能均而不親並重事君者危昔有南氏有二臣貴寵力鈞勢敵競進爭權下爭朋黨君弗能禁南氏以分**　孔曰二臣勢鈞而不親權重各養徒黨所以分國也盧云有南之國在南郡　**昔有果氏好以新易故故者疾怨新故不和內爭朋黨**

陰事外權有果氏以亡孔曰有果亦國名也外權謂外大國爵重祿輕比口不成者亡昔有畢程氏損祿增爵羣臣貌匱比而戾民畢程氏以亡責臣之廉而祿不贍用故貌爲窮匱以周上實則比黨虐民爲君斂怨也畢程卽周程邑王季滅之　據孔注曰有位無祿取名自成闕處疑是名字好變故易常者亡昔陽氏之君自伐而好變事無故業官無定位民運於下陽氏以亡丁曰禮坊記有陽侯疑卽陽氏之君愚謂地里志城陽有陽都縣故城在山東沂州府沂水縣南運移徙也業形而愎者危昔穀平之君愎類無親破國弗克業形用國外內相援穀平以亡盧曰形刑通朱駿聲曰類讀爲盭曰愎很類戾也國不勝破以刑爲業也　愚謂外內相援如紂之前徒倒戈攻後武不止者亡昔阪泉氏用兵無已誅戰不休并兼無親文無所立智士寒心徙居至于獨鹿諸侯叛之阪泉以亡趙曰阪泉氏疑是炎帝之後愚案史記云炎帝欲侵陵諸侯諸侯咸歸軒轅軒轅乃修德振兵與炎帝戰于阪泉之野此炎帝卽班固所謂參盧皇甫謐所謂帝榆罔也神農本都陳又都曲阜榆

罔從于獨鹿在阪泉之側因又稱阪泉氏或以爲卽蚩尤非也括地志云阪泉今名黃帝泉在嬀州懷戎縣東五十六里東出五里至涿鹿東北與涿水合今直隸宣化府保安州南有涿鹿故城卽獨鹿也孔曰無文德故智士寒心很而無親者亡昔者縣宗之君很而無聽執事不從宗職者疑發大事羣臣解體國無立功縣宗以亡很盭也知過不更聞諫愈甚執事猶作事也不從不順理也宗職猶言盡職解體離心也縣音懸昔者玄都賢鬼道廢人事天謀臣不用龜策是從神巫用國哲士在外玄都以亡路史國名紀云玄都少昊時諸侯孔曰棄賢任巫所以亡也文武不行者亡昔者西夏性仁非兵城郭不脩武士無位惠而好賞財屈而無以賞唐氏伐之城郭不守武士不用西夏以亡孔曰性仁而無文德非兵而無武備無功盡賞無財可用唐氏堯帝愚謂屈竭也財字舊脫據孔注增美女破國昔者績陽彊力四征重丘遺之美女績陽之君悅之熒惑不治大臣爭權遠近不相聽國分爲二重丘在山東東昌府茌平縣西南孔曰重丘之君畏

其并已惑之以女君昏于上權分于下所爲二也　重直龍反宮室破國昔者有洛氏宮室無常池圓廣大工功日進以後更前民不得休農失其時饑饉無食成商伐之有洛以亡國語云當成周者北有潞洛左傳云晉侯略狄土還及雒其地在山西潞安府竟工功土木之功成商成湯也

職方弟六十二

職方氏掌天下之圖辨其邦國都鄙四夷八蠻七閩九貉五戎六狄之人民與其財用九穀六畜之數周知其利害孔曰此在周官大司馬下篇穆王使有司鈔出之欲時省焉國曰都邑曰鄙東方曰夷南方曰蠻西方曰戎北方曰狄閩蠻之別貉狄之別鄭康成曰職主也主四方之職貢者天下之圖如今司空輿地圖也四八七九五六周之所服國數也財用泉穀貨賄也利金錫竹箭之屬害神姦鑄鼎所象百物也愚案說文云閩東南越山海經注云閩越即西甌在歧海中文選注劉逵云秦以其地爲閩中郡詩韓奕傳云追貊北狄漢書揚雄傳注云貊東北夷郭璞云今扶餘國即濊貊故地　閩亡巾反貉莫覓反畜許又反周官

數下有要字乃辨九州之國使同貫利周之九州分爲三列揚荊爲一列豫青兖雍爲一列幽冀並爲一列自南而北由陽而陰也孔曰貫事也賈公彥曰使同其事利不失其所東南曰揚州其山鎮曰會稽其澤藪曰具區其川三江其浸五湖其利金錫竹箭其民二男五女其畜宜雞狗鳥獸其穀宜稻禹貢揚州北至淮東至海爾雅言殷制九州江南曰揚則北不得淮周以淮爲青州浸疑同于殷鄭云鎮名山安地德者也會稽在山陰大澤曰藪浸可以爲陂灌溉者錫鐵也鳥獸鸞鴻鵠犀象之屬孔曰箭篠也九州土氣生民男女各不同賈曰皇覽云會稽山本苗山在山陰縣南七里水鍾曰澤水希曰藪具區即震澤愚謂三江一大江北江也一松江中江也一淞江南江也五湖彭蠡巢長蕩射貴鑑湖也禹貢云揚州貢金三品及篠簜爾雅云東南之美者有會稽之竹箭焉管子云二七十四尺而至于泉其水鹹宜稻　會古外反周官無雞狗二字正南曰荊州其山鎮曰衡山其澤藪曰雲夢其川江漢其浸波溠其利丹銀齒革其民一男二女其畜宜鳥獸其穀宜稻荊州北界禹貢以荊山爾雅以漢水此以波水則此州界殷大于夏周又大于殷也鄭曰衡山在湘南雲夢在華容齒象

齒也革犀兕革也賈曰革用爲甲故函人有犀兕愚謂衡山在湖南衡州府衡山縣西雲夢在湖北荆州府監利縣南或曰岳州府巴陵縣西南巴邱湖即江南之夢水經注曰波水出霍陽西川大嶺東谷即應劭所謂孤山波水所出也南入瀙瀙水自下兼波水之通稱故酈驪有東北至定陵入汝之文以今輿地言之波水出河南汝州西南南至魯山縣西合瀙水東北至許州襄城縣東南入汝波在南湛在北荆豫二州界別于斯台汝以後則以汝爲界可知矣說文曰溠水在漢東荆州浸也春秋傳曰除道梁溠今溠水出湖北德安府隨州西北栲栳山南至州西入涢入涢以後涢即溠矣通典云辰州貢丹沙禹貢云荆州貢金三品羽毛齒革爾雅云南方之美者有梁山之犀象邵晉涵謂梁山即衡山　波溠舊作潁湛與周官同今據說文訂

河南曰豫州其山鎮曰華山其澤藪曰圃田其川滎雒其浸潁湛其利林漆絲枲其民二男三女其畜宜六擾其穀宜五種

自河華陰東至底柱孟津過雒汭至大伾其南爲豫其北爲冀三代皆同鄭曰華山在華陰圃田在中牟林竹木也六擾馬牛羊豕犬雞孔曰家所畜曰擾五種黍稷菽麥稻也賈曰竹木生平地曰林今許州見平地多林木愚謂華陰今屬陝西同州府華山屬豫則其西爲雍矣中牟今屬河南開封府滎滎澤泲水所溢周爲通川達于鉅野穆天子傳浮于滎水是也雒水出陝西商

州上雒縣東北至河南河南府鞏縣入河說文曰潁水出潁川陽城陽乾山東入淮豫州浸湛没也一曰湛水豫州浸今潁水出河南府登封縣東陽乾山東南至安徽潁州府潁上縣東南入淮湛水出汝州寶豐縣東南魚齒山西北東至襄城縣南入汝漆木有汁可以髹物其木似樗枲麻也禹貢云豫州貢漆枲絺紵纖纊　潁湛舊作波溠與周官同今據說文訂正

東曰青州其山鎮曰沂山其澤藪曰望諸其川淮泗其浸沂沭其利蒲魚其民二男三女其畜宜雞犬其穀宜稻麥

此青州當夏殷之徐州而兼得豫東之望諸其徐州西北岱大野則劃以屬兖爾雅云泲東曰徐州是徐兖以泲爲界而此不然也沂山在山東青州府臨朐縣南望諸孟諸也亦曰明都在河南歸德府商丘縣東北淮水在江蘇淮安府安東縣北入海其上源自潁上以西豫荆之界非青境也泗水出山東兖州府泗水縣東南西南至淮安府清河縣北入淮沂水出山東沂州府蒙陰縣北西南至江蘇徐州府邳州入泗沭水出沂州府沂水縣西北南至江蘇海州沭陽縣入海今三水水道不與古同蒲生水澤所謂澤之萑蒲禹貢云徐州貢魚春秋傳曰鄅人藉稻又曰齊侯將食魯之麥

河東曰兖州其山鎮曰岱山其澤藪曰大野其川河泲其浸盧維其利蒲魚其民二男三女其

畜宜六擾其穀宜四種河自大伾折而東北至大陸之東南與冀分界又東北爲九河至逆河與幽分界其南泲水過荷澤貫鉅野與青分界又東包岱至淄水之源折而北得漯千乘及勃海之西境與幽分界蓋比夏殷縮其東北而贏其西南焉鄭云岱山在博大野在鉅野盧縣當爲雷雍禹貢曰雷夏既澤雍沮會同雷夏在成陽愚謂岱今山東泰安府北泰山也鉅野縣今屬山東曹州府雷夏澤在曹州府菏澤縣北與濮州接界雍水在菏澤縣南二十五里或曰盧濟北盧縣維即濰水然盧縣未聞有盧水濰水源流俱在幽竟非是孔曰四種黍稷菽麥

正西曰雍州其山鎮曰嶽山其澤藪曰弦蒲其川涇汭其浸渭洛其利玉石其民三男二女其畜宜牛馬其穀宜黍稷殷周雍州俱兼禹貢梁州之地嶽本名岍亦曰吳嶽古之西嶽也地理志云吳山在汧今在鳳翔府隴州南風俗通云弦蒲在汧縣北蒲谷亭水經注云汧水出汧縣之蒲谷鄉決爲弦蒲藪今在隴州西四十里涇水出平涼府西東南至西安府高陵縣入渭汭水出平涼府華亭縣西東至涇州入涇渭水出蘭州府渭源縣西北東至同州府朝邑縣入河洛水出慶陽府安化縣東北東南至同州府華陰縣入渭禹貢云雍州貢璆琳琅玕地理志云京兆藍田縣山出美玉漢書東方朔傳曰南山多玉石謂終南山也淮南子云渭水多力宜黍管子云四七二十

八尺而至于泉其水白而甘宜黍秫弦舊作彊王念孫曰弦誤爲强因譌爲彊耳今訂正

東北曰幽州其山鎮曰醫無閭其澤藪曰貕養其川河泲其浸菑時其利魚鹽其民一男三女其畜宜四擾其穀宜三種此幽州于禹貢爲青州而兼得兗之東境河泲入海處于爾雅爲營州鄭曰醫無閭在遼東貕養在長廣菑出萊蕪時出般陽愚謂醫無閭在盛京錦州府廣甯縣西貕養澤今淛元和志云在萊州昌陽縣西北四十里菑水出山東青州府博興縣東岳陽山北至壽光縣入海時水出臨淄縣西南西北至博興縣入泲禹貢云青州貢鹽絺海物康成云海物海魚也左傳云海之鹽蜃管子云齊有渠展之鹽史記云太公封于營邱通魚鹽孔曰四擾牛馬羊豕三種黍稷稻也

河內曰冀州其山鎮曰霍山其澤藪曰揚紆其川漳其浸汾露其利松柏其民五男三女其畜宜牛羊其穀宜黍稷河內謂西河之東南河之北東河之西此冀州小于禹貢同于爾雅霍山一名太岳在山西平陽府霍州東其北巀郎并州境矣揚紆鄭曰未聞攷爾雅秦有楊陓呂覽作陽華淮南作陽紆紆俱云秦藪則不在此也冀藪當云鉅鹿或傳鈔者誤耳漳清漳水也出山西平定州樂平縣西南少山大黽谷其故道東至安平阜城入河露讀爲潞濁

漳水也出山西潞安府長子縣西發鳩山東至河南彰德府林縣入清漳水汾水出寧武府寧武縣南管涔山西南至蒲州府榮河縣入河賈曰霍山見有松柏出焉

正北曰幷州其山鎮曰恆山其澤藪曰昭餘祁其川虖池嘔夷其浸淶易其利布帛其民二男三女其畜宜五擾其穀宜五種

此于禹貢爲冀州之地于爾雅則幽州也鄭曰恆山在上曲陽昭餘祁在鄔虖池出鹵城嘔夷祁夷與出平舒淶出廣昌易出故安凡九州山鎮澤言曰者以其非一曰其大者耳愚謂恆山北嶽也在直隸定州曲陽縣北昭餘祁在山西太原府祁縣東虖池出山西代州繁峙縣東北大戲山東至直隸天津府靜海縣入海嘔夷今名壺流河出山西大同府廣靈縣西東至直隸蔚州合桑乾河淶水一名巨馬河出直隸易州廣昌縣東至天津府天津縣入西沽易水出易州西山谷中東至保定府定興縣入巨馬河此據今水道言之古者虖池淶水當會大河入海孔曰五擾牛馬羊豕犬五種黍稷菽麥麻

乃辨九服之國方千里曰王圻其外方五百里爲侯服又其外方五百里爲甸服又其外方五百里爲男服又其外方五百里爲采服又其外方五百里爲衛服又其外方五百

里爲蠻服又其外方五百里爲夷服又其外方五百里爲鎮服又其外方五百里爲藩服孔曰侯爲王斥候也服言服王事也甸田也治田入穀也男任也任王事采事也爲王事民以供上衞爲王捍衞也蠻用事差簡慢鎮者言鎮守之藩服屏藩四境也賈曰蠻之言縻以政教縻來之自此以下皆夷狄大行人總謂之蕃國愚案舊說禹貢五服每面二千五百里通五千里職方九服共四千五百里通王圻爲五千五百里大于禹貢者五百里云凡國公侯伯子男以周知天下周官云凡邦國千里封公以方五百里則四公方四百里則六侯方三百里則七伯方二百里則二十五子方百里則百男鄭云以此率徧知四海九州邦國多少之數也方千里者爲方百里者百以方三百里之積以九約之得十一有奇云七伯者字之誤也凡邦國大小相維王設其牧鄭云大國比小國小國事大國相維聯也選諸侯之賢者爲牧使牧理之制其職各以其所能制其貢各以其所有孔曰連率牧監各任能也上地所有乃責之賈曰諸侯貢于王大國半次國三之一小國四之一皆市取當國所有以貢之太宰九貢是也王將巡狩則戒于四方曰各脩平乃守考乃職事無敢不敬戒國有大刑鄭曰乃猶汝也

守謂國竟之內職事所當共具孔曰考成也不敬則犯大刑賈曰十二年王將巡狩之時先以文書戒敕于四方及王者之所行道率其屬而巡戒命者字當依周官衎賈曰王將發行之時卽在王前巡行前日所施戒令道音導王殷國亦如之鄭曰殷衆也其戒四方諸侯與巡守同孔曰不巡狩之年六服盡朝謂之殷國

皇清經解續編卷千三十五終

善化劉鐸 長沙王賓 校

逸周書集訓校釋九　嘉定朱右曾亮甫著

## 芮良夫第六十三

厲王失道芮伯陳誥作芮良夫芮國名今陝西同州府大荔縣有南芮鄉北芮鄉成王時有芮伯爲司徒良夫其後也時厲王任用虢公長父及榮夷公皆好專利作威而不知大難故芮伯戒之　此節舊脫據羣書治要補

芮伯若曰予小臣良夫稽首謹告天子惟民父母致厥道無遠不服無道左右臣妾乃違民歸于德德則民戴否德民讐茲言允效于前不遠致極也道父母之道所欲與聚所惡勿施是也人君推恩足以保四海不推恩無以保妻子效驗也　首謹舊作道謀否德舊作否則並據治要訂否讀如字不德也或讀如鄙商紂不改夏桀之虐肆我有周有家言紂不道似桀故周代殷改舊作道又脫有周二字據治要訂補嗚呼惟爾天子嗣文武業惟爾執政小子同先王之臣昏行罔顧道王不

若專利作威佐亂進禍民將弗堪言基業至重執政者當如先王之臣兢業匡贊奈何昏眊不顧治亂導王爲不順聚斂浚民繁刑督賦佐天子之亂心而進于禍患民何以堪治亂信乎其行惟王暨爾執政小子攸聞孔曰行善則治行惡則亂皆所聞知古人求多聞以監戒不聞是惟弗知爾聞爾知弗改厥度亦惟艱哉以古爲鑑將以審己之得失不聞不知無責也知而不改末如之何故曰難也　爾聞以下十二字舊脫據治要補后除民害不惟民害害民乃非后惟其讐后作類后弗類民不知后惟其怨民至億兆后一而已寡不敵眾后其危哉孔曰害民是與民之怨讐類善也不知君則怨深矣言上下無義共相怨懟則寡者危也嗚呼野禽馴服于人家畜見人而奔非禽畜之性實惟人民亦如之孔曰雖野禽人養食之則擾服雖家畜不養則畏人治民亦然也　嗚呼下舊作三空圍據治要訂注同王念孫曰野禽家畜疑誤倒觀孔注則譌已久矣今爾執政小子惟以貪諛事王不懃德以備難下民胥怨財力單竭手足靡措弗堪戴上不

其亂而孔曰專利爲貪曲從爲諛愚謂憃者盡心盡力之謂備豫防也單盡也專利則財力竭作威故民重足而立民不堪命必作亂矣而語詞　事王舊作爲事據治要及御覽訂難去聲以予小臣良夫觀天下有土之君厥德不遠罔有代德時爲王之患其惟國人不遠言莫能相尚代德謂可以代周之人盧曰患不在諸侯而在國人言內潰也嗚呼惟爾執政朋友小子其惟洗爾心改爾行克憂往愆以保爾居爾乃瀆禍翫裁遂非不悛余未知王之所定矧乃小子孔曰洗心改行憂往過則安爾之居位瀆陽不聞翫心不愓悛改矧況也尚不知王定況貪諛之臣能得其所也　非字舊脫據北堂書鈔訂悛七宣反小子舊闕依盧說補惟禍發於人之攸忽於人之攸輕心不存焉變之攸伏爾執政小子不圖大囍偷生苟安爵以賄成賢智箝口小人鼓舌逃害要利並得厥求唯曰哀哉孔曰言人所輕忽則禍之所起苟且無遠慮賄賂不任德賢者靖默以逃害小人佞諂以要利各得其求君子爲之哀也　攸忽文選褚白馬賦注引作倏忽所見本異故書心字大字並脫囍作善茲據治要訂我聞

曰以言取人人飾其言以行取人人竭其行飾言無庸竭行有成華美之言不能致之實用故無功篤行之士內外純一故可與圖終君子不以言舉人爲此也惟爾小子飾言事王寔蕃有徒王貌受之終弗獲用面相誣蒙及爾顛覆孔曰蕃多徒眾言非一也愚謂誣妄蒙欺也如木之顛如器之覆爾自謂有餘予謂爾弗足敬思以德備乃禍難孔曰言其不足于道義也以用也乃汝也難至而悔悔將安及無曰予爲惟爾之禍爲僞通言無謂予僞以禍害相恐喝予實見爾有必然者也其後國人果叛流王于彘　禮月令毋或作爲呂覽作詐僞詩人之爲言白帖引作僞言是爲僞古通用也

大子晉弟六十四大音泰篇內同

晉平公使叔譽于周見大子晉而與之言五稱而三窮逡巡而退其言不遂歸告公曰大子晉行年十五而臣弗能與言君請歸聲就復與田若不反及有天下將以爲誅孔曰叔譽晉大夫叔向也大子晉周

靈王大子名晉五稱說五事遂終也聲就復與周二邑名周衰晉取之平公將歸之師曠不可曰請使瞑臣往與之言若能幪予反而復之孔曰師曠晉大夫無目故稱瞑幪覆也愚謂復還也師曠見大子稱曰吾聞王子之語高于泰山夜寢不寐晝居不安不遠長道而求一言王子應之曰吾聞大師將來甚喜而又懼吾年甚少見子而懾盡忘吾度孔曰語高于泰山言無上不安言飢渴也懾而忘度所以爲謙度上舊衍其字依御覽刪忘亦作亡師曠曰吾聞王子古之君子甚成不驕自晉如周行不知勞甚成不驕言有成德不驕慢晉下舊衍始字依王念孫說刪王子應之曰古之君子其行至慎委積施關道路無限百姓悅之相將而遠遠人來驩視道如咫施讀爲弛弛禁也限猶阻也將扶也八寸曰咫喻近也言已不及古君子行積並去聲師曠告善又稱曰古之君子其行可則由舜而下其孰有廣德孔曰問舜已下可法則之君子王子應之曰如舜者天舜居其所以

利天下奉翼遠人皆得己仁此之謂天（居其所恭己無爲也奉養翼字也孔曰言其仁合天道）如禹者聖勞而不居以利天下好取不好與必度其正是之謂聖（手胼足胝不矜不伐天下利之而不德好取謂取人之善不好與謂率以政而不務小惠）如文王者其大道仁其小道惠三分天下而有其二敬人無方服事于商既有其眾而返失其身此之謂仁（大道言其全體小道言其散見趙曰返當作反盧曰指因于羑里也）如武王者義殺一人而以利天下異姓同姓各得其所是之謂義（孔曰一人紂也義善也案今讀爲禮義之義）師曠告善又稱曰宣辨名命異姓惡方王侯君公何以爲尊何以爲上（宣顯辨別命以名命之也姓生也方義也）王子應之曰人生而重丈夫謂之胄子胄子成人能治上官謂之士士率眾時作謂之伯伯能移善於眾與百姓同謂之公公能樹名生物與天道俱謂之侯侯能成羣謂之君君有廣德分任

諸侯而敦信曰予一人善至于四海曰天子達于四荒曰天王

四荒至莫有怨訾乃登爲帝丈者長也夫者扶也肖子國子也上官居民上而任職士之爲言能任事也率眾時作猶言率作興事伯長也移善謂推其善以治人同者同其好惡公之爲言公正無私也凡五等諸侯其臣下皆稱之曰公侯美也孔曰立名生物謂化施于民也成謂成物敦厚也訾歎恨也愚謂曲禮曰朝諸侯分職授政任功曰予一人言天下莫有抗也又曰君天下曰天子天下謂外及四海也春秋繁露云德侔天地者皇天右而子之是其義也獨斷曰天王諸夏之所稱天下之所歸往故稱天王莫有怨訾言無一物不得其所也爾雅曰觚竹北戶西王母日下謂之四荒九夷八狄七戎六蠻謂之四海率眾北堂書鈔作脊眾伯上舊衍曰字據御覽書鈔刪

師曠罄然又稱曰溫

恭敦敏方德不改聞物□□下學以起尚登帝臣乃參天子自

古誰孔曰磬然自嚴整也愚謂方德常德也起精進不已之意

王子應之曰穆穆虞舜明明

赫赫立義治律萬物皆作分均天財萬物熙熙非舜而誰穆穆美也明明察也赫赫明也孔曰律法也熙熙和盛丁曰告作言受其裁成也財與材通

師曠束躅其足曰善

哉善哉王子曰大師何舉足驟師曠曰天寒足跔是以數也孔曰東蹋踏也驟亦數也王子戲問故曠戲答盧曰李登聲類云偏舉一足曰跔　東舊作東據御覽訂亦作蹴蹋音同朐紀于反又求于反王子曰請入坐遂敷席注瑟師曠歌無射曰國誠寍矣遠人來觀脩義經矣好樂無荒乃注瑟于王子王子歌嶠曰何自南極至于北極絕境越國弗愁道遠注屬也孔曰交言于堂故更入燕室坐歌此辭而音合于無射之律嶠曲名也師曠蹶然起曰瞑臣請歸王子賜之乘車四馬曰大師亦善御之師曠對曰御吾未之學也王子曰汝不爲夫詩詩云馬之剛矣轡之柔矣馬亦不剛轡亦不柔志氣麃麃取予不疑以是御之孔曰蹶然疾貌馬不剛轡不柔言和擾也愚謂爲治也麃麃盛也取予猶罄控也言馬志氣之盛由罄控不疑于心也　麃悲嬌反師曠對曰瞑臣無見爲人辯也唯耳之恃而耳又寡聞而易窮王子汝將爲天下宗乎孔曰辯別也爲人有所別唯恃耳也宗尊

也愚謂宗主也王子曰大師何汝戲我乎自太皞以下至于堯舜禹未有一姓而再有天下者夫木當時而不伐夫何可得且吾聞汝知人年之長短告吾木舊作大夫何作天何茲依丁宗洛本師曠對曰汝聲清汗汝色赤白火色不壽聲散而不收如汗之出而不返清爲金汗爲火故知其色赤白金不勝火則火爲主火必附木以炎今無木故不壽王子曰然吾後三年將上賓于帝所汝愼無言殃將及汝孔曰鬼神之事祕不欲令人知之師曠歸未及三年告死者至孔曰並歸之年爲三年則王子年十七而卒也愚謂此篇晉史所記無疑以下諸篇疑皆是也

王佩弟六十五

王者所佩在德德在利民民在順上佩德以利民猶之佩物以利用民利則順以事上合爲在因時應事則易成合爲猶當爲也不先不後謂之因迎其機而導之故易成謀成在周長有功在力多孔曰周忠信也愚謂長恆久也衆人協力故功績廣昌大在自克不過

在數懲孔曰以義勝欲得昌大數自懲艾則無過不困在豫慎見禍在未形豫前定也慎成敗于未爲察禍裁于所伏故曰一日二日萬幾除害在能斷安民在知過用兵在知時勝大患在合人心除害在勇安民在納諫孔曰時謂可伐時也舉合民心何患之有殃毒在信疑孽子在聽內信所可疑謂聽讒閒盧曰孽子謂災害其子趙曰聽內聽信婦人偏愛之言化行在知和施舍在平心孔曰可否相濟曰和施施惠舍赦罪不幸在不聞其過福在受諫基在愛民固在親賢孔曰聖人以聞過爲幸貴速改也受諫則無非故福以愛民爲基親賢人則固明君之義也禍福在所密利害在所近存亡在所用離合在出命孔曰所與密所親近所任用皆忠良則福利至反是則禍害生愚謂離合民心向背也漢書主父偃傳引作安危在出令尊在慎威安在恭已威儀慎則儼然人望而畏之禮曰人有禮則安危亡在不知時背時則逆天逆天者亡見善而怠時至而疑亡正處邪是弗能居此得失之方也不可不察懈惰者不可與爲善猶豫者不可與乘時舍正大而趨邪僻雖有天位弗能安居蓋未有不審于得失之

衛而能佩德者也

## 殷祝弟六十六

湯將放桀于中野士民聞湯在野皆委貨扶老攜幼奔國中虛（中野邑名委棄也國中中野之都也）桀請湯曰國所以爲國者以有家家所以爲家者以有人也今國無家無人矣君有人請致國君之有也湯曰否昔大帝作道明教士民今君王滅道殘政士民惑矣吾爲王明之（孔曰大帝謂禹明禹之事于士民也）士民復致于桀曰以薄之君濟民之殘何必君更（薄湯所居言吾民已有湯爲君矣何必桀更爲此邑之君哉　故書之君作之居殘作賤茲依丁本）桀與其屬五百人南徙千里止于不齊不齊士民往奔湯於中野桀復請湯言君之有也湯曰否我爲君王明之（孔曰不齊地名　不齊舊不重又脫士字依盧說增）士民復重請之（丁曰士民請皆歸湯）桀與其屬五百人徙于

魯魯士民復奔湯桀又曰國君之有也吾則外人有言彼以吾道是邪我將爲之（吾則外言見外于士民也以吾道爲是猶可留而爲之今不然也）湯曰此君王之士也君王之民也委之何湯不能止桀湯曰欲從者從君桀與其屬五百人去居南巢（孔曰南巢地名）湯放桀而復薄三千諸侯大會湯取天子之璽置之天子之坐左退而再拜從諸侯之位（璽印也古者天子以至大夫印皆曰璽　舊脫取天子之璽湯以下十二字據唐六典北堂書鈔藝文類聚太平御覽增訂）湯曰此天子位有道者可以處之天下非一家之有也有道者之有也故天下者唯有道者理之唯有道者紀之唯有道者宜久處之（理正其疆理紀綜其紀綱）湯以此三讓三千諸侯莫敢即位然後湯即天子之位與諸侯誓曰陰勝陽即謂之變而天弗施雌勝雄即謂之亂而人弗行故諸侯之治政在諸侯之大夫治與從（孔曰逆天）

道故不施雖勝雄女淩男之異逆人道故不行下必順上所以敎治也愚謂此篇之作蓋在春秋之季政在大夫驕驕有代興之勢故陳古以刺今謂湯放桀非湯放之乃桀自不能居而去非專政逐君者得以藉口耒述湯誓見下不順上乃陰勝陽雖勝雄大亂之道也

## 周祝弟六十七

曰維哉其時告汝不聞道恐爲身災維念也言所以告汝者恐汝不聞道而災其身也

讙哉民乎朕則生汝朕則刑汝朕則經汝朕則皐汝朕則亡汝朕則壽汝朕則名汝讙讙譁衆盛之意善者生之惡者刑之經紀其禮法昌皐其貨財放逐其讒賊布和氣以登其壽予爵祿以成其名人君之職蓋如是其重大也

故曰文之美也而以身剝自謂智也者故不足孔晁以文受害人自謂智乃其所以愚也

角之美殺其牛榮華之言後有茅孔曰言牛以角死虛言致穢也

凡彼濟者必不怠觀彼聖人必趨時孔曰以不怠故濟以趨時故聖

石有玉而傷其山萬民之患故在言患在怠行而多言故在

言舊作在口言王念孫據文子符言篇訂時之行也勤以徙不知道者福爲禍時之從也勤以行不知道者以福亡時去不再來再來已非故不知道則廢時而趨禍因時在敏不知道則怠以棄福故曰肥豕必烹甘泉必竭直木必伐三者自然之地理理卽時也地出物而聖人是時雞鳴而人爲時觀彼萬物且何爲求生長收藏聖人命之知雞鳴而人以爲時因其自然耳芸芸萬類或先而躁或後而怠其何求哉故天有時人以爲正正如正鵠以爲候也地出利而民是爭人出謀聖人是經陳五刑民乃敬利以養民亦以爭民不有聖人孰爲經紀不有刑罰何以彌教孔曰經經度之也敬敬上命也敎之以禮民不爭被之以刑民始聽因其能民乃靜故狐有牙而不敢以噬豲有爪而不敢以攫孔曰聽順靜服謂不爲亂也愚謂因其能者農工商賈各有業也豲讀若桓豪豬也攫搔也喻民有爭心而不敢肆也　豲胡官反爪舊作蚤據說文訂盧云爪爲覆手叉爲手足甲論字當作叉攫掘同其月反勢居小者不能爲大持欲正中不貪其害凡執道者不可以不大

勢力也局于識量不勝大任執道猶執德也　執舊作勢依丁本　故木之伐也而木爲斧賊難之起自近者　聲色臭味安佚皆性之賊　二人同術誰昭誰暝二虎同穴誰死誰生故虎之猛也而陷于攫人之智也而陷于詐　孔曰成者能昭猛者能生虎以貪陷穽人以欲陷詐　攫胡化反　葉之美也解其柯柯之美也離其枝枝之美也拔其本儳矢將至不可以無盾　葉當爲華言有大美必有大患禍患之幾伏于袵席故見微慮遠者儳乎若矢之將至也孔曰盾喻爲人當有所備護　故澤有獸而焚其草大威將至不可爲巧焚其草木則無種大威將至不可以爲勇　大威天威也巧巧避也　草與巧爲韻舊衍木字涉下句而誤耳　故天之生也固有度國家之患離之以故地之生也固有植國家之患離之以謀　離遠也絶也天地生物有常國家遠患之道在愼守舊章而君臣悉心以謀之孔曰植立也　植直吏反　故時之還也無私貌日之出也無私照　孔曰還至也貌謂無實時至並應日出普照也　還音旋謂周而復始也王念孫曰當爲還與逮同爾雅

云逮及也時之行也順無逆爲天下者用大略火之燀也固定上爲

天下者用牧水之流也固走下不善故有桴略要也以簡御繁也孔曰燀然也火

曰炎上牧法也丁曰桴編木爲之大曰栰小曰桴愚謂法明如火故人不犯不善易滋如水就下有道乃能濟 定上盧云當

爲走上愚謂或炎上之譌故福之起也惡別之禍之起也惡別之故平國若

之何頃國覆國事國孤國層國皆若之何孔曰惡於何也言其微也覆滅也孤謂無

人層謂爲人分裂也愚謂頃讀爲傾事當作爭玉篇云古文爭字 頃傾同危也舊作須又層下脫一國字依王念孫說訂

故日之中也仄月之望也食威之失也陰食陽善爲國者使之

有行是彼萬物必有常國君而無道以微亡仄傾側也食謂明毀而魄生也臣陰

君陽魁柄失則臣淩君行道也是如荀子是其庭之是讀爲覗積微至亡尊卑反常由失道也故天爲蓋地爲

軫善用道者終無盡地爲軫天爲蓋善用道者終無害天地之

間有滄熱善用道者終不竭天覆地載君臣之職其道則健順也害危也滄熱喻張弛寬猛也孔

曰滄寒竭盡也滄音創陳彼五行必有勝天之所覆盡可稱故萬物之所生也性於從萬物之所反也性於同故惡姑幽惡姑明惡姑陰陽惡姑短長惡姑柔剛五行以生爲體以勝爲用萬物生成皆五行之妙用悉可稱名而尋繹也從順也飛潛動植各具一性而原始要終莫非氣化之自然川流殊派敦化則同故幽明陰陽短長柔剛執一而言者不知道者也孔曰姑且也言幽明之相代陰陽之變易短長之相形剛柔之相生無始無終之道也故海之大也而魚何爲可得山之深也虎豹貔貅何爲可服人智之邃也奚爲可測跂動噦息而奚爲可牧玉石之堅也奚爲可刻陰陽之號也孰使之牝牡之合也孰交之君子不察福不來凡此皆自然之理君子之爲政亦因其自然者而已爾雅曰貔白狐注云一名執夷陸璣云似虎或云似熊遼東人謂之白羆貅亦鷙獸一名貙邃深也跂舉踵也噦氣出之聲息喘也牧牧馭刻雕琢也陰陽之號若風雷之屬噦許穢反文選注引作跂行喙息故忌而不得是生事故欲而不得是生詐欲伐而不得生斧柯欲鳥而不

得生網羅欲彼天下是生爲此言生民有欲故天下多故也爲取也維彼幽心是生包維彼大心是生雄維彼忌心是生勝此所謂爲也孔曰包謂包藏陰謀雄謂雄桀于人也勝謂勝所忌故天爲高地爲下察汝躬奚爲喜怒天爲古地爲久察彼萬物名於始左名左右名右視彼萬物數爲紀天下之亂皆生於不安分分生于名循其名而察之則天高地下固其所也奚爲喜怒乎是故名以名者非人也物始而名始矣以名立紀者亦非人也名定而分定分定而紀立矣紀之行也利而無方行而無止以觀人情利有等維彼大道成而弗改人情無不嗜利聖人制其等天子一圻列國一同卿大夫采不過百乘士農工商各有差等其宮室車旗衣服器用罔不明章別戚益欲其以道制欲故其紀一成而弗改也用彼大道知其極加諸事則萬物服用其則必有羣加諸物則爲之君舉其脩則有理加諸物則爲天子孔曰大道天道也極中也事業也愚謂則者道之表也王念孫曰脩與條通條必有理故曰舉其條則有理

皇清經解續編卷千三十六終

善化劉鐸
長沙王賓 校

逸周書集訓校釋十　　嘉定朱右曾亮甫著

武紀第六十八

幣帛之間有巧言令色事不成車甲之間有巧言令色事不捷克□事而有武色必失其德臨權而疑必離其災□□不捷智不可□□於不足幷於不幾則始而施幾而弗免無功便辟側媚國之蠹也臨權者貴審時而斷離罹也國有三守卑辭重幣以服之弱國之守也脩備以待戰敵國之守也循山川之險而固之僻國之守也伐服不祥伐戰危伐險難故伐善者不伐三守循順也順山川之形勢而固守之僻險僻也伐服不爲神所佑戰不正勝攻險多傷伐國有六時五動四順間其疏薄其疑推其危扶其弱乘其衰暴其約此謂六時間謂設事以離間之薄迫也及其謀未定而迫

之推去也荀子曰孤獨而晻謂之危弱者綱紀存而人民寡衰者志氣衰而政事亂暴伐之也約貧困也閒居莧反薄迫各反推他回反排擠也扶之而不讓振之而不動數之而不服暴之而不革威之而不恐未可伐也此謂五動革讀爲疾革之革急也數悉主反革紀力反立之害毀之利克之易幷之能以時伐之此謂四順壞地同而有欲于我則國有相疑之勢故不利于扶植而利于毀賊立之不害毀之不利唯克之易幷之不能可伐也立之害毀之未利克之難幷之不能可動也越國鄙遠得之而不能居故立之不害毀之不利壞地雖同而彼之戰守有餘故立之害毀之不利凡六時五動四順皆戰國之陰謀非聖人除亂救民之道靜以待眾力不與爭權弗果據德不肆國若是而可毀也彼不與我爭力使我雖有威權而無所用徒以兵甲亟作德不布於國人若是而可毀乎言不可毀也地荒而不振德衰而失與無苦而危矣振奮也民有離心不奮力以耕種失與失所與之人無苦而危言不待侵伐也求之以其道□□無不得爲之以其事而時無不成有利備

無患事求猶責也道謂交鄰之道爲使也時當爲事時至而不迓大祿乃遷延之不道行事乃困遷去也延進也言重之以不道也不作小□動大殃謀有不足者三仁廢則文謀不足勇廢則武謀不足備廢則事謀不足闕處疑是謀字國有本有幹有權有倫質有樞體土地本也人民幹也敵國侔交權也政教順成倫質也君臣和□樞體也土地未削人民未散國權未傾倫質未移雖有昏亂之君國未亡也本根幹枝倫質倫理也樞體樞機之體土地生物以養人故以爲本然必有德而後有人土財用此蓋失之侔齊等也以邦交離合爲輕重亦縱橫者之說國有幾失居之不可阻體之小也不畏鄰家難復飾也封疆侵凌難復振也服國從失難復扶也幾失失國之幾阻疑也君臣相猜國政誰卹飾粉飾也所從之國非有德者豈肯扶之畏舊作果茲依丁本大國之無養小國之畏事不可以本權失鄰家之交不可以枉繩失鄰家之交不據直以約不

虧體以陰不可虞而奪也不可策而服也不可親而侵也不可
摩而測也不可求而循也無養不能覆字也本權猶言常變繩直也小國之存亡聽命于大國不可
以常變曲直計較也據直以約若子產之爭承虧體以陰若句踐臣于吳而陰謀之虞欺也策謀也親而侵如約縱以擯秦摩
迫切也施度於體不慮費事利於國不計勞失德喪服於鄰家則
不顧難矣交體侵淩則不顧權矣封疆不時得其所無爲養民
矣合同不得其位無畏患矣百姓屈急無藏畜矣擠社稷失宗
廟離墳墓困鬼神殘宗族無爲愛死矣施謂用財體國體也喪服失其所事交體謂敵
國互相侵淩則邊鄙日聳不得其佾卽服國從失之意屈急窮乏也擠墜也卑辭而不聽□財而無
枝計戰而不足近告而無顧告過而不悔請服而不得然後絕
好于閉門循險近說外援以天命無爲是定亡矣言竭力事大大國不卹然
後存亡可聽之天命也枝支持也近告求鄰國之援不悔不聽其悔過也于曰也不足之不舊闕茲依丁本說爇芮反凡

有事君民守社稷宗廟而先衰亡者皆失禮也〔禮國之幹失禮則無以立〕大事不法弗可作法而不時弗可行時而失禮弗可長得禮而無備弗可成舉物不備而欲致大功於天下者未之有也〔法舊章也不時泥古悖今也失禮失經世之體備豫也〕勢不求周流舉而不幾其成亡薄其事而求厚其功亡內無文道外無武道往不復來者亡有悔而求合者亡不難不費而致大功古今未有〔求周則法時禮備不可闕一流舉猶荀子所謂流事言無根源也幾冀往去也仁者勇者去而不來也有悔求合言國勢已絀而後求合于人也〕據名而不辱應行而不困唯禮得之而無逆失之而無咎唯敬成事而不難序功而不費唯時勞而有成費而不亡唯當施而不拂成而有權久之而能口唯義〔應行應物以行咎病也施措施也拂逆也應行章本作隱行王曰無咎當作有咎丁曰口闕處當是安字〕不知所取之量不知所施之度不知動靜之時不知吉

凶之事不知困達之謀疑此五者未可以動大事量分量度法度謀惠曰宋本作諆恃名不久恃功不立虛願不至妄為不祥恃名者無實而不繼恃功者驕盈而必亡虛願不修政福不至逆天妄為禍必來大上敬而服其次欲而得其次奪而得其次爭而克其下動而上資其力大上帝皇之世其次則立政以求遂其欲奪而得植文是也爭而克楚漢是也其下則安希大寶殘民以逞適足為興王驅除耳凡建國君民內事文而和外事武而義其形慎而殺其政直而公本之以禮動之以時正之以度師之以法成之以仁此之謂也形當為刑刑當其罪曰殺形刑古通假高彪碑形不妄濫亦作形

銓法第六十九

有三不遠有三不近有三不畜畜容也敬謀祗德親同三不遠也親同同氣之親聽讒自亂聽諛自欺近憨自惡三不近也讒者變亂曲直諛者歡動

頌德憖者衜怨交骨有如忠言竭親以爲信有如同好以謀易寇有如同惡合計拘慮慮泄事敗是爲好害三不畜也竭敗也敗其所親近者以取信于君易寇者詐謀亂國甚於寇戎拘當爲播布也丁嘉葆曰𢿱古文播形相似

## 器服弟七十

明器因外有三疲二用器服數犢明器送死之器言神明之器異于人用也因當爲茵所以藉棺者儀禮既夕云加茵用疏布緇翦有幅亦縮二横三賈公彥云用大功疏麤之布染爲淺緇之色記曰茵著用荼實綏澤焉蓋用一幅布爲之縫合兩邊爲袋更以物緣此兩邊因爲飾焉疲謂不任用也用用器也禮檀弓云夏后氏用明器殷人用祭器周人兼用之是也丁曰犢疑櫝譌

四棓禁豐一觴棓讀爲桮盤盎之總名禁所以廢甒如方案橢長足高三寸豐承觶之器似豆而卑觴讀爲觴酒器也棓與桮杯並同說文桮𠤷也𠤷小桮也海內北經云蛇巫之山有人操桮而東向立注云桮或作棓是古字通假也大戴禮注云桮盤盎盆盞之總名王念孫曰觴蓋觴之誤詩疏云總名爲爵其實曰觴式羊反

矢韋獨既夕記云弓矢之新沽功有弭飾焉又曰翭矢一乘志矢一乘周禮司弓矢云大喪供明弓矢此不

言弓闕文也獨當爲韣
韜矢之衣以韋爲之
食器甂匜膏侯屑甂酒器中寬下直上鋭平底陶瓦爲之容
五斗匜當爲酏酒也膏肉之肥者侯維也屑薑桂之
屑既夕云甂二醴酒醯醢屑此不言醯醢亦闕文也
侯樂鉍璞
參笙一竽皆素獨既夕禮有燕樂器檀弓云琴瑟張而不平笙
竽備而不和有鐘磬而無筍簴是也鉍當爲
鏧古琴字璞讀爲瑟聲相近笙十三簧竽二十六
簧皆以素布爲韣笙竽舊作冠竽據玉海訂
二丸弇焚菜
膾五昔丁曰凡物圓轉者皆曰丸愚案說文云弇蓋也昔乾肉
也廣雅云焚乾也菜若韭芹之類膾或以魚或以肉昔
若魚兔之類有五也
皆實于丸之有蓋者
纁裏桃枝素獨簟蒲席皆素獨斧巾纁淺
絳色
爾雅云三染謂之纁又云桃枝四寸有節竹譜云皮赤編之滑
勁可爲席周禮司几筵所謂次席後世謂之桃笙簟方文席蒲
水草蒲席顧命謂之底席皆以素布爲韣而繫斧巾焉爾雅云
斧謂之黼巾佩巾也周禮冪人掌供巾冪凡王巾皆黼簟蒲
獨斧舊皆倒
依王念孫訂
玄纚緌縞冠素紕玄冠組武卷組纓纚上疑脫一
冠字玄冠委
貌也緌冠系之飾縞冠以生絹爲之紕緣邊也以素緆緣冠兩
邊及冠卷之下畔是既祥之冠也武冠卷也以組飾之又以爲
纓禮天子朱
組諸侯綦組
象琪纘瑱絺紳帶琪與璂同周禮弁師玉璂注云
皮弁之縫中結五采玉以爲飾

此則用象骨也續瑱以續懸瑱續似纂而赤色瑱充耳也天子以玉諸侯以石絲紳帶者以絲爲帶而垂其首紳帶之垂者琪渠之反琪續舊闕據玉海訂**象玦朱極韋素獨**玦決也一名韘以象骨爲之著右手大指所以鉤弦闓體極所以韜指利放弦也大射禮云朱極三**簟籥捍**簟當爲簞形近而譌竹器之圓者以盛籥捍也韝謂之籥或曰書篇也捍拾也韜于左臂收拾衣袖以利弦也**次車羔冒口純**次車貳車也穆天子傳云次車之乘以士禮言之其道車鮫既夕記云乘車載旜道車載朝服稾車載蓑笠冒覆式者也玉藻云君羔幦虎犆幦即冒犆即純闕處當是虎字純音準緣也**載柾綫**未詳**喪勤焚纓一給**喪與繐同類篇云淺黃色也勤當爲勒焚當爲樊俱形近而譌喪勒樊纓俱馬飾也既夕記云薦馬纓三就注云今馬鞅也諸侯之臣飾纓以三色而三成此三色者蓋絛絲也其著之如罽然天子之臣如其命數愚案說文云絲勞曰給以給飾纓示不任用也天子之纓當五采十有二就　樊蒲寒反給音怠**器**

**因**皆載之次車者**名有三**士禮啓殯祝取銘置于重既祖祝取銘置于茵注曰今文銘皆爲名是名即銘旌也其制士長三尺大夫五尺諸侯七尺天子九尺書其末曰某某之柩賈公彥曰士無麽旌惟有乘車所建攝盛之旜大夫以上有麽旌通此二旌則備三旌故曰名有三**幾玄茵**幾如雕幾之幾附纏之爲沂鄂也茵芝也漆爲茵形以飾車也　幾音圻

纁裏桃枝蒲席皆素獨布巾玄象玄純載于次車故別出之巾有繪玄象者有以玄繒緣邊者　桃枝下舊衍獨字又獨布二字倒依王念孫說訂

周書序孔子錄書有百篇之序繫易則有序卦子夏傳詩故有詩序此書既爲孔子刪削之餘不應有序疑周末史官依放百篇爲之觀劉向班固言周書七十一篇通序爲數知作序者在向固之先矣然序文與本書時有不相應處豈本書有脫誤歟抑序者之失歟宋時此書有兩本一本序在書末一本散冠各篇之首見陳振孫書錄解題

昔在文王商紂並立困于虐政將弘道以弼無道作度訓文王出爲西伯入爲三公陳善納誨固其職分然以紂之昏闇猶惓惓乎欲牖其明則忠之至也三訓蓋皆爲三公時所作　殷人作教民不知極將明道極以移其俗作命訓殷人尚鬼知禍福有命而不知惠逆之由人則民行情而勸懲之柄失矣故訓以六方三術而導之中　紂作淫亂民散無性冒常文王惠和化服之作常訓性善常也變于習而爲不善非常也紂帥天下以暴而民從之以不善爲常故云無性冒常　冒盧改爲習丁改爲背茲依故書　上失其道民散無紀西伯修仁明恥

示教作文酌此篇言斟酌爲政之事無明恥示教之意上失其道民失其業□□凶年作糴匡匡救也告糴以救荒然篇中有成年年儉年饑大荒四節非僅言荒政也文王立西距昆夷北備玁狁謀武以昭威懷作武稱昆夷畎戎玁狁北狄詩采薇序與此略同通鑑前篇引此係之文王五祀稱宜也武以禁暴文以綏德大聖允兼作允文言布文德于武事之中武有七德□王作大武大明武小明武三篇盧曰所脱疑不止一字愚案文選魏公九錫文注引周書太公曰同惡相助同好相趨今此二句在大武篇然則此序當云太公謨乎文王盧說是也穆王遭大荒謀救患分災作大匡盧曰穆王當作文王豈穆考亦可稱穆王歟文王在程作程寤程典舊闕脱據詩皇矣正義補□□□□□□□□□□□□□□□□□□□□□□□□□□□□□□作九開文王唯庶邦之多難論典以匡謬作劉法唯當爲惟匡正謬誤劉陳也文王卿士諗發教禁戒作文開諗告也凡言開者皆開導訓誨之意維美公命于文王脩身觀天以

謀商難作保開美公未聞疑太公之謞文王訓乎武王以繁害之戒作八繁臨下以簡君道也簿書程石則必有害矣文王在酆命周公謀商難作酆保篇中皆保國之謀言謀商難非也文啓謀乎後嗣以脩身敬戒作大開小開二篇丁曰文下應有王字文王有疾告武王以民之多變作文儆儆戒也文王告武王以序德之行作文傳序當爲君古文形相近以君德傳之子孫文王既沒武王嗣位告周公禁五戎作柔武致戎在慾距戎在德操勝算于無形故曰柔武武王忌商周公勤天下作大小開武二篇武王惡商之淫亂周公勸之纘緒也武王評周公維道以爲寶作寶典王念孫曰評當爲誶告也商謀啓乎周周人將興師以承之作酆謀承應也武王將起師伐商寤有商儆作寤儆周將伐商順天革命申諭武義以訓乎民作武順武穆二篇武順言軍制順乎三才武穆言軍行之紀律穆敬也武王將行大事乎商郊乃明德於衆作和寤武寤

二篇大事弔伐之事寤覺也以和民用武之義曉衆也　於字舊闕茲依周本武王率六州之兵車三百五十乘以滅殷作克殷牧誓言從征者八國耳此云六州葢廣言之武王既克商建三監以救其民爲之訓範作大匡救當爲牧範法也作大匡三字舊闕茲依丁本□□□□□□作大聚□□□□□□□□□□□武王既釋箕子四俾民辟寍之以王作箕子武王秉天下論德施□而□位以官作考德此俱有脫文不可强解武王命商王之諸侯綏定厥邦申義告之作商誓幾耿肅執皆殷之世族食采寰內者故謂之諸侯誓讀曰哲武王平商維定保天室規擬伊雒作度邑篇內有定天保依天室二義此約略言之武王有疾□□□□□□□□□□命周公輔小子告以正要作五權正要行政之要武王既沒成王元年周公忌商之孽訓敬命作成開商孽不靖周公訓成王以敬命周公既誅三監乃述武王之志建都伊雒作作雒殷東徐奄

皆三監所監以誅三監包黜殷踐奄者所謂虎兕出于柙龜玉毀于櫝典守者不得辭其過也周公會羣臣于閎門以輔主之格言作皇門以下當有求字格言至言也周公陳武王之言以贊已言戒乎成王作大戒贊助也周公正三統之義作周月統本也書大傳曰三統者所以序生三王者所以統天下是故三統三正若循連環又曰不以二三月爲正者萬物不齊莫適所統辨二十四氣之應以明天時作時訓天有四時時有六氣氣有三候積微以成著皇極不建厥診徵焉王者之所以敬天勤民也周公制十二月賦政之法作月令蔡邕明堂月令論引月令爲名云因天時制人事天子發號施令祀神受職每月異禮故謂之月令所以順陰陽奉四時效氣物行王政也成法具備各從時月藏之明堂所以示承祖考神明明不敢媟瀆之義故以明堂冠月令以名其篇又曰夏小正夏之月令也殷人無文及周而文義備所說博衍深遠宜周公之所著也邕論如此惜今之不可見也周公肇制文王之謚義以垂于後作謚法謚法前古未有故曰肇制周公將致政成王朝諸侯於明堂作明堂成王既即政因嘗麥以語羣臣而求助作嘗麥

書訓恤刑嘗麥特其緣起爾與周頌訪落小毖不同周公爲太師告成王以五則作本典
初太公爲太師周公爲太傅召公爲太保至此周公代太公爲太師焉丁曰智仁義德武五則也成王訪周公
以民事周公陳六徵以觀察之作官人惟民務官故云民事周室既寧八
方會同各以職來獻欲垂法厥世作王會職職貢也世嗣也職上舊衍其字世作
後茲據玉海訂世如晉語非德不及世謂後嗣也周公云歿王制將衰穆王因祭祖不
豫詞謀守位作祭公據禮緇衣篇當作祭公顧命謀舊作某依盧說訂穆王思保位維
難恐貽世羞欲自警悟作史記鑒古事以自警覺也王化雖弛天命方永
四夷八蠻攸尊王政作職方弛廢也芮伯稽古作訓納王于善暨
執政小臣咸省厥躬作芮良夫小臣疑小子之譌晉侯尚力侵我王略
叔向聞儲幼而果賢口復王位作太子晉略經略土地之界也太子謂之儲君儲猶
待也王者德以飾躬用爲所佩作王佩佩猶飾也夏多罪湯將放之徵

前事以戒後王也作殷祝儀禮有商祝周祝祝謂習于商周之禮者在周禮則喪祝之職也序官云喪祝上士二人中士四人下士八人此及下篇蓋商祝周祝之所記故以名篇民非后罔乂后非民罔與爲邦愼政在微作周祝微纖也隱也君子察未萌之萌故兢兢業業一日二日萬幾武以靖亂非直不尅作武紀師直爲壯然篇中言六時五動四順非直也唯文而和武而義庶乎近之積習生常不可不愼作銓法嶺南之犬吠雪不習見也爰居聞鐘鼓則眩視而悲不習聞也國之用人亦然一佞貢諛千直獲讁銓衡也所以稱物也惜篇已殘缺車服制度明不苟踰作器服此序與書不相應明一作民周道於焉大備於焉舊作於乎趙本作於是乎茲據王海訂

皇清經解續編卷千三十七終

善化劉鏵
長沙王賓 校

逸周書逸文十一　嘉定朱右曾亮甫著

文王去商在程正月既生魄太姒夢見商之庭產棘小子發取周庭之梓樹于闕間化爲松柏棫柞寤驚以告文王文王乃召太子發占之于明堂王及太子發並拜吉夢受商之大命于皇天上帝太平御覽三百九十七卷又五百三十三卷文選注五十六卷藝文類聚　此程寤篇逸文也去商謂釋羑里之因御覽八十四卷引帝王世紀謂在文王十年疑非也世紀又云文王不敢占召太子發命祝以幣告于宗廟羣神然後占之于明堂博物志以告文王下有文王曰愼勿言六字又御覽別卷引此在程作在翟化爲松柏句作化爲杞

文王曰法寬刑緩囹圄空虛文選注五十一卷　此及下二節疑劉法篇逸文也御覽引風俗通云周曰囹圄囹令也圄與也言令人幽閑思愆改惡爲善因原之也

文王曰周視民如子愛也文選注五十四卷

因五行相尅而作五刑墨劓剕宮大辟是也火能變金色故墨以變其肉金能尅木故剕以去其骨節木能尅土故劓以去其鼻土能塞水故宮以斷其淫泆水能滅火故大辟以絕其生命

五刑大義 後漢書注太平御覽並引白虎通云刑所以五何法五行也大辟法水之滅火宮者法土之雍水臏者法金之刻木劓者法木之穿土墨者法火之勝金語本于此鄭康成駁異義云皋陶改臏爲剕周改剕爲刖然呂刑有剕辟則周非無剕也

文王獨坐屏去左右深念遠慮召大公望曰帝王猛暴無文強梁好武侵陵諸侯苦勞天下百姓之怨心生矣其災予奚行而得免于無道乎大公曰因其所爲且興其化上知天道中知人事下知地理乃可以有國焉太平御覽八十四卷 此及下數條疑皆保開篇逸文也帝當爲商古文形相似強梁多力也史記云紂材力過人手格猛獸世紀云紂倒曳九牛撫梁易柱因其所爲以興化者言民窮困易于

見德也

恃德者昌恃力者亡史記商鞅傳　傳但稱書曰而索隱以爲周書之言孔子所刪之餘其必有據矣

天予不取反受其咎漢書蕭何傳　此三句亦見史記張耳陳餘傳不稱周書蕭何傳則明言之師古又實之以劉向所奏之七十一篇也又案越語范蠡曰臣聞之得時毋怠時不再來天與不取反爲之災語意與此相似

大公曰知與衆同者非人師也大知似狂不癡不狂其名不彰不狂不癡不能成事太平御覽七百三十九卷

文王曰吾聞之無變古無易常無陰謀無擅制無更創爲此則不祥大公曰夫天下非常一人之天下也天下之國非常一人之國也莫常有之唯有道者取之古之王者未使民民化未賞民民勸不知怒不知喜愉愉然其如赤子此古善爲政也太平御覽八十四卷

武王悅箕子之對賜十朋廣韻　惠棟曰此語別無所見當在箕子篇愚案藝文類聚引帝王世紀曰武王克商命召公釋箕子之囚賜貝十朋令原公釋百姓之囚然則或是克殷篇軼文也又案竹書紀年統箋云王曰咨爾商王父惟辛不悛天用假手于朕去故就新辛錫朕以國闓洪範九疇俟錫以道朕殫厥邦土靡所私乃朝鮮于周底于遐逖其以屬父師云云未知所出

神農之時天雨粟神農耕而種之作陶冶斤斧破木爲耜鉏耨以墾草莽然後五穀興以助菓蓏之實通鑑外紀太平御覽一卷又七十八卷又七百六十三卷又八百四十卷藝文類聚十一卷　此及下三條蓋皆考德篇逸文廣韻引周書神農作瓦器蓋以訓詁易之御覽八百三十三卷引神農耕而作陶亦不云作瓦器也

黃帝作井始鑽竈亨穀爲粥蒸穀爲飯燔肉爲炙初學記七卷二十六卷太平御覽一百八十九卷八百五十卷藝文類聚北堂書鈔路史餘論作井初學記引作穿井又引世本云伯益作井亦云黃帝見百物始穿井粥路史餘論引作糜說文米部糜糝糜也黃帝初教作糜說俱本此

少昊曰清清者黃帝之子青陽也漢書律厤志元文引考德曰云云是爲考德逸文無疑也解見嘗麥篇

三王之統若循環周則復始窮則反本太平御覽七十六卷

更火春取榆柳之火夏取棗杏之火季夏取桑柘之火秋取柞楢之火冬取槐檀之火論語集解馬融注此下皆月令篇逸文也邢昺曰周書孔子所刪尚書百篇之餘也晉咸康中得之汲冢有月令篇其辭今亡周禮司爟四時變國火鄭司農說以鄹子云云其文與此正同釋者曰榆柳青故春用之棗杏赤故夏用之桑柘黃故季夏用之柞楢白故秋用之槐檀黑故冬用之愚謂周書自漢以來著錄特藏在中祕諸儒有見有不見故司農但據鄹子如謂得自汲冢馬氏安得徵引之哉考崇文總目有周書月令一卷則昺時其書尚存乃云亡逸陋矣賈公彥云鄹子書出于周書其義是一

三日粵朏尚書召誥正義說文曰朏月未盛之明漢書律厤志引作古文月采篇語朱子謂采即令字之譌

孟春之月日在營室　蟄蟲始震　乃命太史守典奉法司天

日月星辰之行　乃擇元日祈穀於上帝蔡邕明堂月令論又月令問答　震今月令作振乃擇作乃以

掩骼薶骴說文骨部　今月令在孟春白骨曰骼有肉曰骴記作埋胔呂覽作霾髊音義並同

兵戎不起不可從我始明堂月令論

春行夏令則雨水不時草木蚤枯國乃有恐月令問答　春上疑脫一孟字雨水呂覽作風雨蚤枯呂作旱槁記作蚤落乃記作時

仲春始雨水　日夜分則同度量鈞衡石　是月獻羔

以太牢祀高禖月令問答明堂月令論獻記作鮮祀記作祠于

虹始見說文虫部　今月令在季春

命榜人張揖子虛賦注　說文榜作舫云明堂月令曰舫人舫人習水者今月令作命舟牧葢不韋所改

仲夏之月令祀百辟卿士之有德于民者明堂月令論

季夏燒薙說文艸部

腐草爲蠲說文虫部　今月令蠲作螢呂覽作化爲螢蚈高誘曰蚈馬蚿也讀如蹊徑之蹊幽州謂之秦渠一曰螢火也說文曰蠲馬蠲也从虫目益聲勹象形餘詳時訓篇

季夏月可以封諸侯立大官史記三王世家索隱今月令無此語

孟秋行冬令則草木枯後乃大水敗其城郭月令問答　今月令在孟夏疑此誤也

中秋築城郭月令問答　今月令作可以築城郭

七騶咸駕月令問答　月令章句云七當爲六周官天子馬六種種別有騶故知六騶左傳亦言六騶

中冬奄尹申宮令謹門閭月令問答

歲將僟終說文人部　說文曰僟精謹也今月令作數將僟終

季冬行春令則胎夭多傷民多蠱疾命之曰逆月令問答　今月令作國多固

疾

霢雨 說文雨部　說文曰霢小雨也从雨𠂢聲 今月令無此語

春食麥羊夏食菽雞秋食麻犬冬食黍豕 月令問答 此撮其語耳非原文也

春牝陳弓爲前行夏方陳戟爲前行季夏圜陳矛爲前行秋牡陳劍爲前行冬伏陳楯爲前行是爲五陳 通典□□□卷太平御覽三百一卷

凡禾麥居東方黍居南方稻居中央粟居西方菽居北方 太平御覽八百三十七卷初學記二十七卷 此以五穀配五方禾者穀之總名粟即稷也

夏食鬱律桃李杏梅秋食櫨梨橘柚冬食菱藕 初學記二十八卷太平御覽九百六十七卷九百七十三卷九百七十五卷 鬱律郁李也一名鬱又名棣花木志曰鬱樹高五六尺其實大如李赤色食之甘廣雅曰一名雀某又名爵李詩豳風曰六月食鬱

明堂方一百四十四尺 元文作百一十二尺依月令論訂 高三尺 元文作四尺依孫星衍訂

階廣六尺三寸室居中方百尺室中方六十尺戶高八尺廣四尺牖高三尺門方十六尺東應門南庫門西臯門北雉門東方曰青陽南方曰明堂西方曰總章北方曰玄堂中央曰太廟亦曰太室左曰左介右曰右介

太平御覽五百三十三卷牖高以下九字見藝文類聚三十八卷亦曰太室句見初學記十三卷

明堂之說頗爲諸儒所亂今據本書參以攷工記大戴盛德篇先言其制而後詳釋之焉其堂中爲太室太室之南曰明堂太廟東曰青陽太廟西曰總章太廟北曰玄堂太廟居於四正太室之四隅各有一室並太室爲五室每室一面中戶旁兩牖凡四戶八牖五室則二十戶四十牖東南室之南曰明堂左介其東曰青陽右介東北室之東曰青陽左介其北曰玄堂右介西北室之北曰玄堂左介其西曰總章右介西南室之西曰總章左介其南爲明堂右介介亦曰个在堂之兩旁隔之以序若儀禮廟寢之有東堂西堂也隅室直个个之後若東西堂後之有夾室也太室之上爲重屋其制圓漢人謂之通天屋其制蓋始于殷故曰殷人重屋重屋之下爲四注屋其制方當坫之上則屋翼反向外故曰乃位五宮咸有四阿反坫堂廉深廣皆百四十四尺蔡邕云坤之策也其制蓋因于夏攷工記云夏后氏世室堂脩二七廣四脩一二七爲十

四丈益廣四尺而脩亦如之故漢司徒馬宮明堂議曰夏后氏益其堂之廣百四十四尺是也高三尺謂堂之基四于殷之堂崇三尺也其檐欒之高十其階之高大戴禮云堂高三丈是也南面三階東西北各二階凡九階階廣六尺三寸十其堂之一也室居中方百尺者統五室言之室中方六十尺者以太室言之五經異誼及北史李謐傳隋書宇文愷傳並引大戴明堂說云東西九仞南北七筵七尺曰仞九尺爲筵九仞七筵變文言之實皆六十三尺攷工記云凡室二筵謂四隅之室也以六十三尺之太室加兩夾室各二筵則五室之方居堂内九十九尺今云室居中方百尺室中方六十尺雖微有參差大致同也依此論則太室方六丈餘室各方二丈耳諸儒之說或以爲九室顯乖匠人之文屋圓楣徑二百一十六尺又違四阿之制堂高三丈而通天屋高八十一尺計高出于堂幾及兩倍非其制也外有二十八柱列于四方如使有疏有密不足以壯觀瞻如匀布之則中階之前遮植一柱又何義也宇文愷傳引黃圖言前漢明堂之制又引禮圖言後漢明堂之制皆九室十二堂但前漢室有四戶八牖後漢則每室二戶爲異耳蔡邕明堂月令論雖云依周書立說其實半雜前漢之制大戴禮亦然學者宜分別觀之至攷工記言東西九筵南北七筵孔廣森曰九筵似記者之誤愚謂記又云堂崇一筵亦誤也

明堂者所以明天氣統萬物明堂上通于天象日辰故下十二

宮象日辰也水環四周言王者動作法天地廣德及四海方此水也名曰辟雍蔡邕明堂月令論　邕以爲月令記文今附于此此以亦論明堂之制也毛詩靈臺正義引盧植禮記註頴容春秋釋例及賈逵服虔左傳注並以祖廟明堂靈臺辟雍太學爲一地文選東京賦注引黃圖曰大司徒宮奏曰明堂辟雍其實一也又藝文類聚引黃圖曰明堂者明天道之堂也所以順四時行月令宗祀先王祭五帝故謂之明堂辟雍圓如璧雍以水異名同事其實一也隋書牛宏傳引明堂陰陽錄云明堂之制周圜行水左旋以象天內有分室以象紫宮此明堂有水之明文也

篤仁而好學多聞而道慎天子疑則問應而不窮者謂之道道者導天子以道者也常立于前是周公也誠立而敢斷輔善而相義者謂之充充者充天子之志者也常立于左是大公也絜廉而切直匡過而諫邪者謂之弼弼者拂天子之過者也常立于右是召公也博聞強記接給而善對者謂之承承者承天子

之遺忘者也常立于後是史佚也大戴禮保傳篇接捷給備也史佚周太史尹逸也

西域獻火浣布昆吾氏獻切玉刀張華博物志二卷此蓋王會篇逸文志云火浣布污燒之則潔刀切玉如蠟布漢時有獻者刀則未聞

年不登甲不纓縢宮室不容初學記二十二卷太平御覽三百五十五卷初學記又引孔晁曰纓縢甲不以組愚謂此前大匡篇逸文也容飾也謂黝堊也

年飢上用與鹵輶不漆矛戟纓纏羽旄不擇鳥太平御覽三百五十二卷

將欲敗之必姑輔之將欲取之必姑與之戰國策魏策王應麟疑此爲蘇秦所讀周書陰符之類

欲起無先史記楚世家此即不爲物先之意

成功之下不可久處史記蔡澤傳

必參而伍之史記蒙恬傳索隱曰參謂三卿伍即五人夫欲參伍更議愚謂兼聽參觀之意

農不出則乏其食工不出則乏其事商不出則三寶絕虞不出則財匱少財匱少而山澤不辟矣史記貨殖傳　江聲曰三寶金也木也玉石也絕謂不流通也

先其亷命漢書律厤志　亷算同師古曰言王者統業先立算數以命百事也

知天文者冠鷸冠漢書五行志注　說文云鷸知天將雨鳥也禮記云知天文者冠鷸後漢輿服志注引記曰知天者冠述知地者履絇說苑云知天道者冠銶知地者履蹻述銶皆鷸之假借鷸即鷸也或云記或云禮記總之出于周書耳師古曰鷸大鳥即戰國策所云啄蚌者也匡謬正俗云天將雨鷸則鳴古人以其知天時乃爲冠象此鳥之形使掌天文者冠之然則鷸冠象鷸之形非聚其羽以飾冠與左傳子臧好聚鷸冠異

以左道事君者誅漢書王商傳　康成王制注云左道若巫蠱及俗禁正義云俗禁若漢張竦行辟反支後漢書郭躬傳有陳伯子者出辟往亡入辟歸忌是也

記人之功忘人之過宜爲君者也漢書陳湯傳

國無三年之食者國非其國也家無三年之食者子非其子也墨子七患篇　此與文傳篇語意相似而文不同故並錄之

往者不可及來者不可待賢明其世謂之天子呂氏春秋聽言篇

若臨深淵若履薄冰呂氏春秋愼大覽　高誘注云周書周文公所作

民善之則畜也不善則讎也呂氏春秋適威篇　高誘注云周書周公所作畜好也案此二語與芮良夫篇德則民戴否則民讎相似而高氏指爲周公之言其必確有所據者矣

天子見怪則修德諸侯見怪則修政卿大夫見怪則修職士庶人見怪則修身後漢書楊震傳

揜雉不得更順其風淮南覽冥訓　高誘曰言揜雉雖不得當更從其上風順其道理也

上言者下用也下言者上用也淮南氾論訓　高誘曰用可否相濟也愚謂用資也資以施行也

下言而上用者惑也韓非子說林　者字下疑脫一不字

既彫既琢還歸其樸韓非子外儲說左上

紳之束之韓非子外儲說左上　紳通作申玉藻紳長制釋文本作申是古通假也申重也言申命以約束之或讀如字亦通

前車覆後車戒說苑善說篇　大戴保傅篇引此以爲鄙語

宮中之宂食說文弟七宀部　說文云宂散也从宀儿人在屋下無田事也段玉裁謂周書當作周禮然周禮實無此文安知不在周書亡篇乎許君偁引此書或偁周書如豕部貕下引周書貕有蚤而不敢以撅或偁逸周書如羽部翰下引逸周書文翰若翬雉未知義例安在今據凡偁周書及逸周書而不見于尚書者錄之

士分民之祘說文弟一示部　說文云祘明視以算之从二示讀若算

味辛而不熮說文弟十火部　說文云熮火皃从火翏聲呂覽本味云味辛而不烈烈熮聲之轉也段氏曰方言注云癆瘌皆辛螫也螫與熮聲相近

來就惎惎說文弟十心部　說文云惎毒也从心其聲段氏以爲秦誓未就予忌之譌恐未必然

竹箭如榗說文弟六木部　說文云榗木也从木晉聲子賤反

竘匠說文弟十立部　說文云竘健也一曰匠也从立句聲讀若齲案方言竘治也吳越飾皃爲竘或謂之巧郭璞讀若傀廣雅竘治也又云巧也又案說文所偁尚有戔戔巧言稱奉玠珪師乃招實玄黃于匪圜圜升雲半有半無王出涘摯摯不怠盡執抲諸句或爲尚書逸文或爲尚書異文未敢濫錄

君憂臣勞主辱臣死文選注二十卷

善爲士者飛鳥歸之蔽于天魚鼈歸之沸于淵文選注四十七卷

魚龍成則藪澤竭則蓮藕掘太平御覽九百九十九卷

邱陵之人專而長初學記十九卷太平御覽三百七十七卷　專圜也

容容熙熙皆爲利謀熙熙攘攘皆爲利往太平御覽四十四十九卷　容容隨衆進退也熙熙盛也攘攘衆也

武王不閉外門以示無懼去劍揞笏以示無仇太平御覽六百九十二卷

甘食美衣使長貧御覽八百四十七卷

日本有十迭次而出運照無窮堯時爲妖十日並出故爲羿所射死太平御覽三卷　海外東經云湯谷上有扶桑十日所浴有大木九日居下枝一日居上枝莊子云昔者十日並出草木焦枯楚辭天問云羿焉彈日淮南子云羿射十日中其九日中烏盡死古人寓言要有所本未可以理推測也

畛山神蓐收居之是山也西望日之所入其氣圓神經光之所司也太平御覽三卷　續漢書郡國志太原郡介休河東郡汾陰並有介山然介休之山本名緜山以子推隱此更名介山惟汾陰之山水經注稱周七十里高三十里當是也今在山西蒲州府萬泉縣東晉語云虢公夢神人面白毛虎爪執鉞召史嚚占之對曰蓐收也天之刑神也神經光未聞

天狗所止地盡傾餘光燭天爲流星長十數丈其疾如風其聲如雷其光如電山海經注十六卷　漢書天文志云天狗狀如大流星有聲其下止地類狗所墮及望之有黃

色如火光炎炎中天其下圜如數頃田上銳見則千里破軍殺將郭璞曰吳楚七國反時吠過梁國者也

穆王田有黑鳥若鳩翩飛而跱於衡御者斃之以策馬佚不克止之蹟於乘傷帝左股文選注十四卷　案穆王之書並無闕逸且其文亦不類本書李善引此古文周書下又引東觀漢記朱勃上書理馬援曰飛鳥跱衡馬驚觸虎云云則亦非出于汲冢瑣語也考藝文志小說家有虞初九百四十三篇應劭曰其言以周書爲本然則此文及上三條出于虞初乎網羅散佚寧過而存之

皇清經解續編卷千三十八終

善化劉鐸
長沙王賓校

（清）俞樾 撰

# 周書平議一卷

清光緒二十五年（1899）德清俞氏增修本

# 羣經平議卷七

德清俞樾

## 周書

曰爵以明等極 度訓

孔晁注曰極中也貴賤之等尊卑之中也

樾謹按孔訓極爲中則等極二字義不相屬矣極猶則也詩殷武篇商邑翼翼四方之極後漢書樊準傳引作四方是則李賢注曰韓詩之文也葢極有準則之義故毛詩作極韓詩作則說詳尚書洪範篇此云等極猶等則也上文云度小大以正權輕重以極明

本末以立中既言極又言中知極之不訓中矣

知哀以知慧

樾謹按慧讀爲惠古字通用論語衛靈公篇好行小慧鄭注曰魯讀慧爲惠是其證也說文叀部惠仁也知哀以知惠言知哀之則知仁之矣呂氏春秋論人篇曰哀之以驗其人人卽仁之叚字哀之以驗其仁與此文知哀以知惠同義因叚人爲仁叚慧爲惠學者乃皆失其解矣

是故民主明醜以長子孫子孫習服鳥獸仁德土宜天時百物行治

樾謹按疊子孫二字文義未安下子孫字蓋衍文也此當以是故民主明醜以長子孫爲句習服鳥獸爲句仁德土宜天時百物行治爲句仁讀爲人大武篇四凶一攻天時二攻地宜三攻人德正與此文同仁德即人德土宜即地宜也人德土宜天時百物行治者行猶用也猶言人德上宜天時百物用治也周官司爟掌行火之政令鄭注曰行猶用也孔晁不知仁爲人之叚字故失其讀因失其解至民主二字趙氏曦明謂民爲明字之誤朱氏右曾謂主爲王字之誤本書多言明王此言民主當依之訂正

通道通天以正人命訓

樾謹按此當作道天以正人道猶通也法言問道篇曰道也者通也無不通也襄三十一年左傳不如小決使道荀子禮論篇道及士大夫杜預楊倞注竝曰道通也然則道天以正人猶云通天以正人疑古本亦有作通天以正人者傳寫者誤合兩本爲一則曰道通天以正人於是文不成義後人又以道上加通字而爲通道通天矣下文云正人莫如有極道天莫如無極道天有極則不威不威則不昭正人無極則不信不信則不行皆以道天正人對舉正承此文而

言可知此文當作道天以正人不當作通道通天以正人也董子曰道之大原出於天若作通道通天則先言道後言天近於老子所謂有物混成先天地生者恐非周初聖人之書所有之義也下文又曰夫天道三人道三是天有道人亦有道更可知此文之不以道與天與人對舉矣由後人不知道天即爲通天因致此誤耳

人有常順常訓

樾謹按順當讀爲訓古字通也其下文曰順在可變即孔子有教無類之義下文又曰古者因民以順民

亦言因民以訓民也若如本字讀之則順卽因也因民以順民文義複矣

上賢而不窮

注曰窮謂不肖之人

樾謹按不字疑下字之誤故孔注以窮爲不肖葢謂上賢而下不肖也若是不字則上賢而不不肖文不可通孔氏必不作是解矣

夫民羣居而無選

注曰選行也

樾謹按詩猗嗟篇舞則選兮毛傳曰選齊也高誘注

呂氏春秋觀世篇淮南子精神篇並曰齊等也然則羣居而無選猶言羣居而無等程典篇無政無選又曰選官以明訓凡言選者其義並爲齊等史記平準書吏道益雜不選是不選有殽雜之義此言無選猶彼言不選矣孔訓選爲行未得其旨

大武劒勇 文酌

樾謹按劍武義不可通劒當讀爲驗言大武所以驗其勇也劒驗並從僉聲故得通用墨子雜守篇守節出入使主節必疏書署其情令若其事而須其還報以劒驗之劒驗二字亦不可通蓋古本止作須其還

報以劒之叚劒爲驗劒之即驗之也校者旁注驗字以明劒當爲驗因誤入正文古書往往有此王氏念孫讀書雜志以劒驗爲參驗之誤然參之與劒形聲絕遠無由致誤其說非也此文叚劒爲驗正與彼同且以字義言之說文馬部驗馬名竝無徵驗義凡言徵驗者當作譣說文言部譣問也是其本字也然則驗亦叚字安在驗可叚而劒不可叚乎

三取戚免梏四樂生身復

注曰戚近也免梏無患也

樾謹按大武篇四赦二取戚信復三人樂生身與此

文大略相似疑各有誤字不可強通此文取威當從大武篇作取威於義爲長梏猶攪也後漢書馬融傳廣成頌曰梏羽羣李賢注曰字書梏從手郎古文攪字謂攪亂也然則取威免梏殆謂取足以示威而無攪亂之乎

服美義淫（稱匡）

注曰淫過

樾謹按孔晁不釋義字謝氏墉曰凡義之所當爲者皆可過盛此謬說也義當讀爲儀周官肆師注曰古者書儀但爲義是其證也儀淫者威儀盛也故與服

美竝舉詩有客篇旣有淫威此言儀淫彼言淫威其
旨相近

年饑則勤而不賓舉祭以薄

樾謹按賓舉二字傳寫誤倒當作年荒則勤而不舉
賓祭以薄勤之言憂勤也僖二年穀梁傳不雨者勤
雨也釋文曰勤麋氏音覲集韻去聲二十二稕勤渠
吝切憂也春秋傳勤雨麋氏說此勤字當從麋讀勤
而不舉言憂勤而不舉也周官膳夫職曰王日一舉
鼎十有二物皆有俎以樂侑食大喪則不舉大荒則
不舉大札則不舉天地有災則不舉邦有大故則不

舉然則年饑則勤而不舉正合周官大荒不舉之義
賓祭以薄言賓與祭皆從薄也上文曰成年穀足賓
祭以盛又曰年儉穀不足賓祭以中盛可證此文舉
祭以薄之誤

冬〻寒〻其衣服 武稱

注曰寒衣爲敗其絲麻

樾謹按冬〻寒〻其衣服義不可通孔注亦曲說也據大
武篇四時一春違其農二夏食其穀三秋取其刈四
冬凍其葆孔注曰凍葆謂發露其葆聚其文與此篇
大略相同疑此文本作冬〻寒〻其旅史記天官書曰主

蓧旅事是旅與蓧同義冬〻寒其旅猶冬〻寒其蓧也後漢書光武紀李賢注曰旅寄也不因播種而生故曰旅今字書作穭音呂古字通然則冬〻寒其旅亦就在田野者而言方與上文春違其農秋伐其穡夏取其麥三句一律若作冬〻寒其衣服則不類矣旅字古文作𣄼與衣字相似𣄼誤爲衣後人又加服字耳孔注但曰寒衣疑其所見本尚無服字也

爵位不謙

注曰謙損也

樾謹按謙之言絕也考工記輪人外不廉而內不挫

鄭注曰廉絕也說文火部作爈曰火煣車網絕也引周禮曰煣牙外不爈蓋爈其本字其義爲火煣車網絕引中之則凡絕者皆謂之爈今周禮作廉乃其叚字此文作謙亦其叚字也爵位不謙言有爵位者不絕其爵位也說文水部溓一曰中絕小水也是從兼得聲之字每有絕義孟子稱周公兼夷狄兼亦絕也說詳孟子

童壯無輔 允文

樾謹按輔當讀爲悑悑輔並從甫聲故叚輔爲悑也說文心部悑惶也從心甫聲或體作怖童壯無悑言

無使惶懼也

五遠宅不薄 大武

注曰雖遠居皆厚之

樾謹按遠宅二字無義據大開武篇亦有五和其文曰一有天維國二有地維義三同好維樂四同惡維哀五遠方不爭與此篇所言五和一有天無惡二有人無郄三同好相固四同惡相取五遠宅不薄大畧相同疑遠宅亦當作遠方字之誤也觀孔晁遠居之解是其所據本已誤作宅矣

三哀一要不羸二喪人三擯厥親

注曰哀敵人之困窮如此要當爲惡　盧氏文弨曰

所當哀者羸病者也失位者也六親不能收卹者也

正文要不字訛注亦難曉梁處素云不羸當作不贏

不足也下文必贏程榮本亦誤作必羸可知此字亦

訛

樾謹按梁說是也惟要之義難解卽從孔注作惡義

亦難通要疑粟字之誤粟不贏者穀不足也糴匡篇

所謂年儉穀不足是也

四赦一勝人必贏二取威信復三人樂生身四赦民所

惡

樾謹按以所列四事言之赦特其一事且居四者之末何得統目之曰四赦乎據文酌篇四教一守之以信二因親就年三取戚免梏四樂生身復其三其四與此文二三略同然則此文四赦疑亦當作四教教赦字形相似又涉四赦民所惡句適四赦二字相連因致此誤耳

因其耆老及其總害 大匡

樾謹按總字之義無解疑當作利利古文作𥝢總俗書作惣其上半相似因而致誤下文曰鄉問其利因謀其菑與此文正相應

樂不牆合

樾謹按牆合二字無義盧氏文弨曰牆合卽所謂宮縣然古書無以宮縣爲牆合者亦曲說也疑此文本作樂不合古人作樂必合之於廟詩有瞽篇序曰始作樂而合乎祖是也樂不合者不合樂也因涉下句牆屋有補無作之文而誤衍牆字耳

乃作程典以命三忠 程典

樾謹按三忠未知何義盧氏文弨訂爲三恶曰戰國策臣作惡古文也然一忠爲臣其義殊淺顏氏家訓言北朝喪亂之餘書迹鄙陋乃以百念爲憂言反爲

變不用爲罷追來爲歸更生爲蘇先人爲老偏滿經傳然則㥯字亦其時所造無疑論語釋文於泰伯先進篇俱有㥯字云古臣字錢氏大昕養新餘錄以不精小學譏之是也盧說恐未足據且所謂三臣者果何指乎據大匡篇王乃召冢卿三老三吏孔注三吏三卿也疑此文三忠乃三吏之誤吏字闕壞後人遂妄改爲忠耳

德開開乃無患

樾謹按德開開文不成義疑德字上有愼德二字其原文葢云思地愼制思制愼人思人愼德愼德德開

開乃無患皆以四字爲句古人遇重文多省不書止於字下作二小畫傳寫誤奪之耳

土勸不極美美不害用

樾謹按二句不可解疑當作土物不極美不害與上句牛羊不盡齒不屠相對成文物誤爲勸美字重出用字卽涉下句用乃思慎而誤衍也害當讀爲割書大誥篇天降割于我家釋文曰割馬本作害是害與割古字通用割猶刈也廣雅釋詁割刈同訓斷然則土物不盡美不割猶言土物不盡美不刈也文傳篇曰無伐不成材卽其義矣

商饋始于王 酆保

樾謹按此當作饋始于商王蓋言祀上帝之後而饋膰肉從商王始也其下文云因饗諸侯重禮庶吏蓋先商王次及諸侯次及庶吏也今作商饋始于王則文不成義矣

不深乃權不重

樾謹按此當作不深不重乃權不重蓋承上文深念之哉重維之哉而言謂不深念之不重維之則其權不重也後人因兩句皆有不重字疑爲衍文誤刪其一不知乃權不重之重爲輕重之重不深不重之重

爲重複之重字雖同而義則異也且此兩句以重重二字爲韵下文曰從權乃慰不從乃饋以慰饋二字爲韵竝四字一句今奪不重二字則句法參差不齊而亦失其韵矣

利維生痛 文儆

樾謹按此文云民何嚮非利利維生痛痛維生樂樂維生禮禮維生義義維生仁下文云何嚮非私私維生抗抗維生奪奪維生亂亂維生亡亡維生死下文所生五者皆不美之事則此文五者宐皆美事方相對成義而云利維生痛殊不可曉疑痛字當讀作通

痛與通聲近而義同故釋名釋疾病曰痛通也通在膚脈中也利維生通通維生樂者利則流通流通則無所鬱結故樂矣

土廣無守可襲伐土狹無食可圍竭 文傳

攄謹按圍竭二字義不相屬圍疑匱字之誤潛夫論實邊篇引周書曰土多人少莫出其材是謂虛土可襲伐也土少人衆民非其民可遺竭也遺亦當爲匱唐人書從匚之字或變作辶如𠥩作迺匹作辺匣作運陋作陋之類干祿字書可考匱變作遺因誤爲遺也彼所引雖與此不同然大旨相近可知此文之當

作匱竭矣

天降寤于程程降因于商商今生葛葛右有周維王其明用開和之言言孰敢不格（大開武）

樾謹按程字不當疊降寤于程降因于商皆天之所降也若作程降因于商則義不可通矣葛字亦不當疊孔注曰商朝生葛是祐助周也可知所據本不疊葛字也言字亦不當疊孔注曰可否相濟曰和欲其開臣以和則忠告之言無不至也是孔讀維王其明用開和之爲句言孰敢不格爲句可知所據本不疊言字也今疊葛字言字義不可通當依孔注訂正惟

孔解開和句於義未安此當以維王其明用開和之言爲句孰敢不格爲句開和乃書名武儆篇曰丙辰出金枝郊寶開和細書

何畏非道何惡非是不敬殆哉

樾謹按是上有闕文當云何畏非道何惡非□是不敬殆哉上文云何敬何好何惡時不敬殆哉此文之是不敬卽上文之時不敬時猶是也尚書堯典篇惟時茂哉史記五帝紀作維是勉哉臯陶謨篇敕若時夏本紀作皆若是竝其證也是字違不敬讀則是上闕一字明矣

物周爲器寶典

注曰周用之爲器

樾經按經文當云物用爲器注文當云用句用之爲器今作周者皆字之誤

一孝子畏哉乃不亂謀

樾謹按子乃孝字之誤鄭君注禮所謂壞字也當讀曰一孝句孝畏哉乃不亂謀猶下文曰二悌悌乃知序悌下疊悌字則孝下必當疊孝字矣又下文曰三慈惠慈知長幼亦有奪誤當作三慈惠慈惠知長幼慈惠下疊慈惠字猶孝下疊孝字悌下疊悌字也慈

字卽慈之壞字亦猶子字卽孝之壞字也傳寫奪誤
而其迹幸尚可尋謝氏墉以茲爲衍文盧刻遂删去
之而其迹泯矣亦見古書之未可輕改也

欲與無□則欲攻無庸以王不足寤儆

樾謹按此三句本無闕文當以欲與無則爲句欲與
無則欲攻無庸以王不足每句皆四字言欲與之而
無則欲攻之而無庸以王則不足也下文周公之言
曰奉若稽古維王克明三德維則戚和遠人維庸正
對此三句而言淺人不知無則無庸相對成文而以
則字屬下句因疑欲與無下尚有闕文乃加空圍以

識之耳

教之以服 武穆

注曰教之以服先生法服也

樾謹按説文服從𠬝𠬝從卩卩事之制也故鄭石制字子服是服有法制之義教之以服服即法也孔以法服釋之豈所教止在衣服乎失其旨矣

惟風行賄賄無成事 和寤

注曰人之歸惠如草應風如用賄則無成事

樾謹按下賄字乃則字之誤其原文葢曰后降惠于民民罔不格惟風行賄則無成事故孔注云云是其

所據本尚未誤也王氏念孫讀書雜志謂行下當有草字而今本脫之此說非也注中草字乃孔氏增出以明風行之義非必正文有草字也大明武篇曰侵若風行與此義同王氏又謂賄賄無成事上更有脫文由不知下賄字乃則字之誤故耳賄與則左旁竝從貝因而致誤注中賄則連文卽本正文可據以訂正

王食無疆 武寤

樾謹按王當作玉所謂維辟玉食也古玉字王字竝三畫而連其中故易致混又涉下句王不食言而誤

此篇文皆用韵以四字爲句多頌美之詞王食無疆
義亦然也
泰顛閎夭皆執輕呂以奏王王入卽位于社太卒之左
克殷
注曰執王輕呂當門奏太卒屯兵以衛也
樾謹按此文本作泰顛閎夭皆執輕呂以奏王大卒
正入卽位于社之左故孔注如此蓋其所據本未誤
也書堯典敷奏以言枚氏傳曰奏進也奏王太卒者
言進王之太卒以衛王也孔注加當門二字正明奏
字之義王入卽位于社之左言王位在社左也後人

誤讀告執輕呂以奏王爲句謂與周公把大鉞召公把小鉞以夾王相對成文因移大卒字於社字之下而不知夾王可通奏王不可通且下句王入郎位于社太卒之左社太卒連文更不成義矣

大匡封攝外用和大大匡

注曰和平大國

樾謹按此二句文義難明據下文曰中匡用均勞故禮新小匡用惠施舍靜衆疑此文本作大匡用和大封攝外乃與下二句一律大匡用和猶中匡用均小匡用惠也大封攝外者儀禮士冠禮鄭注曰攝猶整

也言大封諸侯以整攝畿外之地也傳寫者奪用和大三字而誤補之封攝外之下其義遂不可通矣孔注亦曲爲之說於義不了也

傾九戒文政

注曰順此戒也

樾謹按傾字之義難明當依注文作順順與傾形似而誤耳注文亦有奪字當云順順此戒也猶上文濟九醜句注曰濟謂濟其醜以好也皆先舉經字而釋之注奪一順字而其義遂晦遂并經文而莫能是正矣

思義醜□

樾謹按大匡篇曰思義醜貪疑此文所闕亦貪字也

五民之利

樾謹按民之利三字於義未足疑民上闕一字五□民之利與下文七祇民之死九足民之財一律

示有危傾

樾謹按示當爲亓古其字也古其字或作亓玉篇其下更出亓字曰古文是也又或作亓集韻其古作亓是也此文亓字當讀爲其詩昊天有成命篇夙夜基命宥密禮記孔子閒居篇引作夙夜其命宥密是其

與基古通用此蓋叚其爲基基而又從古文作亓也亓有危傾言其基有危傾之勢不可不戒故爲九戒之一也學者少見亓字因改爲亓耳

充虛爲害

注曰陰陽姦謂之充國無人謂之虛也

樾謹按孔解充字非也荀子儒效篇若夫充虛之相施易也楊倞注曰充實也是充與虛正相對大聚篇曰殷政總總若風草有所積有所虛和此如何孔注曰有積有虛言不平也可證此篇充虛爲害之義

立勸人以職孤立正長以順幼 大聚

樾謹按此當作立正長以勤人立職孤以順幼蓋立正長所以勤民事而立職孤所以使幼者得遂其生也正長也職孤也皆其名也勤人也順幼也皆其事也立職孤以順幼與下句立職喪以卹死文法正同管子治齊凡國都有掌孤孤幼不能自生者屬之此即立職孤以順幼之事掌孤猶職孤也蓋成周之遺制矣今作立勤人以職孤立正長以順幼則義不可通猶上句畜百草以備五味誤作畜五味以備百草竝傳寫者倒其文也王氏念孫已訂正百草句惜未及此

敎芓與樹蓺

樾謹按此當作敎與樹蓺與猶以也說見王氏引之經傳釋詞敎與樹蓺卽敎以樹蓺也古與予通用疑古本叚予爲與作敎予樹蓺後人據別本作與者訂正遂並存予與二字因又誤予爲芓耳管子地員篇其草宜芓茅今本作其草宜黍秫與茅益誤芓爲與而因加黍秫二字不知黍秫已見上文且非草也辨見諸子平議彼誤芓作與此誤與作芓正可互證

時四月既旁生魄越六日庚戌武王朝至燎于周維予沖子綏文世俘

樾謹按文下當有闕文據下文用小牲羊犬豕于百神水土于誓社曰惟予沖子綏文考然則此文亦當作綏文考明矣朱氏右曾集訓曰文文德也勝殷遏劉庶自此可綏天下以文德也此曲爲之說與下文不合

凡厥有庶告焚玉四千

注曰衆人告武王焚玉四千也

樾謹按告焚二字當在四千之下其文曰時甲子夕商王紂取天智玉琰五環身厚以自焚凡厥有庶玉四千告焚五日武王乃俾千人求之四千庶玉則銷

天智玉五在火中不銷蓋庶玉二字連文此云凡厥
有庶玉四千故下云四千庶玉則銷爾文相應告焚
二字自爲句既告焚之五日武王乃使人求之所謂
告焚者以商王紂自焚告非以焚玉告也若如孔注
則豈有不告紂之自焚而專告玉焚者乎即以玉論
天智玉爲重而庶玉則輕矣又豈有不以天智玉五
告而顧以庶玉四千告者乎揆之事理皆不可通蓋
由傳寫者誤移告焚二字於玉四千之上孔氏不能
訂正故失其解耳

昏憂天下 商誓

樾謹按昏憂連文義不可通憂當作擾擾字隸變作擾闕其左旁則爲憂矣昭十四年左傳注曰昏亂也襄四年傳注曰擾亂也是昏擾同義昏擾天下言亂天下也

官庶則荷荷至乃辛 五權

樾謹按荷字當讀爲苛古字通也辛字無解且於韻亦不協疑㚔字之誤說文㚔部㚔所以驚人也一曰俗語以盜不止爲㚔煩苛之至民必驚擾此與前說合老子曰法令滋章盜賊多有則與後說亦合且與上文韻亦相協㚔字隸變作幸凡執字報字左旁今

皆爲幸是其證也幸與辛相似因而致誤耳

人庶則匱匱乃匿

樾謹按匿當讀爲慝言人衆則必匱乏匱乏則必競爲姦慝矣古匿與慝同聲而通用尚書大傳朔而月見東方謂之側匿漢書五行志作仄慝是其證也說文無慝字古字止作匿耳

周公格左閎門會羣門〔皇門〕

樾謹按尚書堯典闢四門詩緇衣篇正義引鄭注曰卿士之職使爲己出政教於天下四門者卿士之私朝在國門後世東門襄仲桐門右師取法於古也又

周官大司馬職帥以門名鄭注曰軍將皆命卿古者軍將蓋爲營治於國門魯有東門襄仲宋有桐門右師皆上卿爲軍將者然則此篇所云會羣門者言會集衆卿士也序云周公會羣臣于閎門經作羣門序作羣臣竝不相背玉海九十二百六十九兩引此經竝作會羣臣則後人不達門字之義而據序以改經也篇內云乃維其有大門宗子勢臣罔不茂揚肅德可證門字之非誤宋氏右曾本從玉海作會羣臣失之矣

以家相厥室弗卹王國王家維德是用

注曰言勢人以大夫私家不憂王家之用德

樾謹按祭公篇曰汝無以家相亂王室而莫卹其外尙皆以時中乂萬國文義與此略同疑此文厥室上亦當有亂字而今本脫之弗卹二字屬上句讀以家相亂厥室弗卹猶云以家相亂王室而莫卹其外也王國王家維德是用猶云尙皆以時中乂萬國也孔注以弗卹屬下讀失之

又五日土潤溽暑 時訓

樾謹按暑字衍文也此當云又五日土潤溽下文土潤不溽暑當作土不潤溽說詳禮記月令篇

將帥不和

樾謹按上文云鵙旦猶鳴國有訛言下文云荔挺不生鄉士專權言與權爲韵此云虎不始交將帥不和和字不入韵疑必有誤古本當作將帥不驩讙與歡古通用禮記樂記篇鼓鼙之聲讙鄭注曰讙或爲歡將帥不讙卽將帥不歡也一切經音義卷十二曰讙古文作吅此文讙字疑從古文作吅因誤爲和耳

純行不二曰定 謚法

樾謹按此本作純行不忒曰定古書忒字或以貳字爲之尙書洪範篇衍忒史記宋微子世家作衍貳是

其證也貣譌作貳後人因改爲二矣史記正義引此文作純行不爽曰定爾雅釋言曰爽忒也是不忒與不爽同義後漢書蔡邕傳注又作純行不差曰定周易豫卦象傳鄭注曰忒差也是不忒與不差亦同義若如今本作不二則與不爽不差之義絕遠矣禮記緇衣篇引詩曰淑人君子其儀不忒釋文曰不忒他得反本或作貣蓋亦叚貣爲忒因譌貣爲貳也此文又改貳作二學者益無從訂正矣

柔質受諫曰慧

樾謹按盧校曰慧舊作惠當從之慧惠古通用字論

語衛靈公篇好行小慧鄭注曰魯讀慧爲惠是其證也此句與上文柔質慈民曰惠愛民好與曰惠本爲一條蓋柔質慈民謂之惠愛民好與則就慈民而推言之柔質受諫則就柔質而推言之以見有其一節者亦得謚之曰惠也因其字段作慧後人遂分爲兩謚恐非其舊

就會也

樾謹按就與集一聲之轉詩小旻篇是用不集韓詩作是用不就毛傳亦曰集就也是就與集聲近義通爾雅釋言集會也此云就會也蓋即讀就爲集故訓

會耳

四塞九采之國 明堂

樾謹按采乃釆字之誤釆讀爲蕃葢蕃省作番番又省作釆也九蕃之國卽周禮所謂九州之外謂之蕃國說詳禮記明堂位篇

二曰方與之言以觀其志志殷以淵 官人

樾謹按方與之言以觀其志八字當在上文以觀其備之下原文葢曰復徵其言以觀其精曲省其行以觀其備方與之言以觀其志此之謂觀誠三句相對成文皆觀誠之事也今誤在二曰之下則不類矣志

般以淵四字上當有其字其志般以淵與下文其氣寬以柔其色儉而不諂亦三句相對成文今奪其字則又不類矣

愚依人也

樾謹按依字義不可通疑是㐆字之誤㐆乃古旅字說文曰古文以爲魯衛之魯然則愚㐆猶愚魯也㐆誤作衣因誤作依矣武稱篇冬寒其衣服衣亦㐆字之誤說已見前此文又加人旁作依學者益無從是正矣

歐人蟬蛇蠙蛇順食之美王會

注曰東越甌人也比交州蛇特多爲上珍也

樾謹按蟬即鱓之叚字一切經音義卷十六引訓纂曰鱓蛇魚也山海經郭注曰鱓魚如蛇蓋以其似蛇而得蛇名實非蛇也孔氏竟以蛇釋之謬矣又按此當於順字絕句順讀爲馴易坤象傳馴致其道九家注曰馴猶順也是馴與順音近而義通蟬蛇順者言其性馴善也雖有蛇名而實非蛇故曰馴明其與蛇異也下乃曰食之美朱氏右曾集訓讀順食之爲句釋曰順謂縱切之斯大誤矣

注曰姑妹國後屬越

樾謹按盧氏文弨以姑妹爲卽姑蔑是也至珍字當爲一物而說者皆未詳今按乃珧字之誤珧字篆書作珧與珍相似因而致誤爾雅釋魚蜃小者珧山海經東山經其中多蜃珧是珧與蜃同類此云姑妹珧下句云具區文蜃正以類相從矣

茲白者若白馬鋸牙食虎豹

樾謹按若白馬當作若馬此言獸形如馬非必白馬乃相似也孔注曰茲白一名駮今考諸書言駮者爾雅釋獸曰駮如馬倨牙食虎豹詩晨風篇毛傳文與

爾雅同說文馬部曰駮獸如馬倨牙食虎豹其文蓋卽本此而皆言如馬不言如白馬然則白爲衍文無疑矣文選王元長曲水詩序李善注引此文曰兹白者若馬馬上正無白字可據以訂正

都郭生生欺羽

注曰都郭北狄生生獸名

樾謹按欺羽似別爲一物然下文止曰生生若黃狗人面能言不及欺羽未詳其義疑欺羽二字當在下文奇幹善芳之上其文曰欺羽奇幹善芳奇幹善芳者頭若雄雞佩之令人不昧蓋欺羽爲國名奇幹善

芳爲鳥名文選王元長曲水詩序曰文鉞碧砮之琛奇幹善芳之賦紈牛露犬之玩乘黄茲白之駟紈牛露犬乘黄茲白並出此篇皆爲所貢之物然則奇幹善芳亦當爲物名不得以奇幹爲國名矣若以奇幹爲國名則當云白民乘黄義渠茲白方與奇幹善芳一律也山海經西山經曰翼望之山有鳥焉名曰鵸鵌服之令人不厭注引周書曰獻芳不眯然則郭所見周書當作奇餘獻芳故引以爲鵸鵌之證歟羽之國或即所謂翼望歟觀奇幹之或爲奇餘而郭氏且引以證山海經之鵸鵌則奇幹之非國名益信蓋由

欺羽二字誤入上文讀者遂以奇幹爲國名國名不當復舉乃於下句删去奇幹二字耳孔晁於此文不釋欺羽之義是所據本未誤下注當云欺羽亦北狄奇幹善芳鳥名今作奇幹亦北狄善芳鳥名此後人所改非其舊也郭璞引周書注山海經當云奇餘獻芳不眯今作獻芳不眯亦後人删之非其舊也若無奇餘二字則與山海經之鵸鵌何涉郭氏乃泛引之乎

蠻楊之翟

注曰楊州之蠻貢翟鳥　王氏念孫曰蠻楊本作楊

蠻故孔注曰楊州之蠻貢翟鳥今本楊蠻二字倒轉則義不可通

樾謹按王說是矣而未盡也此篇之例皆於國名之下即繫以所貢之物如稷愼大麈穢人前兒良夷在于之類皆是也又或加以字如會稽以鼉義渠以茲白之類從未有於國名下加之字以足句者此云楊蠻之翟與通篇句法不倫疑本作楊之蠻翟故孔注曰楊州之蠻貢翟鳥也

離丘漆齒

樾謹按文選曲水詩序李善注引此文作離身染齒

且引爾雅北方有比肩人爲證疑周書原文作離軀軀卽身也因軀字俗書作躯玉篇身部軀下有躯字曰同上俗是也躯字闕壞止存右旁遂作離丘矣李善所見本作離身蓋傳寫之異文猶漆齒之作染齒也或竟從選注改丘爲身失之矣

朕皇祖文王烈祖武王度下國作陳周　祭公

樾謹按作陳周三字義不可曉孔氏無注朱氏右曾集訓曰制作陳布周密則失之迂曲矣今按作者始也詩駉篇毛傳曰作始也是其義也陳與甸通信南山篇維禹甸之周禮稍人注引作維禹敶之敶卽陳

也作陳周者始甸周也國語周語曰邦內甸服說文田部甸天子五百里地此言文王武王規度下國始定成周之地以為甸服也讀者不知陳為甸之段字故不得其解耳陳與甸古同聲甸之為陳猶齊陳氏之為田氏

維天貞文王之董用威

注曰貞正也董之用威伐崇黎也

樾謹按此本作維天貞文王句董之用威故孔注曰董之用威伐崇黎也今本董之二字誤倒當據注乙正孔解貞字之義未得貞當訓定釋名釋言語曰貞

定也文王之時天命己定矣故曰貞

旣畢丕乃有利宗丕維文王由之

注曰旣終之則有利于宗皆由文武之德也

樾謹按丕維文王由之本作丕維文武由之故注曰皆由文武之德若如今本則注不當增出武字矣上文曰以予小子揚文武大勳又曰自三公上下辟于文武文武之子孫大開方封于下土並以文武連文此亦當然宜據注訂正

賞罰無位 史記

樾謹按位與立古字通無猶不也說詳王氏引之經

傳釋詞賞罰無位卽賞罰不立也

奉孤而專命者謀主必畏其威而疑其前事

注曰謀主謂孤長大也前事謂專命

樾謹按謀主二字不可曉疑當作其主言其主必畏而疑之也其誤作某又誤作謀耳周書序曰穆王因祭祖不豫詢某守位作祭公詢某卽詢謀或古本周書謀字多省作某後人槩加言旁遂并此文其誤作某者一律加之而爲謀主矣注中謀主亦其主之誤孔意葢以經文所謂其主者乃就其孤長大之日言之故曰其主謂孤長大也若如今本作謀主則孤長

大之後何以謂之謀主乎

文武不行者亡

樾謹按文字衍文也其下曰昔者西夏性仁非兵城郭不脩武士無位云云是西夏之亡以武不行非以文不行也武不行者亡與上文武不止者亡義正相對阪泉氏用兵無已而亡謂之武不止然則西夏性仁非兵而亡當謂之武不行矣今衍文字義不可通

其川涇汭 職方

樾謹按周官職方氏作涇汭然汭非水名說文水部汭水相入也竝無水名之訓尚書之嬀汭渭汭洛汭

左傳之漢汭渭汭雒汭滑汭豫章之汭無作水名解者惟職方氏涇汭爲水名卽漢書地理志右扶風汧縣之芮也蓋旣非本義故亦無定字周禮作汭漢書作芮此經作汭皆從內聲之字也說文於湛篆下曰没也又云一曰湛水豫州浸蓋旣著其本義又著其別義水部諸篆如此者多矣而汭篆下並無一曰汭水雍州川之文疑許君所見周官未必作汭也盧本據周官訂正作涇汭恐轉非古書之舊下文河內曰冀州其浸汾露亦與周官作汾潞不同盧謂露潞古通用露可爲潞安在納不可爲汭乎

遠人來驩視道如咫 太子晉

樾謹按驩讀爲觀下文曰國誠寧矣遠人來觀即其證也

應事則易成 王佩

樾謹按此篇自王者所佩在德德在利民民在順上至危亡在不知時凡二十九句皆有在字獨此句作則字與上下文不一律疑當作應事在易成易之言速也史記天官書填星其居久其國福厚易福薄徐廣曰易猶輕速也漢書天文志大白所居久其國利易其鄉凶蘇林曰易疾過也是易有疾速之義故與

久爲對文事機之來間不容髮故曰應事在易成易成猶速成也後人不解易字之義而以難易之易解之則在字之義不可通因改爲則字矣

謀成在周長

注曰周忠信也

樾謹按周長二字義不可通注以忠信爲解要亦曲說也周疑用字之誤謀成在用長言在擇其長者而用之

朕則名汝 周祝

注曰名汝善惡也

樾謹按名猶命也孟子公孫丑篇其間必有名世者漢書劉向傳引傳曰聖人不出其間必有命世者焉三國志荀攸傳注引傳子曰孟子稱五百年而有王者興其間必有命世者蓋命與名古通用廣雅釋詁曰命名也然則名亦猶命也朕則名汝者朕則命汝也御覽引韓詩傳曰古者必有命民有能敬長憐孤取舍好讓者命於其君然後敢飾車駢馬未得命者不得乘車又潛夫論浮侈篇曰古者必有命民然後乃得衣繒綵而乘車馬是古有命民之事故曰朕則命汝也孔注未得其義

食器甗迻膏侯屑侯 器服

樾謹按王氏念孫以迻爲匜字之誤當從之甗匜者二器也膏侯屑侯者器中所實也侯讀爲餱說文食部餱乾食也膏餱蓋和之以脂膏屑餱蓋雜之以薑桂之屑儀禮既夕篇注曰屑薑桂之屑是也文選思元賦曰屑瑤蘂以爲餱今此屑餱二字之證作侯者叚字也朱氏右曾以迻膏侯屑爲句以下侯字屬下句讀失之

商謀啓平周周人將興師以承之作酆謀 周書序

樾謹按商謀啓平周義不可曉疑當作商敵謀乎周

大開小開序曰文敗謀乎後嗣與此文法正同敀猶發也敀謀也者猶禮記內則篇所云出謀發慮也文王之謀後嗣與商之謀周其爲謀也不同然其敀謀則一也啓謀二字誤倒而乎字又誤乎乃失其義矣

羣經平議卷七

（清）孫詒讓 撰

# 周書斠補四卷

清光緒二十六年（1900）里安孫氏刻本

周書七十一篇七略始著錄自左傳以逮墨商韓誦述雖襍以陰符閒傷詭駁然古事古義多足資雅記璧經之枝別也隋唐志繫之汲冢致為疑舛晉書記荀勗束晳所校汲冢古文篇目雖有周書與此實不相涉今汲縣晉石刻太公呂望表引竹書周志文王夢天帝服玄禳以立于令狐之津云云迺眞汲冢所得周書以七十一篇書校之文倒殊異斯其符諭矣此書舊多闕誤近代盧氏紹弓校本朱氏亮甫集訓芟鬀蕪薉世推為善冊余嘗以高續古史略黃東發日鈔勘之知宋時傳本實較今為善世所傳錄惠氏定宇校本略記宋槧異文雖多譌互猶可推故書蹤迹盧本亦據惠校顧采之未盡朱本於盧校之善者復不盡從之而所補闕文多采丁宗洛管箋則又大都馮肊增羼絶無義據蓋此書流傳二千餘年

不知幾更迻寫俗陋書吏率付之不校即校矣而求專家通學
如盧朱者固百不一遘今讀酆諜（今本誤諜）並商誓作雒諸篇則盧
朱兩校亦皆不能無妄改之失然則此書之創痏眯目斷跀不
屬竇足異乎余昔讀此書頗涉離勘略有發正輒付掌錄覬以
思誤之適自資者覽不足為盧朱兩家拾遺補闕也至近代治
此書者如王氏襄祖讀書襍志洪氏筠軒讀書叢錄二書（朱校亦采之然
未也）盡蔣氏蓀琛尚書記（此書逞肊增竄雖以據然亦閒有塙當者）依何氏願船王會
箋釋俞丈蔭父羣經平議其所理董亦多精塙既學者所習見
則固不煩摭錄矣光緒丙申七月瑞安孫詒讓

周書斠補卷一　　　瑞安孫詒讓

度訓解第一　案度訓訓釋度字之義也漢書藝文志道家有周訓十四篇此與下命訓常訓三篇義指與道家亦略相近此書如官人職方諸篇多摭取古經典此三篇或即周訓遺文僅存者後又有時訓篇然彼篇文例與此三篇微異與道家指亦無會故不數

天生民而制其度度大小以正權輕重以極明本末以立中立中以補損補損以知足□爵以明等極　孔注云極中也貴賤之等尊卑之中也　案此當作權輕重以極明明本末以立中知足下當有知足以□爵五字蓋此章文例每句並首尾相銜接今本捝權明兩重文又捝知足以□爵句前後遂錯互不相應矣

□□自邇彌與自遠　案當作遠□自邇邇與自遠彌即邇字

之誤

若不□力何以求之　孔云言力爭也　案閲處疑是竟字竟與競通（詳王念孫讀書雜志）故孔訓爲爭下文揚舉力竟孔不復釋以其義已見於此足以相明也下云力爭則力政亦卽承此爲文

凡民不忍好惡不能分次不次則奪　孔云忍爲持久堅以次第（盧文弨云爲疑當作謂堅字句以疑當作次）　案上文云分次以知和與此文同孔注訓次爲次第於義爲短次當讀爲佽詩唐風杕杜毛傳云佽助也此分次言分財相資助故下卽繼之云不次則奪也後糴匡篇云分助看匡分次與分助義正同　又案注疑當作忍謂持久以堅句（六字次第句二字盧校失之）

教民次分　案次分與上文分次義同次亦當讀爲佽

中非禮不慎　案慎當讀爲順順慎聲相近

命訓解第二　案高似孫史略作命順

曰大命有常小命日成　孔云日成日進也　案日成謂日計其善惡而降之禍福與大命有常終身不易異也周禮宰夫云自終則令正日成與此事異而義同楚辭九歌有大司命小司命即司大命小命之神周禮大宗伯天神司命即大司命禮記祭法七祀亦有司命鄭注謂小神居人間督察三命者蓋即小司命　孔訓成爲進未塙

夫或司不義而降之禍在人能無懲乎　案以上文校之此當作司不德不義在上亦當有禍字今本挩三字遂與上文不相應

極醜則民叛民叛則傷人傷人則不義　孔云民不堪行則叛義也　朱右曾云揚清激濁固君子之事然絕之已甚必將

激而為非以中傷善類　案極醜謂貴賤無等也故上文云以人之醜當天之命天命有常人醜無等其事相類貴賤無等則民傷上而叛故馴至於傷人不義朱說並未得其指

不忠則無報　孔云上遇其禮不報□終　案注義未詳疑當作上遇無禮不報以忠忠終音近而譌

政不成　朱云成盛也　案此以不成為政之善下文又云政成則不長於義並難通朱訓成為盛亦迂曲疑成當為戚之誤篆文成戚二形相近故互譌戚與蹙通凡政迫蹙則難以持久故云不長下注云不長言近淺也孔所見本戚已譌成而訓義則不誤

權以知微微以知始始以知終　案史略引作權以知始始以知終疑誤

常訓解第三　案史略訓亦作順

民生而有習有常以習為常以常為愼　案左昭十年傳云將因是以習習實為常疑即本此文愼當讀為順此即承上文人有常順而言

明王自血氣耳目之習以明之醜　孔云示之以好惡也　案依注則自當作示聲近而誤

文酌解第四

四㒷官以屬　朱云卽官盛任使之意　案朱說是也而未明㒷字之義㒷當為貳二字形近多互譌禮記緇衣長民者衣服不貳釋文貳本作㒷是其證周禮大宰云乃施灋于官府而建其正立其貳又小宰云以官府之六屬舉邦治貳官以屬謂建官立貳屬於正長也

二囙親就年　孔云就年尊長年也　朱云囙依就高也謂親近高年也　案此爲哀有四忍忍有四敎之一皆言恤貧振荒之法囙親卽論語因不失其親與就年當爲二事言年凶民乏食則移之四方令囙其姻親而依之就年豐之地而求食也周禮大司徒云大荒大札則令邦國移民通財鄭注云移民辟災就賤廩人云若食不能人二鬴則令邦移民就穀此就年卽就穀就賤之義

三頻一頻祿質瀆　孔云頻數也　朱云質實也瀆與黷同　案此冢上樂有三豐豐有三頻而言則皆爲過豐樂節其太過之事然義皆難通以意求之頻祿質瀆疑當作頻祿賞濫五權篇云極賞則濫謂祿賜頻數則賞濫濫與屈同見五權篇賞質濫瀆皆形近而誤

一弓二矢歸射　孔注云射當可用　案注當作言射可用下

三輪四輿歸御注云言御可用即其證也

五鮑六魚歸蓄　朱云鮑字本作鞄柔皮之工也　案此十二

來魚韋工事言之鮑朱讀為鞄是也魚非工事不當并舉疑

當為函考工記總敘攻皮之工函鮑韗韋裘函魚篆文上半

相似因而致誤

十一竹十二葦歸時　孔云取之以時所以來人也　案孔說

非也此時當讀為庤說文广部云庤儲置屋下也竹葦諸材

皆儲置以待用故云歸庤蓋與上文歸蓄義相近時庤聲類

同古字通用詩大雅崧高以峙其粻孔疏云俗本峙作時誤也峙庤字亦通

糴匡解第五

阜畜約制　孔云阜廄別名畜則馬約制不常秣　盧云注秣

字舊譌秩今從趙改　案注則與即通不常秩當作有常秩

盧從趙曦明校改為不常秩雖本少儀然義似不甚相應後

大匡云啇不食穀乃據大荒言之非成年之法也

供有嘉菜俗本誤來惠據嘉靖癸卯本正盧本從之玉燭寶典引同於是日滿　孔云謂韭

蒜之屬滿也　盧云注舊本訛作為韭等也屬滿之今改正

案杜臺卿玉燭寶典一引此注謂字不誤等作芋亦通於

是日滿與下文於是糺秩於是救困同皆泛說不必專屬嘉

菜也注說誤

於是糺秩　孔云糺之令有事秩　案注事亦當作常

年饑則勤而不賓舉祭以薄　案勤當讀為祈即大匡篇之祈

而不賓言但有祈祭不燕饗賓客也古斤聲堇聲字同部相

通呂氏春秋[illegible]篇振亂所以蘄有道也高誘注云蘄讀曰

祈或作勤是其例也大匡又云非公卿不賓即不賓之事
大荒有禱無祭　盧云穀梁襄廿四年傳鬼神禱而不祀范甯
引周書曰大荒有禱無祀即此文　案穀梁襄二十四年傳
文與此略同祭當依范引作祀祀與祠通韓詩外傳說大祲
之禮亦云禱而不祠是其證周禮小宗伯鄭注云求福曰禱
得求曰祠此云有禱無祀者謂唯有禱求而無報塞之祠也
其他祭祀則仍舉而不廢但禮較成年大殺故下云祭以薄
若作無祭則是大小祭祀咸廢不舉與下文牴牾義不可通
矣
舍用振穹　孔云舍用常以振民也　盧云穹與窮同　惠云
穹空也義見韓詩宋本作窮　案穹義雖古然似當以宋本
作窮爲正若作穹則孔注不宜無釋也

喪禮無度祭以薄資禮無樂　孔云喪儉也而速喪祭用　朱云禮謂吉賓嘉諸禮　案孔讀祭以薄資為句朱從之以文義校之賓當讀祭以薄為句資禮無樂句祭以薄與上文年儉章同資則貧之譌也孔注譌抗難通疑當作如遇喪殺用而如聲相轉古書多通用周禮廩人云若不能人二鬴詔王殺邦用掌客云凶荒殺禮札喪殺禮孔義疑本於彼

嫁娶不以時　孔云不以時秋冬也　案此注秋冬上亦當有不以二字嫁娶以秋冬荀子大略篇董仲舒春秋繁露循天之道篇韓嬰周禮媒氏疏引韓詩傳說也鄭康成則從周禮謂以中春媒氏注王肅聖證論周禮疏及通典禮引據荀韓說難之馬昭申鄭難王孔晁又申王難鄭並見周禮疏及通典故此注亦從王義謂大荒則不定用秋冬得隨時嫁娶也

武稱解第六

美男破老美女破舌　王念孫云舌當爲后隸書后字或作𠮷與舌相似而誤讀書雜志　案王校是也吳師道戰國策校注云修文御覽引周書作美男破產美女破車文義皆不及今本之長附識之以資校覈

允文解第七　案商子來民篇云以大武搖其本以廣文安其嗣大武即此後第八篇則廣文亦必此書篇名而今本無之竊疑即此篇也允當作光光與廣聲近古多通用此篇所言皆克敵後綏輯之事故商子曰安其嗣後人以篇中允字屢見而叙文又有大聖允兼之語遂改光爲允抑或作叙時篇目已誤作允因而彙傳其義未可知也

思靜振勝允文維記（朱從丁宗洛管窺校改紀）　孔注云以靜規勝康文紀

武　案振史略引作鎭允疑亦當作光注康文與正文不相應疑孔本固不作允也

賦均田布　孔云主施赦布政也　朱駿聲云賦即周官大宰九賦均田即均人之均地也布當為市均市即司市之均市也錄本　案朱說是也市與上下文韻亦正協注布政蓋釋正文賦字之義非釋布字也

率用十五　丁宗洛云率當是口率出泉之率謂十五以上方計算管箋朱同　案十五即什伍謂聯其戶版使什伍相任也大聚篇云五戶為伍大明武篇云以正什伍大匡篇云什伍相保皆其證丁說謬妄不足據大宰九賦即地征周初無口泉之賦詳周禮正義

大武解第八　案此與前武稱允文及後大小明武諸篇蓋皆周書陰符之遺文商子來民篇云天下有不服之國則王以

此春圃其農夏食其食秋取其刈冬陳其寶此四句亦見本篇圃作遠陳寶作湅藻皆是正今本首予之譌以大武搖其本以廣文安其嗣即此書也蓋戰國策士習以此為揣摩之冊故商鞅蘇秦黃歇等皆能誦述矣

四設圃以信　案圃當作圉古守禦字多作圉文酌篇云守之以信圉與守義同

二工次　案此當作工受次文政篇九德六商工受資七祗民之死與此下文三祗人死正同祗王引之讀為振是也孔誤為敬失之此次即資之省而上挩受字遂不可通

二取戚信復三人樂生身　案此當作二取戚信人三樂生身復今本戚誤為戚人復二字又移易失次遂不可通文酌篇云四教三取戚免捪四樂生身復與此正同取戚信人言收

取其親戚示之以信也酆謀篇三同一戚取同即此取戚二字之義樂生身復謂復除其身之繇役漢書高帝紀顔注云復者除其賦役也則民咸樂其生也

## 大明武解第九

五官官候厥政謂有所亾　孔云亾無也　案謂有所亾義難通疑當作謁所有亾言五官各計所有無而謁告之上也爾雅釋詁云謁告也今本謁誤謂所有二字又誤到遂不可通

二明從三餘子四長興五伐人　案明從當為萌徒明萌聲類同即氓之段借字詳後酆保篇徒從形近而誤謂民之給事為徒役不隸軍籍者也長興謂國所興發長充繇役者伐人伐當為戍亦形近而誤謂戍守之卒此數者與上下文餘子刑徒皆常時所不發者今皆發之

移散不敗農乃商賈　朱云此言民既移散雖不違敗歲亦如商賈之轉徙無常矣　案敗當為取之誤取與聚通言民移散而不能收聚之則農不得耕皆化為商賈也朱望文生訓失之

主人若杖　孔云杖謂堅也　案杖當為伏伏與服通（孔注凡服字今本多作伏）寶典篇云八溫直是謂明德喜怒不郄主人乃服與此文略同注訓杖為堅未詳

竊隧外權隳城湮溪　洪頤煊云隧即攻城穴土之法權謂烽火也（讀書叢錄朱說同）　案洪釋隧是也而釋權為史記封禪書之權火則不涉攻城之事殆非也此權當讀為灌謂以水灌城上文云障水水下即此墨子備城門篇云今之世常所以攻者臨鉤衝梯堙水穴突空洞蟻附轒轀軒車此竊隧即彼之

穴外灉即彼之水湮溪即彼之堙也湮堙通廛朱並音說鶡冠子能天篇云岑巒堙谿陸佃注云堙塞也湮者垔之借字說文土部云垔塞也字又作闉墨子備穴篇有救闉池之法又備梯篇云煙資吾池煙亦垔之借字上文云城高難平湮之以土孔注云湮土謂為土山以臨之也即此下小明武篇云具行衝梯即墨子之衝梯蓋此二篇並攻城之法亦周書陰符也

小明武解第十

鼓行參呼 案參當作喿喿呼即譟呼也周禮大司馬大閱禮云鼓行鳴鐲車徒皆行又狩田云及所弊鼓皆駴車徒皆譟鄭注云吏士鼓譟象剋勝而喜也譟讙也書曰前師乃鼓𡔷譟詩大雅大明孔疏引今文大誓云師乃鼓譟前歌後舞國語鄭語韋注云譟讙呼也凡經典從喿字多譌為參皆盧氏墨詳本音子迎敵祠篇云靜夜聞鼓聲而謲謲即譟字譟譌為謲又或

皆爲參差，不可通矣

## 大匡解第十一

維周王宅程三年 孔云程地名在岐州左右後以爲國初三季之子文王因馬而遺饑饉後乃徙豐焉 案史記司馬相如傳集解引皇甫謐云王季徙程故周書曰維周王季宅程是也故孟子稱文王生於畢程今孟子作畢郢程郢聲類同畢程亦見後史記篇孟子離婁篇云文王生於岐周卒於畢郢此作生於畢程似誤記西夷人也皇甫謐所引王下有季字者傳寫誤衍實不當有序云穆王遭大荒謀救患分災作大匡穆王當亦在程之誤王自謂文王不謂王季也 又案注岐州當作岐周晉時無岐州和寤篇注釋鮮原云近岐周之地也可證又初王季下當有宅字並傳寫挩誤

糴不加均 孔云糴不加均多從所有不限也 案注多下疑

挩少字此均謂平價也注誤下文云權内外以立均大聚篇市有五均孔注並云均平也

積而勿□　孔云雖積賞進有無不隄防之　案注義難通勿下闕文以注推之疑當是防字

庶人不獨葬伍有植送往迎來亦如之　孔云均恤與迎亦如植共送迎亦相敎也　案此注譌衍不可句讀以文義求之疑當作均恤相（今本誤植）其（供同）送與（今本誤與）迎亦如之（今本挩）亦相敎也

## 程典解第十二

土勸不極美美不害用　案土勸義難通勸當爲觀土觀謂土功游觀之事柔武篇云土觀幸時是其證觀勸聲類同因而致誤

□備不敬不意多□用寡立親用勝懷遠　孔云多用謂振旅
也　案以注推之多下闕文疑即是用字不意多用言不以
多用為意下文用寡用勝即彖多用而言
於安思危　案左襄十一年傳云書曰居安思危杜注云逸書
即此文彼下文又云思則有備有備無患似亦本此義又呂
氏春秋慎大篇云於安思危又直諫篇高注引書云於安思
危亦即此左襄廿四年傳云恕思以明德與此上文云恕以
明德文亦同足證此書春秋時誦習甚廣也
秦陰解第十四　亡　案史略秦作泰此篇敘已闕秦陰泰陰皆
不知何義攷墨子兼愛篇云昔者武王將事泰山隧傳云泰
山有道曾孫周王有事大事既獲仁人尚作以祗商夏蠻夷
醜貉雖有周親不若仁人萬方有罪維予一人其文與周書

相類墨子多引周書此篇或即記有事泰山隧之事乎

九開解第十六 亾 案史略開作閒後大開篇亦有九開之語

八繁解第二十 亾 案史略繁作繫與敘不合蓋誤

酆保解第二十一

王其祀 朱右曾讀此為句 德純禮明 朱句 允無二 朱云二貳通 案此當讀王其祀德純禮為句明允無二為句明允見書及左傳

二當為貳貳誤為貳貳又誤為二遂不可通

四葛其戎謀肴乃不罰 案此上三句以移化奇為韻惟此罰字不協疑當為羅之誤羅與離通方言云羅謂之離離謂之羅可證

三信蟜萌其能安宅 惠云周禮占夢舍萌于四方眂祲掌安宅敘降 盧本 朱云蟜毒蟲有蠆萌蠥也喻小人也 案惠朱

說咸失其義此蟜當讀爲僑列子說符篇釋文云僑寄也字亦作寯廣雅釋詁云寯寄也漢書劉向傳張子僑顔注僑字或作蟜蕭望之傳作張子蟜注云蟜字或作僑即二字相通之證萌者氓之借字史記三王世家姦巧邊萌索隱云萌一作甿呂氏春秋高義篇云比於賓萌高注云萌民也此蟜萌即呂覽之賓萌謂寄居之民人吾以信結而招來之則莫能安宅於彼也

大開解第二十二

維王二月　案史略二作三

及爲人盡不足　案及當爲急之省說文心部急从心及聲釋名釋言語云急及也操切之使相逮及也人即之之譌言閑此八徵五戒則當急行之盡日不足即下文不急日不足之

意

謀競不可以藏 朱云藏匿 案藏當為臧言謀爭競者不可以為善也朱說非

戒後人其用汝謀維宿不悉日不足 朱云宿夜悉盡也 案此讀戒後人其用汝謀維宿句後寤儆篇云咸祇曰戒戒維宿文例正同宿謂謀之早也悉疑當為念言不念則日為之不足也文儆云後戒後戒謀念勿擇亦即此意朱說失之

小開解第二十三

明明非常 案此與書呂刑明明棐常義同呂刑之棐乃匪之借字故墨子尚賢中篇引書作明明不常棐非不義並同言天之明命無常也僞孔安國傳乃云以明明大道輔行常法失其義矣

秋初藝　朱云藝才也言成才也　案秋物已成不可云初藝藝當爲刈大武篇云秋取其刈刈藝音近而誤下文云冬大劉大劉與初刈文義正相承貫也

維周于民人朱句謀競朱句不可以後戒後戒宿不悉日不足　案民人當屬下謀競爲一句朱失其句讀宿上據大開寤儆二篇當有維字此讀後戒後戒維宿句前大開篇末章云王拜儆我後人謀競不可以藏戒後人其用汝謀維宿不悉日不足後文儆篇末章云維周於民之適敗無時盍後戒後戒謀念勿擇與此文並略同而此有譌挩今參取二篇校之疑當作維周于民之今本譌人謀競謀競今本誤不重不可以藏今本挩後戒後戒維今本挩宿不悉日不足悉疑亦當爲念

文儆解第二十四

維文王告夢懼後祀之無保庚辰詔太子發　案史略祀作嗣

詔作召義校今本為長

民之適敗上察下遂信朱句何嚮非私　案適與讁同上察下遂言上愈苛察下愈遂非也信屬下何嚮非私為句信猶誠也

上文云民何嚮非利文例與此同

文傳解第二十五

吾語汝我所保與我所守傳之子孫　盧云依太平御覽補正舊本吾語汝下作所保保所守守之哉　案史略引亦如是則宋本與今本同

括柱茅茨　孔云因就木枝曰括　盧云木枚俗本誤作不決從御覽改　案汪木枚義仍難通疑當為木材之誤

土少安帑而外其務方輸　孔云外設業而四民方輸穀　盧

云注當作外設業民而四方輸穀　案安帑言民安置妻子於家而外其務言民出爲商賈於外也以注推之疑方輸當作四方輸之與上文四方流之文正一例又注當作民外設業而四方輸穀盧校移民於業下未安

國無兼年之食遇天饑百姓非其有也盧本無此十五字王據羣書治要御覽玉海增朱本從之　案黃氏日鈔引亦有此二句國下又有君字於文例尤完備

故諸横生盡以養從　謝墉云脱一生字盧本　案黄氏日鈔引正有生字是宋本尚不挩也

從生盡以養十大夫　孔云言兆民養天子也　盧云注養字舊譌者從趙改朱本據改　案黃氏日鈔引此注作言兆民所奉者天子也足證今本之誤

柔武解第二十六

土觀韋時　朱云興土功築游觀徵韋於閒暇之時　案朱說望文生訓殊不可通此韋當作韋說文韋部云韋相背也獸皮之韋可以束物枉戾相韋背故借以爲皮韋此正韋之本義經典多叚爲違書酒誥薄違農父賈昌朝羣經音辨作韋韋時言興土功違其時也

獄讎刑蔽姦吏濟貸　孔云濟貸成其貨也　朱云讎謂讎獄蔽罔濟成貸忒　案注成其貨貨亦當作貸大戴禮記千乘篇云以財投長曰貸與此義同

大開武解第二十七　案史略作大武開下篇亦作小武開則高所據本兩開字並在武下以文義校之高本是也序云武王忌商周公勤天下作大小開武二篇亦當作大小武開因篇名誤到校者〻以

敃耳序是此二篇皆武王開告周公之言既書凡以開名篇者亦取諮告開發之義

皇門篇云維其開告于予嘉德之說故以武開名篇而以大小分題且以別前

大開小開二篇為文王之言也序云文啓謀乎後嗣以脩身敬戒作大開小開二篇又

前文王之書謂之文開此篇今依序云文王卿士諗發教禁戒作文開可推其義後成王

之書謂之成開序云成王元年周公忌商之孽訓敬命作成開諸篇名義並同可以

互證前大明武小明武二篇皆論武事非武王書也與此二篇不同不足取證

維王一祀二月王在酆密命訪於周公旦曰　孔云密人及商

紂謀周大命　案史略二月上有十有兩字未知孰是又密

命上史略有聞字以注推之疑孔本亦作聞密命今本誤挩

也

嗚呼余夙夜維商密不顯誰和　孔云言欲以毀送之商密

案密當讀為毖說文比部云毖慎也毖从比必聲密从山宓

聲必亦从必得聲古音相近故互通夙夜維商毖猶小開武篇言余夙夜忌商也和讀為桓與宣同漢書酷吏傳如淳注云陳宋之閒言桓聲如和禮記月令命相布德和令王引之亦謂和當讀為宣言戀毖商人之謀事不可顯布誰可宣告之者此密與上文密命不同孔皆訓為密人固非盧已難之盧以二密皆為君不密之密亦未得其義孔注毀送二字亦疑有誤

告歲之有秋令余不獲其落若何 孔云和捐萬物而商密欲損我周不得其落恐將亡 王云告當為若 案史略正作若與王校同當據正注和捐當為秋損之譌

周公曰茲在德敬在周其維天命王其敬命 案史略在周作右周下文云萬右有周與此文正同 又案德敬疑當作敬德讀茲在敬德句

維明德無佚佚不可還　案還當爲還與遠同言好安佚則事必有所不遠也還還形近古書多譌周祝篇敬時之還也無私魏王念孫亦云還當爲還

九淫貸貨破職百官令不承　案貸與柔武篇姦吏濟貸貨義同以上下文例校之百官上當有職不口三字今本挩之

百意不成　朱駿聲云意讀爲事錄本　案朱校近是後寶典篇云心私慮適百事乃僻

小開武解第二十八　案當從史略作小武開詳前

不知道極敬聽以勤天命　舊闕不字惠校據嘉靖本補　案史略引正有不字與嘉靖本合又天命史略作天下攷序云武王忌商周公勤天下高引似與彼文相應但審校文義究以作天命爲長高本疑涉序而譌　又案敬聽疑當作敬德上篇云周公日茲在德敬亦當作敬德在周其維天命可與此互

證

時候天視可監時不失以知吉凶　孔云天視言視天時　案小開篇亦云歲至天視與此義同可字無義疑衍

寶典解第二十九

維王三祀二月丙辰朔王在鄗召周公旦曰　盧云唐書引作元祀　案史略作二祀唐書曆志大衍日度議引周書曰維王元祀二月丙辰朔武王訪于周公一行所引月朔日名與此篇合而云武王訪於周公則又與大開武篇維王一祀二月王在酆密命訪於周公旦文相涉疑一行偶誤記參合兩文為一也

九兼武是謂明刑　案兼當讀為廉官人篇云有隱於廉勇者廉武猶廉勇也韓非子六反篇云行劍攻殺暴憿之民也而世尊之曰廉勇之士廉兼舉類

同

十窮口干靜　案大匡第三七篇十九則云昭靜非窮窮居非意意動于行思靜醜躁即此義窮下闕文疑是居字

八心私慮適百事乃僻　孔云適單也　朱云適專主也　案孔注未詳適與讁通慮適言畏干讁適苟求自免則百事多邪僻也朱説誤

酆謀解第三十　案史略作酆講當作酆謀詳後

維王三祀王在酆謀言告聞　惠云謀宋本作講非盧校未采　孔云知敵情向人問人曰謀以紂聞酆謀告武王也盧校改爲知敵情向人問人曰以紂謀告武王也　案三祀史略作二祀正文謀字實當作諜諜前世字唐人避諱作廿與謀相似古書多互誤漢書藝文志大戴禮諜日晷二十九卷今本諜亦誤謀與下文諸謀字不同宋本作講雖誤然篇中諸謀字皆不作講唯此

字獨爲錯異史略亦作講吉告闕即其蹤跡之未泯者也盧校以其誤而不采其錯異之跡遂不復可辨注當作知敵情伺人閒人曰諜說文言部云諜軍中反閒也今本注伺諜作向闕諜作閒曰諜諜作日諜盧復刪去諜字則又幷其蹤跡而去之矣下句亦當依舊本盧校並誤孔義正與許合若如今本作諜則義甚易解不煩如是詁釋矣以情事求之蓋紂微聞周諜乃陰使諜聞之而諜轉以紂情告周故云諜言告聞下文云諜言多信史略正作諜言商諜來告之言多可信也通篇諜字甚多惟此二諜字當作諜自傳寫諜譌作講淺人不解遂妄改爲諜幷下文及注諸諜字而亦改之不知其文義之必不可通也盧校知注之有誤而以肊刪改其文使略可通遂莫能得其譌互之跡甚矣校書之難也

商其咸辜維日望謀建功謀言多信今如其何案史略作渴

商其咸辜又建作見謀言正作諜言可正今本之誤今如其

何作今其如何

乃興師循故　孔云謂循古法　趙曦明云循故謂循用湯之故事盧本　朱云故初也謂用三同三讓三虞也　案循當為脩古書多互譌故當讀為固同聲叚借字脩固謂脩治險固為守圉之備後周視篇云脩山川之險而固之脩今本亦譌循可與此互證趙朱說並望文生訓不足據周祝篇又云闢門脩險脩亦譌循

言斯允格誰從已出　案誰疑當作維形聲並相近而誤

寤儆解第三十一　盧云舊本皆作寤敬敬亦與儆通　案史略作敬則宋本與舊本同

今朕寤有商驚予　孔云言夢為紂所伐故驚　案驚儆字通

序云武王將起師伐商寤有商儆即此義

天下不虞周驚以寤王　孔云虞度　王云下與不字形相似不字蓋涉下字而誤衍也　案此當衍下字不字非衍文也天不虞周謂天之命周不可測度言無常也成開篇云王其敬天命無易天不虞是其證程典篇云商王用崇讒震怒無疆諸侯不娛逆諸文王朱云娛本或作虞義同案諸侯不虞亦言射之暴怒諸侯不能測度其所極也

將飛入邑　盧云入邑舊作入宮今從韓非子難勢篇所引改惠云李善文選注亦作邑　案後漢書翟酺傳李注引韓詩外傳亦作邑今本韓詩外傳四引周書賁䏶文

武順解第三十二

五五二十五曰元卒一卒居前曰開一卒居後曰敦左右一卒曰閭四卒成衛曰伯三伯一長曰佐三佐一長曰右惠云王海一長

三伯一長曰左一長曰右三右一長曰正三正一長曰卿三卿一長曰辟

孔云伯卒名右九百卒也伯卒則右千卒則正三千卒則卿萬卒舉令之於君辟君也此謂諸侯三軍數起於伍故不正相當　案注兩伯卒並當作伯百卒此伯四卒凡百人右三十六卒凡九百人而孔云百卒九百卒者此卒為一人之卒與經二十五人之元卒異也云右千卒者以右領九百人與千相近故云千卒正領二千七百人與三千相近故云正三千卒卿領八千一百人與萬相近故云卿萬卒此皆約舉大數蓋孔意欲為整數以三軍三萬人計之故為此解與本書實不相應也　黄以周云案孔注看字誤元卒即詩之元戎五伍曰元卒為車一乘古者謂車為兩周禮五人為伍五伍為兩故車以二十五人為一乘四卒成陳故曰成衛伯四

卒佐十二卒右三十六卒正百八卒卿三百二十四卒為兵八千一百人古者軍帥皆命卿三卿三軍也為乘九百七十二兵二萬四千三百人三卿一長曰辟辟有親軍是武王國制千乘之法也司馬灋言制軍一乘甲士三人步卒七十二人即仿此前左右啟閭之卒也杜牧注孫子又有將重車二十五人即仿此後敦之卒也武王之制五伍為卒四卒成衛司馬灋用其成衛之卒以為一乘以此壘之卿一軍八千一百人為八十一乘司馬灋云八十一乘為專以卿一軍言也卿主一軍故謂之專正二千七百人為二十七乘司馬灋云二十九乘為參九當作七以正二十七乘言也正為三右之長故謂之參然則司馬灋所言乘制實仿周書特其所用人數較古為多耳禮經通故

案黃說是也此唯伍與周禮夏官文

同元卒即周官之兩四卒即周官之卒餘俱不合閭當讀為旅說文呂部云呂脊骨也重文膂篆文从肉旅聲閭亦从呂聲故此借閭為旅沈欽韓謂即左傳襄二十三年之肱肱閭聲相近亦通此自右以上以三積數與周禮軍制以伍起數者不同

卒不力無以承訓　孔云承謂奉行後令也　盧云後令趙疑是其令　案注後當為君蓋君譌作后后又譌後遂不可通趙曦明疑為其字失之

元忠尚讓　朱云元忠忠之大者　案元當為允和寤篇云人允忠惟事惟敬是其證朱說非是

武穆解第三十三

卿格維時　案卿當為鄉形近而誤鄉即饗之省古書祭亯字多作饗言祭祀以時舉也

一同往路以揆遠邇　孔云同往路謂[illegible]遠之也　案往當作徑俗書作徑與往相似而誤孔注闕誤未詳

和寤解第三十四

召邵公奭畢公高　案史略邵亦作召

后降惠于民民罔不格惟風行賄賄無成事　孔云人之歸惠如草應風如用賄則無成事　王云行下當有草字而今本脫之賄賄無成事上仍有脫文　案孔似以惟風屬上民罔不格為句王又讀惟風行草句似均未協今諦審文義風當讀為周禮士師邦朋之朋說文鳥部以朋為鳳之古文借以為朋黨字以惟朋行賄為句言惟相為朋黨乃行賄賂也大戴禮記千乘篇云以財投長曰貸即此以朋行賄之義

緜緜不絕蔓蔓若何豪末不掇將成斧柯　案史記蘇秦傳引

此若作桼朿作犛掇作伐成作用疑此篇出周書陰符卽蘇秦所讀者蔓蔓若何戰國策魏策作縵縵秦何

武寤解第三十五

王赫奮烈奮烈史略作列字通

王食無疆朱駿聲云王食食字疑當讀爲德涉下食言而誤錄本案朱說是也德正字作悳隸書作食二字形近而誤

瑞安孫詒讓

## 克殷解第三十六

周車三百五十乘　孔云戎車三百五十乘則士卒三萬六千三百五十人有虎賁三千五百人也　梁玉繩云古車戰之法一車甲士三人步卒七十二人至臨敵制變更以甲士配車而戰一車賓百人每乘以虎賁一人為右故有虎賁三百人書序可據至士卒之數一車百人即依三百五十乘計之亦止三萬五千人安得三萬六千三百五十人哉張守節史記正義臆減為二萬六千二百五十人亦非盧本　案此云周車三百五十乘與孟子諸書不合蓋所聞之異注說士卒三萬六千三百五十人疑當作三萬一千五百人合之虎賁正得三萬五千人故云有虎賁三千五百人明虎賁在士卒之

外也蓋孔據司馬法每車百人之文計之一車士卒九十人虎賁十人故得此數若如今本作三萬六千三百五十人合之虎賁三千五百人為三萬九千八百五十人以戎車三百五十乘除之每車得一百十三人尚餘三百人無所配其誤明矣至張守節所引蓋據每乘卒七十二人加甲士三人計之是一乘七十五人三百五十乘適二萬六千二百五十人張又云有虎賁三千人則謂在三百五十乘之外張說多本孔注此條雖與今本異而說尚可通字數亦約略相應附存之以備攷　又案張云虎賁三千人本孟子說也國策蘇秦說韓魏呂氏春秋簡選篇貴因篇淮南子泰族訓並同韓非子亦云武王伐紂素甲三千人蓋虎賁即司馬法之甲士也書敘作三百亦所傳之異梁氏輒據以為此書非也尉繚子武議篇

云武王伐紂以二萬二千五百人擊紂之億萬而滅商此處以戎車三百乘每乘七十五人計之周本紀云遂率戎車三百乘虎賁三千人甲士四萬五千人以東伐紂則車乘與甲士各自為數不必相配也　又案呂氏春秋古樂篇云武王以六師伐殷六師未至以銳兵克之於牧野下云以虎賁戎車馳商師當即銳兵蓋本不與六師之數故止三千五百人也

武王使尚父與伯夫致師　案史略引尚父上有師字伯百同下文作百夫

王既誓以虎賁戎車馳商師　盧云誓字舊本無今依御覽增　案史略引戎車在虎賁上亦無誓字史記周本紀作以大

辛馳帝紂師

商辛奔內登于麋臺之上　盧本作鹿臺云鹿舊作麋今據史記及御覽定作鹿朱同　案史記殷本紀集解引徐廣云鹿一

作麋是晉時史記別本作麋與今本周書同則不必改鹿也

乃適二女之所既縊　孔云二女妲己及嬖妾縊自縊也　案史記亦云已而至紂之嬖妾二女二女皆經自殺而帝王世紀云二嬖妾與妲己亦自殺據皇甫謐說則妲己之外尚有二女與此書及史記不合　又案正文縊字故書疑亦當同史記作經故注釋之云經自縊也若正文本作縊則其義易明注說爲贅矣作雖亦云管叔經而卒

乃出場于厥軍　孔云場平治社以及宮徹室去者室居者居遷也　朱本此下增翼日除道修社及商紂宮十字注刪場字居遷也作遷居焉云此節諸本皆脫據史記補玩孔注疑所脫不止十字　案御覽引帝王世紀亦云明旦天雨王命除道修社入商宮朝成湯之廟又乃出場于厥軍史記作武

王巳乃出復軍則史遷所見本場字疑作復

周公把大鉞召公把小鉞以夾王　孔云三公夾衛王也　盧云召公史記作畢公　寨注三公當作二公帝王世紀云周公爲司徒召公爲司空

泰顛閎夭皆執輕呂以奏王校從史記作衛王　孔云執王輕呂當門

奏　寨注王字當在奏下

王入即位于社太卒之左羣臣畢從　孔云太卒屯兵以衛也　朱云王立于社南而屯卒于其西以衛也　案太卒即軍士不當云之左史記作王既入立于社南太卒之左右畢從疑讀立于社南句太卒之左右畢從謂太卒與左右之臣皆從也史記上文云以大卒馳帝紂師正義謂即士卒虎賁等義與此書異似彼爲長又案國語楚語云敵嚮度於大卒之居韋注云大卒士卒也

可證此大卒之義

召公奭贊采　孔云贊佐采事也　案史記正義云贊左也采幣也朱亦用此義似即本此注事作幣義較長

尹逸筴曰殷末孫受德　案史記作尹佚筴祝曰殷之末孫季紂正義云尹佚讀筴書祝文以祭社也又云周書作末孫受德受德紂字也張所見與今本同史逸即尹佚此下文及世俘並云史佚則此不宜作逸疑傳寫之譌

武王再拜稽首　案史記稽首下有曰受大命云云朱據補膺受大命云云十七字而曰字未增以文義校之亦當有

乃命召公釋箕子之囚命畢公衛叔出百姓之囚　朱本據史記補表商容之閭五字　案御覽引帝王世紀云置旌于商容之閭命召公釋箕子之囚賜貝十朋命原公釋百姓之囚

史記命召公釋箕子之囚命畢公釋百姓之囚集解於上句引徐廣曰釋一作原案原箕子之囚無義疑徐說當在次句
下而云畢一作原皇甫謐正用史記別本也
乃命宗祝崇賓饗禱之于軍　孔云宗祝主祀賓敬也饗祭前
所禱之神　盧云宗祝舊誤作宗祀案史記作命宗祝享祠
于軍今正文與注祀字俱改正其下似亦當從史記為是
朱云宗祝主祭祀之官崇賓人姓名　案宗祝即周禮春官
之大祝也崇賓即大祝之姓名古文苑秦詛楚文云宗祝卲
鼛是其例也國語周語云宗祝執祀韋注云宗宗伯祝大祝
也彼以宗祝為二官非此義禱當依史記作祠凡祈禱曰禱
報塞曰祠詳前羅匡篇故孔以饗祭前所禱之神為釋今本乃涉
注而譌世紀作乃命宗祝饗祀于軍祀與祠字通亦詳前亦不
作禱也

大匡解第三十七朱本改三十八誤 三 謝云前已有大匡此不應又名

大匡蓋因篇内有大匡字也 案史略作文匡似較今本為

長

惟十有三祀王在管管叔自作殷之監 案管叔作監武王所

命此云自作於義難通史略作管叔蔡叔泉商之監文較完

備泉當為臯形近而誤臯暨古今字說文夲部云暴臯讀與也引虞書曰臯咎繇令

彝典臯作暨 殷監即武庚也序云武王既克商建三監以撫其民

則此篇自當備舉三監儻如今本無蔡叔則止二監於文為

不備矣後文政篇云惟十有三祀王在管管蔡開宗循亦有

蔡叔之證監上之字以敘證之疑當為三言管蔡暨武庚合

為三監武庚封於鄁霍叔相之詳後作雒故書直云管叔蔡叔臯

殷三監不數霍叔也此篇及作雒說三監皆致詳塙可據以

定古說之是非而今本此文挩蔡叔又分梟為自作二字譌

三為之遂不可通史略殷作商則宋人避諱改也

昭質非樸樸有不明明執於私私回不中中忠於欲愚憃醜詐

朱云執讀為縶心本明為私所縶則回曲而不中　案此

九則闕其一以下八者校之每則皆四句不宜唯此羨二句

蓋此章執於下挩八字當云明執於□（執疑當為贄音近而誤朱訓為拘未塙）

愚□醜□昭□（三字當作昭忠與第三句相應說詳後）非私下乃接私回不中句

此本二則而中挩二句遂誤并為一章也朱氏不憭合為一

章釋之殊謬

昭信非展展盡不伊伊言於允思復醜譖　孔云展似信而非

伊伊推也（盧云本或作誰也朱校作伊惟云本儀禮士冠禮注今譌為推）　案寶典篇十

姦六展允干信即此義國語楚語云展而不信韋注云展誠

也識謂復言而非信之道伊言疑當作伊伊信下文昭讓則云
德讓於敬昭潔則云涓潔於利文例皆第三句與首句相應
可證孔注當作伊詐也爾雅釋詁文詐與信文義正相對朱
校改作惟則於義無取盧校別本作誰與詐形尚相近今本
作推去之益遠矣注伊字不當重今本亦涉正文而衍朱讀發似信而非伊句非
昭讓非背背當黨雍德德讓於敬恩賢醜爭　孔云讓以得之非
弃背也　案寶典十姦比譽干讓即此義背當依彼作比二
字古通比黨雍德言比周朋黨相為標榜以雍塞有德者也
孔注失之
昭位非忿忿非口直直立於衆恩直醜比　孔云位所以行道
非以息忿　朱云位者謂其所立　案位當作立與第二句
直立相應朱說誤第二句直上疑缺不字

昭因非疾疾非不貞貞固於事思任醜誕　案因亦當作固與

第三句貞固相應此九則文例大略相同唯首二條有闕文

昭政條第三句亦有政字昭靜條第三句獨無靜字疑傳寫

移易非其元文也

俾若九則　孔云言周大臣使順九則　案注周當為用上文

云用太匡順九則孔蓋彼言之

文政解第三十八

六紉不觀國亡閭不通徑八家不開刑　案此為九慝之一則

三不字並當作有言有此三者則慝生也上文四務有不功

五外有內通與此文例正同可證

六商工受資　案資與齎字通周禮典婦功云以授嬪婦及內人女功之事齎注云故書齎為資杜子春讀為資　周禮槀人掌凡受財于職金以齎其工鄭注云齎其

工者給市財用之直

八無奪農　案農下當有時字與上下文利資死財為韻

三祿有罷寘　孔云罷寘言□圍倉暗也　朱云罷疲也寘當為置驛也　案寘當為冥形近而誤注義譌互難通似即以暗釋冥蓋孔所見本尚未譌也左定四年傳直轅冥阸釋文冥本或作寘罷冥即周禮大司寇之罷民也賈子大政下篇云民之為言瞑也朱讀為疲置非是

## 大聚解第三十九

撫國綏民　案史略國作圖疑誤

道別其陰陽之利相土地之宜水土之便　孔云道總土宜以愛民也　盧云注愛本多作受今從元本改　案注受當作授元本作愛非是又當作道在物土宜以授民也俗書總作

總上半與物相似故物總二字多互譌

復仇解辱　孔云仇者復之辱者解之　案解辱即解仇讐之法墨子號令篇云必謹問父老吏大夫諸有怨仇讐不相解者名其人明白為之解之

闌關脩道五里有郊十里有井二十里有舍　孔云待行旅也　朱云闌舊作開依玉海訂正此從王校又云天子近郊五十里此下邑之制故得十之一　盧云案地官遺人十里有廬三十里有宿此作二十里疑訛　案此郊制與王國不合疑都邑之制葢即冢上乃令縣鄙為文也都邑亦有郊詩鄘風干旄云在浚之郊是也詩魯頌駉孔疏引孫炎爾雅注謂百里之國十里之郊又引書傳云百里之國二十里之郊七十里之國九里之郊五十里之國三里之郊此五里之郊少於九

里而多於三里以孫説推之或當爲五十里之邑以五里爲

郊與

遠旅來至關人易資舍有委　孔云貿易供其資也惠校云其嘉靖本作

有　案前文酌篇云商賈易資與此義同周禮遺人云三十

里有宿宿有路室路室有委則此舍即周禮之路室也

民有欲畜發令　孔云命之畜牧　案欲疑即牧之譌此朱讀

民有欲畜句發令屬下以國爲邑云云爲句是也孔讀失之

六文乃命縣鄙爲命公邑此則命國中鄉遂也

資喪比服　孔云比服俱喪服也　朱云資助比合服事也比

服猶云通力合作　盧云疑即周禮所謂比共吉凶二服也

案孔注俱當爲供之誤資喪即周禮大司徒四閭爲族使

之相葬比服亦即大司徒本俗六之同衣服盧引鄉師比共

吉凶二服以謚注義未塙

立職喪以卹死立大葬以正同　案周禮春官有職喪即此

此謂德教　案下文云五德既明則此爲五德之一當云教德

乃與下文和德仁德正德歸德一律今本誤到當乙正

立正長以順幼　朱云正長若書傳所言卿大夫致仕而歸居

門側之塾以教子弟是也　案順當讀爲訓二字聲類同古

多通用

工匠役工以攻其材　朱云役工居肆也　案居肆不當云役工

此工當爲公之借字公官也謂工匠受役於官國語齊語云

處工就官府是其義也

商賈趣市以合其用　案合疑當爲給古文之省

春三月山林不登斧以成草木之長夏三月川澤不入網罟以

成魚鼈之長　張文虎云依綱目句則上句少一字路史夏后氏紀引斧下有斤字是也[舒藝室隨筆]　案史傳篇亦云山林非時不升斤斧以成草木之長

萬財既成放此爲人此謂正德　盧云藝文類聚引此云萬材已成放以爲人天下利之而勿德是謂大仁[朱校據改]　案此爲五德之一則當如今本作此謂正德歐陽詢所引與前文傳相屬疑有譌互不足據[詳前文傳篇盧校]

泉[朱本校改淵]深而魚鼈歸之草木茂而鳥獸歸之稱賢使能官有材而□歸之　惠校本闕處補士字[盧朱本同]　張文虎云日抄引泉下有水字與草木對闕處乃賢字　案而下闕字惠校作士或據宋本竊疑賢士二字當並有句法方稱

夭氏側側余知其極有宜　孔云長有國也　朱駿聲云按側

極韻有宦下當有闕文錄本　案有宦當作有悳上半形近而譌有上當闕二字悳與側極亦韻有德即象五德爲文上孔注亦似謂有德則長有國也

世俘解第四十朱本改三十七誤

維四月乙未日武王成辟四方通殷命有國　朱云武王既歸成天下君乃頒克殷之命于列邦　莊云顧命曰用克達殷集大命　案乙未日古經史無此文法史略作有乙未依高疑當作六日乙未莊本刪日字通殷猶云達殷莊說得之

維一月丙午旁生魄若翼日丁未　盧云舊丙午作丙辰丁未作丁巳今案從丙午十六日數至二月五日甲子方合朱本同　莊云當從劉歆三統世經作壬辰旁死霸丁巳當從世經作癸巳　案莊說是也舊本丙丁二字誤而辰巳二字則不

誤盧校乃以不誤爲誤慎矣

吕他命伐越戲方壬申荒新至告以馘俘　丁云吕他之命不言至荒新之至不言命恐有訛文　朱云或荒新與他偕命錯舉至文也　案孔廣森删荒新二字經學危言則告馘俘即吕他也其説近是莊本亦删此二字荒新似涉下新荒命伐蜀而行又對其文耳丁朱説並非

辛亥薦俘殷王鼎武王乃翼矢珪矢憲告天宗上帝王不革服格于廟　孔云矢陳也稷太牢則於天也不改祭天之服以告祖考急於語治也廟無别人也　朱云珪鎮珪長尺二寸　案此矢珪珪當爲琬圭告天宗上帝當服大裘而冕周禮司服云祀昊天上帝則服大裘而冕祀五帝亦如之其上衣即龍衮也辛亥周之四月廿二日孔注依劉歆説以爲閏二月廿二日時尚可服裘若夏不

服袞則亦唯襲袞矣下文云壬子王服袞衣矢琰格廟與此文正相對周禮典瑞云琬圭以治德以結好琰圭以易行以除慝明此二玉異用故王各陳之於廟矣鎮圭王所執之玉不當矢陳之也朱說非是　又案注當云稷不告別於天也孔以下文云告于天于稷此惟告天宗上帝故釋之又廟無別人也疑當云廟有舞則於天也今本譌舛不可通

甲寅謁戎殷于牧野王佩赤白旂　朱云赤白旂異王如佩案赤白旂疑即徽識之屬周禮大司馬中夏教茇舍辨號名之用鄭注云號名徽識所以相別也在國以表朝位在軍又象其制而為之被之以備死事是也此王蓋用軍禮故亦被徽識赤白旂者蓋以赤帛為縿而白旆周尚赤殷尚白此或兼用殷周法與

百韋命伐宣方　案百韋人名無攷疑當作百韋即克殷篇之南宮百達也韋即達之省與韋形近而譌下同

禽禦三十兩　孔云言兩陽之言也　案注說不可通陽當為偶謂以兩計者取數於偶也藝文類聚七十一引風俗通云車一兩謂兩兩相與為體也原其所以言兩者箱轅及輪兩兩而耦故稱兩與偶耦字通

馘磿億有十萬七千七百七十有九　盧云磿當作磨譌　惠云洪邁本作磿[illegible]　案磿歷同聲段借字謂所執俘馘之名籍也周禮遂師抱磿鄭注云磿者適歷執綍者名也禮記月令季冬命宰歷卿大夫至於庶民土田之數注云歷猶次也又郊特牲云簡其車賦而歷其卒伍注云簡歷謂算具陳列之也蓋凡校計名數之簿書通謂之歷矣上文陳本命伐磿爲國名與此不同

越六日庚戌武王朝至燎于周維予沖子綏文　孔云此於甲乙十六日也　盧云注十六日訛當作四月二十二日　俞云文下當有闕文據下文用小牲羊犬豕于百神水土于誓社曰維予沖子綏文考然則此文亦當作綏文考明矣　棻俞說是也下文云越五日乙卯武王乃以庶國祀馘于周廟翼予沖子又云庶國乃竟告于周廟曰古朕聞文考脩商人典此燎于周下亦當有廟字此文前後三云沖子似皆祝辭之殘文　又棻注嘗云此於乙巳六日也謂蒙上文計之為越六日也下越五日乙卯注云於辛亥五日文例正同依孔說此為閏二月廿一日盧校誤

斷牛六斷羊二　孔云斷熬者　棻注者當作也

于誓社　棻于誓二字當乙

用小牲羊豕于百神水土社　案依上文羊豕當作羊犬豕

耆德解第四十二　亾　朱本耆作考云舊作耆德據序訂正　案史略正作考德與敘合則宋本尚不誤漢書律厤志引考德逸文見朱本逸文即此

商誓解第四十三

乃殷之舊官人序文　序文莊校改庶位　案乃疑當作及史略引作若序文似當從莊校改庶位下文庶刑庶義即庶位也

及大史比小史昔皮百官里居獻民　朱云比昔皆人名　莊校改大史比小史昔為大史友小史友　案莊校與書酒誥合是也說文又部友古文作𦫵又作𦫳與比昔二字並相似故傳寫致譌朱說失之

王曰嗟爾眾予言　棻予言上當有聽字上下並云聽朕言可
證
惟上帝之言克播百穀　朱云言猶命也　棻言疑啚之誤朱
說非是莊校改言爲歆亦未塙
昏憂天下　莊校憂改擾同俞校　棻疑當讀爲泯擾天下泯擾
猶書康誥云天惟與我民彝大泯亂昏泯古字通書牧誓云
昏棄厥肆祀勿荅昏棄厥王父母弟不迪左昭廿九年傳云
若泯棄之是昏泯二字通用之證
□帝之來革紂之□　莊改來爲賚云賚賜也　棻墨子非攻
下篇說武王伐紂云王既已克殷成帝之來與此正同此帝
上闕文即成字當據補莊肊補一敬字非是來即賚之省言
受帝之賜賚革紂之下疑闕政字莊補命字亦通

我其有言胥告商之百無罪其維一夫　案百下當有姓字下
文亦云商百姓無罪可證

爾邦冢君無敢其有不告見于我有周　案告當讀為造古文
之省謂就見於周也邦冢君朱本作冢邦君肊改非是下文
其斯爾邦冢君朱本亦作冢邦君亦非

其比冢邦君　案比亦當為友之誤當云友邦冢君與上文同
朱莊並以其比屬上為句失之

克辟上帝　案辟當為辥之省辥猶相助也爾雅釋詁云艾相也艾即辥之借字
辥上帝與孟子惟曰其助上帝義同莊改辟為享失之

用辟厥辟　莊校改用辟為用辥云辥治也用治所以為君之
道　案辟亦當訓為助莊讀為辥不誤而訓為治則未得其
義皇門篇云以助厥辟勤王國王家與此義同

予則□劉滅之 朱云闕處疑是虔字 莊本補一乃字 棻下云予肆劉殷之命此處闕文疑亦當作肆肆我殷戎 莊校改肆戎殷三字 棻疑當作肆伐戎殷猶詩大雅大明云肆伐大商也

亦辨百度□□美左右予 棻此疑當作亦辨百姓庶刑庶義左右予說文辡部云辡治也庶刑庶義謂眾掌刑掌事之官言使治眾百官以佐助予也（百姓亦即眾官書堯典偽孔傳云百姓百官也）與下文云上帝之明命予爾拜拜□（朱本作爾似爪補）百姓越爾庶義庶刑兩拜字亦並辨之誤（朱本兩拜字並從丁校改作屏失之）言上帝命予爾治治百姓及眾官也（朱云庶義庶刑言義所當刑失之）上文云帝休辨商亦謂帝嘉命我治商之罪也

胥敬請 丁校改請為語（朱同） 莊校改為諸 棻莊校與上文

合是也

度邑解第四十四

維王尅殷國君諸侯乃厥獻民徵主九牧之師見王于殷郊

朱本作乃徵厥獻民九牧之師　云依史記及玉海訂　莊校乃改及云史記作徵九牧之君誤　案史略尅殷國作克商邑商避諱改宋乃字正作及此後文云維天建殷厥徵天民名三百六十夫則此徵主二字不誤

弗顧亦不賓咸　盧云舊作賓成　惠云隨巢子曰天鬼不顧亦不賓滅見索隱　案史記作不顯亦不賓滅徐廣云一云不顧亦不賓成一又云不顧亦不恤也舊本與徐所見一本同則相承已久似不宜改

嗚呼予憂茲難近飽于恤辰是不室　朱云辰時也不室言未

定都邑　案朱說非也辰是不室蓋謂時則不安其室家下
文王告叔旦云矧其有乃室又云予近懷于朕室又曰乃懷
厥妻子並與此文意相近
志我共惡畀從殷王紂　盧云史記作悉求夫惡　沈云此書
是畀本作卑史記作貶　莊云世俘篇有紂矢惡臣亦作夫
惡　案莊引世俘證此甚塙此共惡當作矢惡言盡求諸矢
惡臣貶之使與紂同罰也索隱云言今悉求取夫惡人不知
天命不順周家者咸貶夷之與紂同罪故曰貶從殷王受々
王口口傳于後　莊本作王命叔旦傳于後　朱云闕處當是
欲旦二字　案疑闕命旦二字
予有使汝汝播食不遑暇食矧其有乃室　朱云播猶陳也
案儀禮士虞禮云尸飯播餘于篚注云古者飯用手吉時播

餘于會此播亦與彼義同謂飯未畢而中輟播之于敎會也
朱說失之
勖厥遺得顯義 朱云遺遺訓 案遺貴同聲叚借字得莊校
改勵得是也朱說非
德不可追于上民亦不可荅于朕下朱本二字校乙不賓在高祖維天
不嘉于降來省汝其可瘳于茲 朱云天恐後之不嘉故遣
二神降省 案下朕二字到當從朱校乙正言上則德不可
追下又不可對民朕不得賓于高祖言不得配祀也省當爲
眚古省近字通謚法篇治而無眚曰平今本眚亦作省可疑
何之省言天神不嘉則降眚疾其能有瘳乎蓋深戒之也朱
說誤
即今用建庶建 盧云庶建或作素達 莊校下建字改及云

及本作建以古文而誤　案下建字惠校改違不知何據以文義推之用建疑當作用遠

其曰茲曰度邑　惠云上曰玉海作名王朱依校改　案王朱校是也名與命通前大聚篇云命之曰大聚文例與此同

武儆解第四十五　案史略作我儆誤

唯十有二祀　朱云二當作六　案史略二作一

出金枝郊寶開和細書命詔周公旦立後嗣　朱駿聲云細讀爲紬史記之紬繇本　案朱說是也金枝當作金版版俗作板與枝形近而誤金版見前大聚篇莊子徐無鬼篇云橫說之則以詩書禮樂縱說之則以金版六弢釋文引司馬彪崔譔云金版六弢皆周書篇名即指此也開和亦書名見前大開武篇郊寶疑當作郊室通典吉禮引五經異義春秋左氏說

終禘及郊宗石室盡古秘書與廟主皆藏於石室也

朕不敢望 案望當讀爲忘二字聲類同古通用

汝夙夜勤心之無窮也 案心疑當爲念之壞字

五權解第四十六

極賞則淫淫得不食 盧云案淫與屈同朱同 朱本作溫不得食云不得二字舊倒今正 案盧校是也史記篇惠而好賞屈無以賞即極賞則屈之義得當讀爲食舊德之德言竭德則人不食其惠也朱校非

鄙庶則奴奴乃不滅 朱云鄙統於都如奴事主 案水經滍水酈注云水不流曰奴此奴疑亦民聚止不移之義朱望文生訓不足據

官庶則荷荷至乃辛 謝墉云荷與苛同盧本 盧云辛疑華字

之訛說文叢生艸也同朱　棻謂讀荷為苟是也辛疑當作幸
言苟免刑罰也

成開解第四十七

成王元年大開告用周公曰　孔云周公大開告道成王冊之也　盧云舊作九年非也今從趙改　棻史略作九年則宋本已如是告用義難通疑當作大開告周公用即涉周字而衍

顯父登德　盧云顯父司徒之官　棻詩大雅韓奕顯父餞之毛傳云顯父有顯德者也此義與彼相近

機父登失　孔云使刺譏之士舉政之失其官　盧云機父師氏保氏之職　朱本機作譏云譏舊作機據孔注改　棻機父當是司寇歟曰登失朱校近是盧說非

内則順意外則順敬　案順並當讀為訓意當為悳形近而譌
此承上文而言内則訓悳即上云顯父登德外則訓敬即上
云官無不敬也此書訓順二字多互通亦詳大聚篇

式皇敬哉　孔云式用皇大　案皇當讀為況詳後祭公篇

## 作雒解第四十八

武王克殷乃立王子祿父俾守商祀　孔云封以鄭祭成湯

又建管叔于東建蔡叔霍叔于殷俾監殷臣　孔云東謂衛
殷鄁鄘霍叔相祿父也　案注封以鄭鄭當為鄁之譌下注
殷鄁二字舊本止一空圍惠云□當作殷惠校是也此不當
有鄁字孔意蓋以武庚所封者為鄁管叔所治者為衛蔡叔
所治者為鄘故云東謂衛句殷鄘句不及鄁者上注已以封
鄁釋俾守商祀句故不復舉也又别釋之云霍叔相祿父者

明正文雖以霍叔與蔡叔同建於殷而治鄘者實止蔡叔一人霍叔自與武庚同居邶邶亦得爲殷也此孔分別詁釋之意盧校作殷邶鄘義雖無迕而非孔本之舊與所闕字數亦不合也　王云蔡叔二字乃後人依東晉古文尚書加之下文囚蔡叔本作囚霍叔謙志　王引之云書序曰武王崩三監及淮夷叛正義曰漢書地理志云周既滅殷分其畿内爲三國邶以封紂子武庚鄘管叔尹之衛蔡叔尹之以監殷民謂之三監先儒多同此説惟鄭玄以三監爲管蔡霍獨爲異耳案監殷之人其説有二或以爲管叔蔡叔而無霍叔定四年左傳楚語小雅常棣序豳風鴟鴞傳破斧傳呂氏春秋察微篇開春論淮南子氾論篇泰族篇要略篇史記周本紀魯世家管蔡世家衛世家是也或以爲管叔霍叔而無蔡叔逸周

書作維誥此說商子刑賞篇是也武庚及二叔皆有監殷臣民之責故謂之三監或以武庚管蔡為三監或以武庚管霍為三監則傳之不同也然蔡與霍不得並言蔡不言霍言霍則不言蔡矣置武庚不數而以管蔡霍為三監則自康成始為此說經義述聞 案王說非也此書三監之義本與左傳史記等書不異推校此文蓋監雖有三約舉其所治之地則惟二殷與東是也舉其人則有四武庚管叔蔡叔為正霍叔相武庚為副同為監故總云俾監殷臣明四人皆得稱監也此云立王子祿父俾守商祀為一監商即殷也建管叔于東為一監東在殷之東也建蔡叔霍叔于殷為一監蔡叔所監者殷之別邑若王城成周而霍叔與武庚同治不專監一地則非正監故注云霍叔相祿父明與管蔡二叔專監一地異也至蔡叔專

監殷別邑自在正監之列故後文兩見三叔則不得遺蔡叔明矣前大匡篇云惟十有三祀王在管管叔蔡叔臬依殷三監依史略引校今本譌挩不可通明以管蔡與殷武庚共爲三監而霍叔相武庚則可不數儻如王校以霍叔易蔡叔則霍叔與管叔同在正監之列大匡何以獨不數之孔此注何以獨以霍叔爲相祿父乎彼此互勘則周書舊本不如王校始無疑義

乃歲十二月崩鎬肆于岐周　棻崩下以文例校之當挩于字

三叔及殷東徐奄及熊盈以略　朱云略本亦作畔　棻朱校本注中逃學於義較長當從之此及下降辟三叔並云三叔即有蔡叔之塙證王校謂當作二叔非

元年夏六月葬武王于畢盧本作於非　盧云元年舊作九年訛趙改元年與釋史同　惠云前編元年采盧未　棻依前編則宋

本尚不誤

俘殷獻民遷于九畢　孔云九畢成周之地　朱云九畢玉海引作九里誤也　王云書傳皆言畢無言九畢者玉海十五引此作九里據孔注以爲成周之地近王化則作九里者是也蓋里畢字相似又涉上文葬武王於畢而誤　案王校是也韓非子說林篇魏惠王爲臼里之盟將復立天子戰國策韓策臼里作九重一本作九里蓋即此秦策云梁君驅十二諸侯以朝天子於孟津則九里必東周畿內之地朱反斥玉海爲誤傎矣

俾康叔宇于殷俾中旄父宇于東　孔云康叔代霍叔中旄代管叔　朱云宇宅也中旄父系國未聞　案中旄父它書皆未見今詳攷之蓋即康叔之子康伯也史記衛世家云康叔

卒子康伯代立索隱云系本康伯名髡宋忠云即王孫牟也按左傳所稱王孫牟父是也（王孫牟見左昭十二年傳）髡牟聲相近故不同耳梁玉繩據杜氏春秋釋例世族譜衛世系云康伯髦謂索隱引世本髡當作髦（人表攷）其說甚塙蓋髦音近牟故小司馬云聲相近若作髡則於聲殊遠其說不可通矣髦與旄聲類亦同故此又作中旄父也上文云建管叔于東建蔡叔霍叔于殷俾監殷臣孔注云東謂衛殷鄁鄘若然武王以殷畿内封武庚而以二叔分治其地迨三監既畔以後周公平之又以三監全境封康叔而別以其子弟分治其地分則為邶鄘衛合則通為衛此其義證顯較可據者也（當時疑尚有一人別治它邑與康叔康伯而三即三監舊治而此書未及詳遂無可攷爾）康伯別治為周公經略舊殷之大政而詩風三衛之分亦繫於此乃史遷於周本紀衛世家

不載其事漢以後說詩書者咸莫能稽覈蓋二千年以來無

有知中旄之即爲康伯者故詳論之

邶鄘衛攷卌

詩三衛之分國治於三監其原流分合略具於周書史遷旣

失紀其事而漢晉詩書大師亦未能究其詳實衆說紛互推

校古籍咸無證論此不可不攷也周書作雒云武王克殷乃

立王子祿父俾守商祀建管叔於東建蔡叔霍叔於殷俾監

殷臣孔晁注云祿父封以鄁又云東謂衛殷鄘霍叔相祿父

依孔說管叔所治者爲衛即在殷都之東武庚封殷霍叔相

之二人同治鄁蔡叔又別治鄘此三人所治皆殷之故都也

若然三監實分統三衛之地周書就方域約略區之爲二曰

殷曰東而詳舉其爲監之人則又有四曰武庚曰管叔曰蔡

叔為正監霍叔相武庚別爲副監故作雒於殷監兼舉蔡叔霍叔而大臣則云管叔蔡叔臬殷之監明三監有管叔蔡叔而殷則武庚與霍叔共治之故不質指其人也漢人說三監者亦有二說漢書地理志則以武庚管叔蔡叔爲三監蓋以霍叔爲武庚相不別治故不數而鄭君詩箋復以管叔蔡叔霍叔爲三監皇甫謐帝王世紀說同則因武庚爲殷後而霍叔爲相實以監殷故去武庚而數霍叔此皆因周書作監者實四人數有羨溢故諸儒遂各以意爲去取其說雖不同要與周書文固無牾矣武庚之亂三衛皆畔周公平亂并以封康叔作雒云俾康叔宇于殷俾中旄父宇于東孔云康叔代霍叔中旄代管叔是康叔所治者武庚霍叔之故地書所謂殷孔所謂鄁中旄所治者管叔之故地書所謂東孔所謂衛

也中旄古書别無所見孔亦無釋今以聲類求之乃知其即康叔之子康伯也史記衛世家云康叔卒子康伯代立不著其名杜氏春秋釋例世族譜及史記索隱引世本並云名髦宋忠謂即左昭十二年傳之王孫牟司馬貞亦謂牟髦聲相近今案旄與髦爲同聲叚借字中旄父亦即王孫牟也蓋周公以武庚故地封康叔實盡得三衛全境以其地闊曠難治故依其舊壤仍區殷東爲二以其子弟别治之如晉文侯弟成師别治曲沃東周惠公子班别治鞏爲西周君之比是中旄字東雖專治其邑而仍屬於其父則與三監分屬微異逮康叔卒康伯嗣立而東遂不復置君故采詩者於三衛不復析别是三衛始則三監鼎峙中則殷東雖分二字而實統於一屬終乃夷東爲邑而與殷并合爲一其事可推跡而得也

然自漢以來儒者於三衛分合之故咸莫能稽覈故鄭君詩譜謂成王殺武庚伐三監更於此三國建諸侯以殷餘民封康叔於衛使爲之長後世子孫稍并彼二國書疏引鄭書注同不知康叔初封時已以子弟治二國不待後世始兼并也漢志則云三監叛周公誅之以其地封弟康叔遷邶鄘之民於雒邑詩邶風孔疏云如志所言則康叔初即兼彼二國非子孫矣服虔依以爲說據孔推班服義雖知康叔已兼三衛非其子孫而亦未能實證其事則皆由不知中旄之即康伯故不能得其詳也至三監分治三衛說復多歧異漢志云邶以封紂子武庚鄘管叔尹之衛蔡叔尹之以監殷民謂之三監鄭詩譜則云自紂城而北謂之邶說文邑部云邶故商邑朝歌以北續漢書郡國志云朝歌北有邶國南謂之鄘東謂之衛史記正義引帝王世紀則云自殷都

以東為衛管叔監之殷都以西為鄘蔡叔監之殷都以北為邶霍叔監之依班說則邶衛為舊殷而鄘在其東中旄所治者即鄘也依鄭皇甫孔說則在東者為衛而殷為邶鄘中旄所治者即衛也二說不同竊疑班說近是蓋中旄別封於鄘因以為稱猶康叔初封康亦即以為稱康伯即鄘伯也鄘康形相近古多通用史籍譌捝遂并康叔康伯為一實則康叔之康當讀如字而康伯之康自當作鄘二字本異後人不察謂其父子不嫌同稱遂不能析別鄭書注以康為謚號馬融王肅偽孔安國則以康為畿內國名（並詳詩書疏）儻依鄭說為謚號則父子不宜同謚依馬王孔說為畿內國則是康叔初封之采邑逮封衛以後已易其舊國何得其子仍繫此為稱二說於康伯殆皆不可通孔沖遠推偽孔意則謂康伯為號謚

康叔之康猶為國而號謚不見亦強為分別以圓其説非塙論也今以周書世本漢志諸文參互校覈知康叔初封固已奄有三衛而中旄父為康伯實即庸伯蓋別治庸以屬衛如是則周公經理舊殷之政略及三衛先後分合之情事皆顯較可得其蹤跡或足為治經攷史者釋一大疑乎

乃作大邑成周于土中城方千七百二十丈郛方七十里 盧云水經雒水注城方七百二十丈脱一千字沈攷七為六不知何據郛方七十里宋本作七十二里藝七十里舊本作七百里惠校云前編作十七里玉海七十二里博物志七十二里前編作十七里訛 王云城方七百二十丈藝文類聚居處部三初學記居處部太平御覽居處部二十玉海百七十三引此城上有立字蓋古本也七百皆作六百與水經注異未知孰是郛方七十里類聚初學記御覽玉

海皆作七十二里與宋本同當據以訂正焦循云匠人營國方九里計每五步得三丈每百八十丈得一里以九乘之千六百二十丈與考工九里正合（羣經宮室圖）金鶚云建城必合里之整數而無奇零若城方千七百二十丈計十里則不足計九里則有餘（餘百丈是為一百六十六步有奇）殊非法制文云七十里當從前編作十七里蓋傳寫之譌也孟子言三里之城七里之郭七為五之譌則郭大於城不及一倍今郭方七十里大於城九倍與孟子不合且郭為外城當與近郊相遠與城相近天子近郊五十里郭方七十里則近於近郊矣（禮說）朱云古者六尺四寸為步三百步為里一里之長百九十二丈依考工記國方九里當云千七百二十八丈今略其奇數耳

案此城方當依沈焦金說從宋本御覽作方千六百二十丈

為是朱說失之郛不得大於城八倍今本作七十里宋本作七十二里皆不可通前編作十七里亦無分寸可證竊疑當為二十七里乃三城方之數也周禮典命鄭注謂城方九里者宮當方九百步九百步即三里也若然周王宮方三里城方九里郭方二十七里皆以三乘遞加衰分正合宋本二七互譌今本又刪二字遂差牾不合耳金說亦誤

農居鄙得以庶士士居國家得以諸公大夫 孔云居治也治鄙以農治國家以大夫 盧云農之秀者可為士士有功效可為大夫 趙云以用也盧本 案得讀為周禮大宰長以貴得民吏以治得民之得後太子晉云奉翼遠人皆得已仁得已即得以古字通也注治鄙以農當作治鄙以士盧趙說並誤

凡工賈胥市臣僕州里俾無交為 孔云工商百胥人臣僕各

異州里而居不相雜交也胥待盧校改相也　案市人即工賈不室兩見審校文義疑當作工賈居市胥即居之譌大聚云商賈趣市州里上據注亦當有居字上文云農居鄙士居國家文例正同可以互證注工商百疑當作百工商賈下胥人二字亦有譌據注則孔所見本胥字已誤

乃設丘兆于南郊以祀上帝配以后稷　孔云設築壇域內郊南郭也　朱云丘圜丘兆域也　案此即南郊祀受命帝也凡周禮皆以受命帝為上帝此文例與彼同朱以丘為圜丘誤周圜丘以帝嚳配不配稷也注城當為域設築壇域釋正文丘兆也郊壇不得在城內注內郊當為南郊之誤

其壝東青土南赤土西白土北驪土中央亹以黃土　盧云亹採公羊疏引孔氏注云王者封五色土為社建諸侯則各割

其方土與之使立社燾以黃土苴以白茅茅取其潔黃取其
王者覆四方案此所引多見正文不盡出孔氏今載之以備
參考　案孔說見公羊文十三年徐疏諦覈徐彥所引乃書
禹貢徐州厥貢維土五色章僞孔傳文非孔鼂此書注也惠
盧並失攷朱氏集訓竟據以校易孔注之文大謬
乃位五宮大廟宗宮考宮路寢明堂　孔云大廟后稷廟二宮
祖考廟考廟也　盧云注后稷下廟字并考廟字舊本皆脫
今校增　案注祖考廟即謂祖廟考廟似無挩字盧亂增考
廟二字非
咸有四阿反坫　孔云宮廟四下曰阿反坫外向室也　朱云
墥謂之坫在堂隅反坫者當坫之上屋榮反向外如飛翼
孔廣森云四阿者屋上四角為飛檐也鄭注儀禮云坫在堂

角此四阿之下即堂之四角經學卮言　金鶚云外向之室不見於經傳惟門外塾之室可稱外向然未聞名爲反坫且大夫士皆有塾不獨天子有之也且反坫交承四阿之下與重亢重郎常累復格相承皆言堂上棟宇之制其非門外之室明矣明堂位云反坫出尊崇坫康圭論語郊特牲之反坫實反爵之坫而逸周書反坫卻不可解爲反爵之坫竊思堂之四隅有反坫屋之四隅曲而翻起爲阿四阿反坫者謂阿反于坫上也四隅檐宇曲而翻起如阿邱之高聳故曰四阿此惟天子有之斯干詩言宣王之宮如翬斯飛以四隅之阿言也考工記殷人重屋四阿四阿翻起於坫上故曰四阿反坫反之爲言翻也　案反坫諸説舛異皆不塙以宇形校之竊疑當作反坫反坫即反宇也白虎通義聖人篇論衡講瑞篇並

云孔子反宇史記孔子世家云生而首上圩頂索隱云圩頂言頂上窊也故孔子頂如反宇反宇者若屋宇之反中低而四傍高也蓋圩與宇聲同宇通與坫形近而誤吳越春秋闔閭內傳云故小城南門上反羽為兩蜺繞棟以象龍角反羽亦即反圩也羽宇音近朱云飛翼孔云飛櫩皆頗得其義而謂當坫之上謂之反坫則緣誤為釋義仍迂曲不可從也

重亢重郎常累復格藻梲設移旅楹舂常畫旅　孔云重亢累棟也重郎累屋也常累系也復格累芝栭也旅列也舂常謂藻井之飾也言皆畫列柱為文也　朱云重郎即重屋也旅樹門屏也天子外屏畫以文彩郎即廊說文無廊字　案常累義難通注釋為系亦有誤梲舂常注釋為藻井飾亦不知何據竊疑常累當作累常孔蓋以常為藻井舂常為藻井飾

則累常為重藻井矣累常與下春常同物惟以累與春為異注當云累常累藻井也今本注闕佚僅存一累字傳寫又譌為系遂不可通此書凡云重云復注並訓為累是相比例推繹注意大抵如是但藻井何以謂之常則所未詳耳畫旅旅當讀為梠說文木部云梠楣也釋名釋宮室云梠旅也連旅之也或謂之槾梠與旅古音近字通注以列訓旅極因訓畫旅為列柱於文不順不足據也或云旅當讀為櫨畫旅即畫欂櫨也亦通

作雒城郛圖

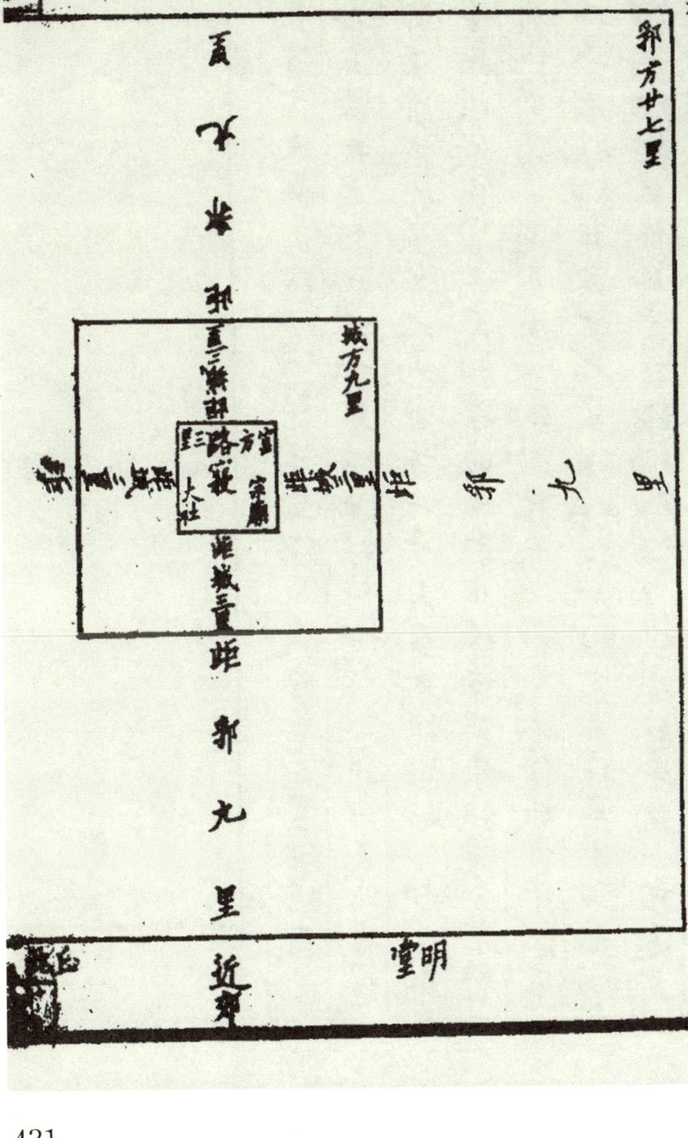

## 郭九里

王宮方九百步約典命注說卽三里積九里城內包宮宮垣距城面各三里并之爲城方九里每面長千六百二十丈積八十一里郭內包城城距郭面亦各九里并之爲郭方二十七里也積七百二十九里如此則宮垣距城與宮方參相等城距郭與城方亦參相等分率整齊比例均一足見周公經國精意若如今本作城方千七百二十丈九里有零郭方十七里除城方九里每面止四里宋本作七十二里除城方每面三十一里半又作七十里除城方每面三十里半揆之分率無一可通足知其誤

周書斠補卷三　　瑞安孫詒讓

皇門解第四十九

惟正月庚午周公格左閎門會羣門　孔云路寢左門曰皇門閎音皇也　王校據玉海格下增于字又羣門作羣臣　朱同　莊云閎門路門之外榎門也其左小學在焉王制曰小學在公宮之左是也鄭氏以為殷制　案史略引亦有于字與玉海同注疑當云亦曰皇門閎音近皇也

乃維其有大門宗子勢臣　孔云勢臣顯仕　莊云埶治也埶臣大宗門子之能左王治國者　案埶當讀為暬古文叚借國語楚語云居寢有暬御之箴韋注云暬近也暬臣猶云近臣孔訓為顯仕則是有權勢之臣非良臣矣莊說尤迂曲不可通也

維時乃舊本作及王校改朱本同胥學于非夷　孔云時有胥相爲是相學

於非常也　莊云夷彝通　案莊說是也酒誥云誕惟厥縱

淫泆于非彝召誥云其惟王勿以小民淫用非彝洛誥云女

于棐民彝呂刑云率乂于民棐彝棐非夷彝字通非彝猶言

非法也書僞孔傳訓棐爲輔非是互詳前小開篇

以家相厥室勿卹王國王家惟德是用以昏求此字王校移後文王阜下朱同

臣作威不詳　案惟德是用德上當尚有一字而今本挩之

此上下文所言者皆惡德也

朕維其及朕蓋臣雛夫明爾德以助予一人憂　朱本夫作大

云大舊作夫據玉海訂　案莊氏讀蓋臣句絕是也盧朱並

讀朕維其及句失之大明爾德大莊改矢與舊本相近似是

資告予元　孔云資用也　莊云資讀曰諮訪問于善爲諮

案莊說近是元疑當爲允之譌言告我言信是也

## 大戒解第五十

朕實不明　盧云說文引逸周書朕實不明以伲伯父今此書無下句朱本據補　案說文段玉裁注云伲當爲溷之段借亦舉此篇及本典篇故惠朱校並據文選注改敂問伯父兩文而未能決定張文虎云溷與故問伯父之問聲亦相近疑亦本溷字也今案本典篇上文有朕不知明德所則之語與說文亦約略相應張以爲彼篇異文於義亦通無由決其必爲此篇挩文也又案本典篇云非不念念而不知故問伯父此篇後文亦有非不念念不知之語竊疑以伲伯父四字卽在此篇亦當在念不知之下下接周公荅語正相承貫許君約引不必兩句定相次也

衆輯羣政不輯自匿　朱云用賢所以安輯庶政不輯則慝矣
匿慝也　案朱釋匿為慝是也而釋政為庶政則非此政當
為正之借字言衆和輯則羣自正故云不輯自慝慝與正兩
句文義正相對也大匡篇云不遠羣正與此羣政義異而字
同

塞匿勿行　孔云匿陰慝　案注疑當作陰惡蓋孔亦讀匿為
慝也

五碩信傷辯曰費□□　孔云碩大　案大信不當云傷辯信
當為言之譌

六出觀好怪內乃淫巧　案出當作土土觀見前程典柔武二
篇

八□□好威民衆日逃　盧云逃字從元本卜本俗閒本作跳

字書無　案逃當讀爲偷古音相近通用禮記表記云安肆日偷鄭注云偷苟且也此亦言上好威則民不自保日惟苟且求自免於刑也今本作挑乃恌之誤詩小雅鹿鳴視民不恌毛傳云恌愉也

周月解第五十一

陰降慘于萬物　盧云舊脫降字據通鑑前編補　案杜氏玉燭寶典引陰降作隆陰隆降聲類同古字通用

陽氣虧　案玉燭寶典引虧上有聲字當據補

月周天起一次而與日合宿　盧本從沈形校改起爲進朱本同

案寶典引作月一周周起一次蓋有衍誤而作起則已與今本同以文義校之疑起當爲超形近而誤超與超辰之超義同謂月行每月超一次而與日會也沈改爲進義通而非

其元文盧朱從之疏矣

日行月一次而周天　案寶典兩引一次下並有十有二次四字是也當據補

改正朔　案寶典引作改夏正朔

以建丑之月爲正易民之視若天時大變亦一代之事　盧云視本亦作眡　案寶典引無之月二字視作眡與别本同亦疑當作示形近而誤

巡狩祭享　盧云前編祭作蒸　案黄氏日鈔引亦作烝　蒸即烝之借字疑宋本如是商誓亦云罔不維后稷之元穀用蒸享可與金編互證

## 時訓解第五十二

立春之日東風解凍又五日蟄蟲始振又五日魚上冰　惠云

御覽無上冰以上為經風不解凍以下為時訓雨水以下同
采盧本 案此疑隋唐人妄分經訓為二必非古本然亦校讀
此書者所當知也
陰奸陽 朱本陰下增氣字云舊脫據御覽補 案玉燭寶典引
亦有氣字
果蓏不熟 案寶典引蓏作瓜疑當為蓏之譌
桃不始華 案惠校改桃若不華采盧本
臣不□王 惠校據御覽作卽不從上 丁宗洛亦補從字朱本同 案寶典
引亦闕一字則隋本已如此御覽自別有所據不足相補也
寇戎數起 案御覽句首有則字寶典引戎作賊
婦人不娠 案御覽首有則字
桐不華 案寶典引作桐不始華與上文桃不始華文例正

書三 四

同似較今本為長

田鼠不化鴽　案寶典引無鴽字

虹不見　案寶典引作虹不始見

萍始生　案寶典引萍作蓱

萍不生　案寶典引作蓱不始生

鳴鳩不拂其羽　案寶典引無其字

戴勝不降于桑　案寶典引無于字

政教不中　盧云御覽作平　案寶典亦作平

蚯蚓出　案寶典引蚯作丘下同下冬至節同

嬖奪后　盧云御覽作臣奪后命王朱校據增命字　案寶典引亦同

困于百姓　盧云御覽困作害　案寶典同

賢人潛伏　盧云御覽賢作仁　案寶典同

螳螂生　案螂寶典作蜋下同
令姦壅偪　案令姦寶典作號令是當據改
螅蟀居辟　案寶典螅作蟋辟作壁下同
國無寬教　案寶典寬作完
急迫之暴　盧云御覽作卽恆急之暴朱本據改　案寶典迫作垣
卽恆之誤
腐草化爲螢　王云螢本作蛙蛙卽蠲之借字北戶錄引正作
腐草爲蛙　朱本作腐草爲蠲云據說文及段氏北戶錄訂
案寶典螢亦作蛙下同
土潤不溽暑　案寶典無溽字
物不應罰　盧云御覽作卽急應之罰　案寶典與御覽同
大雨不時行　案寶典引無大字

寒蟬鳴　案寶典蟬作蜩下同

民多邪病　盧云藝文類聚邪作欬王朱校並據改　案寶典亦作欬

人皆力爭　盧云御覽人皆作人臣　案寶典同

暖氣為災　盧云御覽作凶災朱同　案寶典作灾

羣鳥不養羞下臣驕慢　案寶典引無羞字下臣作羣臣

雷始收聲　王校作雷乃始收　案寶典正作雷乃始收與王校同

蟄蟲培戶　案寶典培作附下不培戶作不附無戶字

甲蟲為害　盧云御覽云介蟲　案寶典同

蟄蟲咸俯　盧云御覽俯並作附　惠云宋本附盧失載　案據此則宋本與御覽同

咎徵之咎　盧云御覽云即災咎之徵　王云御覽時序部十

三引作災咎之徵是也　案上咎字寶典作灾

地氣不下降　案寶典引無下字

不閉塞而成冬　案寶典引無塞字

母后淫佚　案寶典引淫作縱

鵙鳥不鳴　盧云御覽鵙作鶪　王云鵙鳥本作鶪旦唐月令避睿宗諱改鶪旦為鶡鳥挍逸周書者依唐月令亦改為鶡鳥御覽所引是也又云藝文類聚作於睿宗以前而引月令亦作鶡鳥則唐人依唐月令追改之朱本改鶡旦　案寶典亦作曷鳥則隋本已如是王謂唐人避諱改疑非

鵙鳥猶鳴　惠云宋本作鶡鳥猶鳴　案此亦當作鶡鳥宋本譌

國有訛言　案寶典有作多

陰不承陽 案寶典承作丞

鴈北向 盧云御覽鄉 案寶典同

國不盜 惠云御覽國下有家字盧未采 案寶典不上有乃字

國不除兵 盧云御覽卽國不除姦朱本據改 案寶典亦作兵則

舊本不誤

月令解第五十三亡 案玉燭寶典云蔡雍以為月令自周時典籍周書有月令第五十三案周書序周公制十二月賦政之法作月令自周書月令耳且論語注云周書月令有更火之文今月令聯無此語明當是異是杜臺卿亦不以禮記月令為即周書也 臧庸云據中郎此言是周書月令即禮記月令也初據論語集解言周書月令有改火之文疑別有月令今考周禮司爟鄭司農引周書為鄹子賈疏云鄹子出於

周書其義是一然則論語注所言周書實鄒子耳拜經日記案臧說近是大抵周書月令必與禮記大同小異但盧校竟以呂氏春秋補入則不足憑耳

## 謚法解第五十四

維周公旦太公望開嗣王業建功于牧之野終將葬乃制謚遂敘謚法、盧云困學紀聞云周書謚法惟三月既生魄周公旦太師望相嗣王發既賦憲受臚于牧之野將葬乃制作謚今所傳周書與六家謚法所載不同蓋今本缺誤　朱本從困學紀聞校云三月謂成王元年作謚法之月也武王未葬故不諱賦布憲法臚旅也布法於天下受諸矦旅見之禮于時追謚西伯為文王而謚法未備及此將葬武王乃敘制之案依朱說此為成王元年將葬武王時所作作雒云元年夏六月葬武王于畢然以文義校之殊不可通時武王在殯則嗣王自是成王安得以武王為嗣王且武王雖未葬然以大行故王而稱為嗣王且直斥其名其為不敬甚矣又賦憲受臚於牧野乃武王初得天下時事胡為於此述之乎竊謂此書雖作於成王元年而諡法自是為改葬先王時并追諡文王而作敘云周公肇制文王之諡義以垂于後是其證然則此書非主葬武王為文明矣禮記大傳云牧之野武王之大事也既事而退柴於上帝祈於社設奠於牧室遂率天下諸侯執豆籩逡奔走追王大王亶父王季歷文王昌不以卑臨尊也又中庸云武王末受命周公成文武之德追王太王王季上祀先公以天子之禮鄭注云追王大王王季者以王迹起焉先公祖紺以上至后稷也又云追王者改葬之矣依鄭説定武王追

王周公又有改葬先王之事蓋於葬武王時并以天子禮崇飾先王之陵墓因遂作謚法故以相嗣王發發端此對先王爲文固不嫌其稍斥也鄭君改葬之說近儒多疑之以此書證之殆信而有徵矣

既過能改曰恭　孔云言自知也　案獨斷既作知以孔注推之似亦本作知

大慮靜民曰定　盧云靜民前編作慈仁　案獨斷靜亦作慈據金編疑舊本作慈人人即民字唐人避諱改也校者不審又改爲慈仁耳

辟地有德曰襄　朱云左傳疏地作土　案獨斷亦作土

小心畏忌曰釐　朱云舊脫據左傳疏補　案史記正義獨斷並有此句釐作僖字通

彌年壽考曰胡　孔云大其年也　盧云胡訓大也正義注作
久也非　案胡雖訓大而此注則似釋彌年之義後文云胡
久也正義本似不誤
柔德考衆曰靜　朱云當依魏書源懷傳作柔直考終直作德
終作衆並古文叚借　案獨斷亦作柔德好衆曰靖與舊本
略同
布綱治紀曰平　盧云左氏昭廿二年正義治作持（朱本據改）　案
獨斷作治與舊本同
有功安民曰烈　孔云以武立功　案後漢書皇后紀李注引
蔡邕和熹鄧后謚議云謚法有功安人曰熹（民避唐諱作人蔡中郎集人作居熹作憙居蓋民之譌）
是此烈字當爲熹今本傳寫誤作烈遂無熹謚
非也

死見神能曰靈　案能字疑當在見字上
年中早夭曰悼　盧云前編年中倒　案獨斷作中年早折則前編作中年似不誤惠校亦改中年
恐懼從處曰悼　孔云從處言險圮也　王云險圮二字與從處義不相近未解注意云何從疑當讀爲聳聳懼也　朱云從處未詳　案以孔注推之疑從當爲徙形近而譌書敍祖乙圮于耿僞孔傳云圮于相遷于耿河水所毀曰圮孔注似隱據彼文謂遇險圮遷徙去其故都也
恭仁短折曰哀　仁舊本作人惠校改仁　盧朱同　案獨斷仁亦作人古通
甄心動懼曰頃　孔云甄積也　舊本作醜心動懼曰甄　朱盧同　從史記正義校　案盧校是也甄當讀爲震周禮典同云薄

聲甄注云甄猶掉也鳧氏云鍾長甬則震注云鍾掉則聲不
正是甄震訓同廣雅釋詁云振掉動也振震甄聲義並相近
注訓爲積疑卽振之譌
聖善周聞曰宣　朱本作善聞周達云據左傳釋文訂　案獨
斷作聖善同文同文疑卽周聞之譌蔡書雖亦有譌舛而與
舊本相近似不必改
狀古述今曰譽　孔云立言之稱　盧云舊作言直人稱訛
案惠校注作言立之稱是也左襄廿四年傳云死而其言立
㬥慢無親曰厲　朱云㬥慢句舊脫據隱三年傳疏補　案獨
斷亦有此句慢作虐
逆天虐民曰抗　孔云所尊天而逆天　盧云正義注作背尊
大而逆之似誤　案惠校本從史記正義是也此正文當作

逆大虐民曰抗言背大國而行暴虐民也、

嘗麥解第五十六　案此篇記成王於嘗麥之月格廟命大司寇正刑書以逆刑罰之中遂以策書敕戒司寇及羣臣州伯之事舊釋皆不得其義今略說之

維四年孟夏王初祈禱于宗廟乃嘗麥于太祖　莊云傳曰龍見而雩正雩之禮在於孟夏明堂月令著正雩於中夏鄭氏以為失之而孟夏正雩之禮略備是篇又云不言六月言孟夏者正歲以序事也言嘗麥則非周之四月矣月令曰孟夏之月農乃登麥天子乃以彘嘗麥先薦寢廟太祖文王也案首句玉燭寶典引作維四月三字似誤也于宗下無廟字注云一本云天宗史略作閟廟誤今案作天宗是也天宗即天神見月令世俘亦云告天宗上帝莊謂此即孟夏正雩之禮甚塙雩祀上帝

於南郊之兆故云天宗也詩周頌噫嘻敘云春夏祈穀于上
帝雩祀在南郊嘗麥則在大廟二者皆於孟夏有事自是常
典此因正刑書與彼同月特舉紀之耳其實正刑書告廟社
用少牢無迎尸祼獻之節其禮甚殺與祈雩嘗麥二事絶不
相涉也
是月王命大正正刑書　莊云大正司寇也同朱説　王制曰成獄
辭史以獄成告于正正聽之正以獄成告于大司寇大司寇
聽之棘木之下鄭氏云正於周鄉師之屬今漢有正平丞秦
所置孔穎達云鄉謂鄉士師謂士師之屬者謂遂士縣士方士之
等司寇爲諸正之長故曰大正　案莊説是也凡卿謂之大
正周禮大宰乃施灋于官府而建其正鄭注云正謂冢宰司
徒宗伯司馬司寇司空也對文則諸官之長謂之少正六官

卿謂之大正書多方云越惟有胥伯小大多正大司寇為秋官之正故亦謂之大正王制之正則少正也左昭十五年傳孫伯黶司晉之典籍以為大政漢書五行志作大正伯黶蓋嘗為卿故云大正大正本為六卿之通偁此正刑書則定為大司寇矣

少祝導王亞祝迎王降階即假于太宗少宗少祕于社各牡羊一牡豕三　惠士奇云大宗少宗即大宗伯小宗伯也少祕疑即小史盧本　朱云少祝中士亞祝上士階路寢之階假至也大宗少宗大宗伯小宗伯也少祕內史也掌書王命社與后土皆羊一豕三不用大牢者告祭殺禮　案此當讀少祝導為句王亞為句言少祝前王為導引王則次少祝後而行也周禮肆師注引尚書大傳云王升舟入水鼓鍾亞觀臺亞將舟亞宗廟亞黃緜續儀禮經傳通解引大傳亞並作惡

鄭注云惡當為亞亞次也王亞文例及字義並與彼同此祝迎王降階祝乃大祝也大戴禮諸侯遷廟篇云祝曰請導君降立于階下奉衣服者皆奉以從祝又云至于新廟有司皆先入如朝位祝導奉衣服者乃入君從奉衣服者入門左此云少祝導王亞祝迎王降階猶彼祝導君從入及君降立于階下也　莊云假于下者脁篇或當為廟或曰于郊大學也少祕卜人　案以上文證之卽假于下當有太祖二字涉下太宗而挩古史官無稱祕者且使少祕果為官名與下于社文亦不相屬竊謂祕上少字當是衍文祕與祕祝之祕義同說文示部云祕神也祕于社卽告于社此王自告廟而命大宗伯小宗伯告社也牡豕三三當為一各家廟社為文謂告廟社皆以一少牢也朱以各為指社與后土失之

史導王于北階　莊云階大廟階禮大射儀工人士與梓人升自北階大射于大學太學有北階則廟亦有北階矣升自北階者陽德也陰刑也正刑書故變禮　案王入廟必無於北階升之理當為乍階之誤乍卽阼之借字阼階卽東階對下自客階為西階也莊說不足據

乃命太史尚大正卽居於戶西南向　莊云居處也處戶西南面者尊之　案居當為位古文形相近戶西者客位士冠禮筵于戶西記云醮于客位是也天子廟制有東西房室居中戶東而牖西以戶牖之閒為堂之正中戶西之位當堂中微偏東與戶牖之閒小異大正亦臣也而卽客位者以將受中特尊禮之也

九州□朱依丁宗洛說補敎字未編伯咸進在中西向　莊校在改廷云古

文相近而誤又云如朝位曲禮記曰天子當宁而立諸公東面諸侯西面曰朝明堂位曰諸侯之位阼階之東西面北上案莊說是也鐘鼎古文廷字與在形相近因而致誤 朱宰乃承王中升自客階 又宰坐尊莊校改奠是也中于大正之前 云中本甗算器此蓋盛筴之具筆及鉛槧也 莊校改王中為王龜云亦以古文而誤 案朱莊說並謬此云宰承王中又云執筴從中宰坐奠中又云大正坐舉書及中降中並謂獄訟成要之簿籍也周禮小司寇云以三刺斷庶民獄訟之中又云歲終則令羣士計獄弊訟登中于天府鄭注云罪中所定鄉士云獄訟成士師受中鄭注云士師受獄訟之成此中即彼獄訟之中登於天府者也國語楚語余左執鬼中韋注云執謂把其錄籍刑書如今之律刑中如今之成案二者蓋同藏於大廟周禮天府

掌徑斬之守藏凡官府鄉州及都鄙之治中並受而藏之此篇所記卽前年登於天府之
中出而陳之以與刑書相鈎致也
太祝以王命作筴筴告太宗王命□□祕作筴許諾　朱云大
祝下大夫告太宗以王命作筴大宗遂以王命命祕　莊校
作王命大祕作筴云上言少祝亞祝下言大祝上言少祕此
爲大祕無疑大祕大卜祕神也重卜並以神名之　案朱莊
說並非也此當云太祝以王命作筴筴告　句太宗以王命少
宗祕　句今本次句挽一以字又闕少宗二字耳作筴筴告告
誥字通猶洛誥云作筴逸誥此二句各自爲一事蓋太祝先
以王命命內史作筴辭以告大正而大宗又以王命告少宗
使祕于社上命作筴者乃告大正非告大宗也上文云大宗
少宗祕于社則宗伯自主祕社事與正刑書事又不相冡皆

不可并為一也作筴許諾四字句言大祝旣命作筴作筴則
許諾也莊以為大卜許諾非
乃北向䌛書于兩楹之閒　朱云䌛用也　案䌛讀為紬古音
相近史記敘傳云紬金匱石室之書
王若曰宗揜大正　朱云揜大宗名訓刑而告宗伯者亦出禮
入刑之意　莊改揜為尹云古文近而誤尹正也長也謂大
宗　案此宗揜二字必是譌文疑宗當為介揜當為格並形
近而譌此當云格介大正言命大正升聽告辭猶書湯誓云
格爾眾庶也此篇前後所紀正刑書即位受書降拜諸事並
專屬大正無與宗伯事不當於此忽又以宗伯廁其閒若如
朱說宗揜呼其名而大正獨不箸名於文例亦參差不合不
可通也

順天思敘　朱云致天討故民畏法而思倫敘　案思敘義難通朱說亦迂曲疑思當為卑篆文相近而誤卑即俾之省金文俾字多作卑詳古籀拾遺爾雅釋詁云俾從也從與順義亦相近言順天命而從其尊卑之敘不僭亂也

紀于大常　盧云舊校疑是太常　惠校亦從路史作太常莊同
朱駿聲云當作常偽君牙用此文可據也　案作常是也

當據正

乃命少昊清司馬鳥師以正五帝之官　朱云清為黃帝司馬
莊云馬字衍　案馬疑當作為非衍文也朱說尤謬司疑當為始聲近段借字言少昊清始為鳥師以鳥名官五帝之官即五官配五行者也　又疑五帝亦五常之誤五常與五行義同

皇天哀禹賜以彭壽思正夏略　案思當作卑即俾之省言命

彭壽伐武觀使正夏之疆略也

予亦述朕文考之言不易予用皇威　朱云文考當作文祖皇

大威長也　案易讀爲施施猶舍也文考謂文德之考即指

武王言之朱誤以文爲謚遂欲改考爲祖非也皇當讀爲況

詳後祭公篇

如木既顛厥巢其猶有枝葉　莊校巢改本　朱駿聲云巢當

作櫱錄本　案莊朱說並非也巢當爲椔之誤爾雅釋木云木

立死椔毛詩大雅皇矣作菑椔或誤書變爲上聲下形遂類巢字故傳

寫譌舛耳

作休爾弗句敬恤爾執　朱云休讀爲庥芘蔭也　案二句相

對爲文休善也弗讀爲佛時仔肩之佛謂輔助言善者之輔

弼大臣念女之執事小臣朱讀以作休屬上其猶有枝葉爲句非是

惠乃其常無別於民　朱云順乎天討之典貴賤無別　案別當讀爲偏無別猶書洪範云無偏無黨也墨子天志篇云天之愛百姓別矣別即偏字此借別爲偏猶彼借偏爲別也

乃左還自兩柱之閒　案柱當從莊校改楹與上文合

箴大正曰欽之哉諸正敬功爾須審三節此箴上下文皆四字此句疑有挩字

無恩民因順爾臨獄無頗正刑有掇者莊云掇讀曰暇表也所以明民使不陷如刑表暇然案莊說是也掇亦與詩商頌長發爲下國綴旒之綴義同朱從丁宗洛改掇爲惙云惙憂也非是夫循乃德夫莊校改矢云矢陳循自也案莊校是也循疑當釋爲順莊釋爲自未審式監不遠以有此人保寍爾國克戒爾服世世是其不殆惟公咸若　朱云無恩恩也因依順從也　莊校改無恩民因作閔民瘼云古文閔

从思敏省聲譌爲無思二字順讀曰訓　朱駿聲云順讀爲愼錄本　案莊說非也思亦當爲卑即俾之省因當爲困並形近而誤下文無思民疾思亦卑之誤疾困義正相近順莊讀爲訓朱讀爲愼並通此箴皆協韻惟無頗句止二字又與韻不協疑無頗下當有無側二字書洪範云無偏無頗遵王之義又云無反無側王道正直此箴蓋以節即側德國服若爲韻其蹤跡可推校也無卑民困猶詩小雅民勞云無俾民憂

大正坐舉書乃中降　莊校乃改及　朱云由中階降尊刑憲　案此中亦即獄訟之中中階惟明堂有之宗廟則無朱說非也乃當從莊校改及爲是謂兼舉刑書及獄訟之中以降也

是月士師乃命太宗序于天時祠大暑　案序疑當爲享形近

而誤以下亦禖紀享祀之事與正刑書事咸不相涉也祠大暑盍祀祝融於南郊之壇周禮籥章云中春晝擊土鼓龡豳詩以逆暑大戴禮記夏小正云夏有暑祭祭也者用羔禮記祭法相迎於坎壇祭寒暑也鄭注云相迎當為禳祈聲之誤也寒於坎暑於壇並祀暑者之見於經者詳周禮正義

乃命少宗祠風雨百享　莊改享為辟云月令曰仲夏之月命有司為民祈祀山川百源大雩帝用盛樂乃命百縣雩祀百辟卿士有益於民者以祈穀實　朱云百享百神在祀典者　案享與祀義同百享猶言百祀也似不必改字

士師用受其胾以為之資　莊本胾改職云古文相近而誤資讀曰質質成也百官府受其職以為之成　朱云胾肉也謂胙肉也　案莊校以胾為職是也鄉射禮云古文職為胾今

文或作植下文𦍒用受其職𢧵𢧵即職之行文受當爲授職
謂祭祀之職事士師命而授之周禮封人云命社稷之職鄭
注云將祭之時令諸有職事於社稷者也此授其職與彼義
正同資讀爲粢謂命共其粢盛郊特牲云唯爲社事丘乘共
粢盛爲資與授職即謂祭祠之職事資盛也
邑乃命百姓遂亨于富　莊云邑當爲鄉國中也　朱本富改
家　案朱校亦通邑當從莊屬下讀朱讀邑屬上句誤邑如
雒邑商邑夏邑之邑謂都城也亦通鄉遂言之莊讀爲鄉非
是而釋爲國中則不誤
無思民疾供百享歸祭閭率里君以爲之資　莊云歸讀曰饋
閭率里君鄉遂之有司也　朱云率若連率之率閭率里君
周禮謂之閭胥里宰　案思亦卑之誤詳前供百享歸祭句

亭鄙皆通內外祭祀言之閭率里君當如莊說為鄉遂之吏君尹之借字禮記襍記有里尹鄭注引王度記云百戶為里里一尹即此下亦當有用受其職四字今本誤挩當據上下文補

野宰乃命家邑縣都祠于太祠乃風雨也宰用受其職載以為之資　莊校乃改及　案野宰蓋治野之吏若周禮縣師之屬周禮縣士云掌野故縣吏謂之野宰朱讀野屬上句誤乃當從莊校作及也當為野音近而誤朱本刪乃風雨也四字亦非上士師命太宗少宗祠則士師受其職以為之資此野宰命家邑縣都祠則亦野宰受其職以為之資其例正同載職字通上文云受其職此職載不當重出疑校書所記誤兩存之當刪其一也

采君乃命天御豐犧享祠為施大夫以為資　莊云天御九御

朱云君采邑之君天御未審或云太御之譌穡音同 案
朱云采邑之君得之而讀采屬上句則誤上野宰邑命家邑
則此采君内唯有大小都即公卿王子弟之采邑也莊校刪
采字又改君為后宮姝謬天御疑當作内御内天篆文相近
而誤莊釋為九御九御為天子諸侯之制采君不得命之其
說亦非是為施二字疑譌大夫即采君下亦當云用受其職
以為之資今本挩用受其職四字及之字當據上文補正
箴句太史乃藏之于盟府以為歲典 莊本朱本並無于字
莊云箴太正箴也 案上文雖有箴大正語而此處唯出一
箴字上下文義殊不相貫莊說非也此疑當作蔵形近而誤
左文十七年傳云以蔵陳事杜注云蔵勅也勅成前好廣雅
釋詁云蔵備也此當讀蔵字句謂上正刑書受中及命祭祀

諸事咸備成太史乃總藏其典於盟府也莊讀蔵如字則似太史所藏者止是歲辭與下以為歲典文不合非是朱讀歲屬上資字為句尤誤

本典解第五十七

惟四月既生魄王在東宮告周公曰　朱云東宮下舊有召公二字　盧校云二字衍疑當作告召公周公　案史略東宮下作召周公旦與舊本又不同召周公旦之文他篇常見疑高本近是召非衍文

帝鄉在地曰本　朱云鄉音向　案鄉當為饗即亯之借字朱音非是

官人解第五十八

王曰嗚呼大師朕維民務官論用有徵觀誠考言　王本校盧校大戴禮記作

志視聲觀色觀隱揆德可得聞乎周公曰亦有六徵嗚呼乃齊以揆之　盧云案此篇亦見大戴禮名文王官人通篇皆文王之言與此不同　案此大師即指周公本典篇敘云周公為大師是也依大戴禮王為文王則大師當為太公此書王為成王御覽八十四引帝王世紀云成王八年正月朔王始躬親王事以周公為太師

其老者觀其思慎彊其所不足而不踰　盧云大戴作慎彊其所不足而不踰也周書舊本作慎而口彊其所不定者觀其不踰字多訛今從大戴訂正　案彊其所不足則不必慮其踰此踰字依聲類當讀為偷禮記表記鄭注云偷苟且也不偷正彊其不足之意

其貌直而不止　盧云大戴不止作不侮　惠校作不傷盧本

案惠亦據宋本大戴記校也元劉廷幹本傷作侮盧校據劉本而未及宋本未晐

□弗求及朱校從大戴禮作旋弗求多　情忠而寬貌　盧云大戴云旋不在多靜而寡類　案此當作情忠而寡貌大戴寡字不誤當據以校正彼情作靜者同聲叚借字貌作類則貌之形誤也詳汪氏經義述聞　情忠而寡貌者忠中古通謂中誠信而外少文貌大戴禮記王言篇云多信而寡貌與此文義略同可以互證大戴亦當作多靜而寡類王引之謂當作靜忠而寬貌未塙詳大戴禮記斠補

幽閒之行獨而弗克　朱云慎行於獨非求勝人也　案朱釋克為勝人本大戴禮盧注義也然其義仍難通竊謂克當為兌之誤兌與隊通禮記檀弓鄭注云春秋傳曰杞殖華還載甲夜入且于之隧隧或為兌此借兌為隊猶彼隧或作兌也　獨而弗兌言不為獨處隊行也

周書斠補卷四　　瑞安孫詒讓

王會解第五十九

天子南面立絻無繁露朝服八十句物搢珽　孔云繁露冕之所垂也所尊敬則有焉八十物大小所服搢插也珽笏也惠校從王應麟補注本作珽似笏朱本同　案此篇為周初大會同之禮而絻服與儀禮覲禮周禮司服弁師不合為此書一大疑案據弁師云掌王之五冕五采繅十有二就皆五采玉十有二諸侯之繅斿九就瑉玉三采鄭注以為王袞冕十二斿鷩冕九斿毳冕七斿希冕五斿玄冕三斿諸公九斿侯伯七斿子男五斿又云大裘之冕蓋無斿依鄭說是惟王祀天服大裘冕乃無斿鄭此說亦不塙詳周禮正義餘皆有斿可知覲禮天子袞冕則大朝覲會同當服袞冕十二斿不當無繁露明矣況依此下文大史魚

大行人郭叔繞皆有繁露而王與太公周公乃無之則似有繁露反殺於無繁露揆之禮例尤為傎舛鄭說大裘之冕無旒乃取示質之義亦不以此為尊卑隆殺之差也西周盛時豈有此非謬不經之儀服乎孔雖強為之說義終不可通竊以二禮參綜詳覈以意推之疑此文本肴省殷展轉譌舛遂致差迕繞無繁露無疑當為璪之省弁師璂玉注云故書璂作璪鄭司農云璪惡玉名說文玉部云璪三采玉也璪繁露即弁師之璂玉王與諸侯冕或同用此玉矣舊讀朝服八十物句義亦難通竊疑當讀朝服八十句此亦即指袞冕服經典凡云朝服在王則為皮弁服在諸侯以下則為委貌緇衣素裳皆非此朝服也物屬下搢珽句八十以下文七十五十校之此王禮當作九十禮經說王侯以下禮等隆殺率以二為升降弁師注說冕旒亦然今作

八十非其差也十當作才鐘鼎古文在字皆省作才（見薛尚功鐘鼎款識阮元續鐘鼎款識）與十形相近（皇門篇咸獻言在于王所莊云在本作十古文在也）此當為

采之段借字書咎繇謨在治忽在史記夏本紀索隱引今文

書作采漢書律厤志引又作七此采作十猶漢志采或作七

皆形之誤也九采即九章司服注所謂袞冕九章也物當為

曶之段借曶古笏字（物曶笏聲類同）言王之所搢之笏則珽也依此

校定則與禮經約略相應或足為此書袪惑釋紛乎

唐叔荀叔周公在左太公望在右皆絻亦無繁露朝服七十句

物搢笏　案無繁露無疑亦當作璪此與弁師故書諸侯冕

斿用璑玉正合朝服七十者七十亦當為七采即七章也依

周禮典命侯伯之服以七為節此與彼合物搢笏物亦曶之

段字下笏字則疑當作荼圭藻云天子搢珽諸侯荼此上文

王搢珽則此當作搢荼方是相配漢人隸書从竹與从艸字
多互易故書荼蓋或作茶校者不審遂改為笏矣
堂下之右唐公虞公南面立焉堂下之左殷公夏公立焉皆南
面絻有繁露朝服五十旬物皆搢笏　案有繁露之有亦當
為玉名校者因璪繁露璪省作無遂改此文以儷之又疑或
當為璹之省説文玉部云璹朽玉也與璪篆正相次其字它
書不經見或即此玉蓋亞於三采之璪此四公冕旒用之降
於王也五十亦當為五采謂毳冕五章也依典命子男之服
以五為節唐虞夏殷四國爵為上公於周為賓恪而冕服乃
下與子男同亦與禮次未合竊疑五當為九之誤笏亦當為
荼與前同
為諸侯之有疾病者　趙校云下文有之此處疑衍盧本　案趙

校是也朱本失删
相者太史魚大行人皆朝服有繁露 案看亦當爲璫之省上
下凡有繁露無繁露上並有繞字此疑挩
堂下之東面郭叔掌爲天子菉幣焉繞有繁露 案看亦當爲
璫之省
比服次之要服次之荒服次之 又方千里之内爲比服方二千
里之内爲要服方三千里之内爲荒服 孔云比要服於比
服轉遠故殊其名非夷狄之四荒也此服名因於殷非周制
也 王云比近也以職方九服約之比服其侯甸要服其男
采衛荒服其蠻夷鎮蕃與祭公謀父諫穆王謂先王之制有
甸侯賓要荒亦與職方異補注何同 丁云比輔也輔近王畿之
地管箋朱同 案王何並以比服爲侯甸二服其說非也以國語

攷之比當爲賓一聲之轉島貢蠙珠說文玉部作玭是其例
也此比服要服荒服卽周語所謂侯衛賓服蠻夷要服戎翟
荒服也周語又有邦內甸服邦外侯服此侯服已包於賓服
之中而無甸服依韋昭注彼甸服卽周禮大司馬之國畿侯
服卽職方氏之侯服賓服卽周禮之侯甸男采衛五服要服
卽周禮之蠻服夷服荒服卽周禮之鎭服蕃服若然比服當
在三千里之內要服當在四千里之內荒服當在五千里之
內里數舛牾不合孔注以爲周初因殷制蓋謂除王畿千里
之外面三千里兩面并七千里今攷禮記王制鄭注云禹承
堯舜要服之內地方七千里夏末旣衰夷狄內侵諸侯相并
土地減國數少殷湯承之更制中國分三千里之界周公復
唐虞之舊域其要服之內亦方七千里是鄭謂殷王畿之外

面止二千五百里夏周五服之内雖方七千里而又不數荒服孔説與鄭義亦不合也

其西天子車立馬乘六青陰羽息旌　王云書五子之歌言亦馬漢世此經不傳多言天子駕四公羊説王度記天子駕六息陸璣曰青色曲禮前有水則載青旌注青青雀水鳥注鶄何云陰黑色也青陰羽青黑色之羽孔以爲鶴羽非是六一作亦非是　朱云立馬不税駕六馬皆青色陰羽以飾蓋息羽以爲旌　案古天子無乘六馬之制詳詩鄘風干旌孔疏引鄭康成駁五經異義説五子之歌乃僞古文書不足取證此疑當作天子乘車立馬上文云堂下之右唐公虞公立馬堂下之左殷公夏公立馬文例正同六舊本作亦惠盧朱校並從王本作六今改舊本不誤亦即帟字之省亦青當作青帟此讀青帟陰羽句猶

上文云墠上張赤帟陰羽也今本焉譌爲馬亦譌爲安[illegible]案
誤移箸車立馬下亦字又刻箸青字上遂不可通耳王何讀
青陰羽句甚不辭朱讀爲馬乘六青青非周之所尚天子馬
亦不宜純用此色也

中臺之外其右盧云或疑左朱本改左左泰士臺外右彌士受贄者八人東面
者四人　孔云泰彌相儀之士也受賓幣士也惠校士也二字作者四
人東面則西面四人也　王云泰大也彌終也泰士蓋上士
彌士蓋中士下士補注朱何說同　惠云泰士理官　案惠說是也
泰士郎大士亦郎大司寇也禮記月令鄭注云有虞氏曰士
夏曰大理周曰大司寇大士郎大理也士理字譌　古东傳二十八
年傳云士榮爲大士晏子春秋諫上篇有泰士子牛正與此
同彌士疑小司寇士師之屬

天玄駹宗馬十二玉玄纁璧綦十二參方玄纁璧豹虎皮十二
四方玄纁璧琮十二　孔云天玄黑駹宗尊也參方陳幣三
所也四方四所方列之也　王云博雅駹罽也注補　何云駹
疑本是駹字後青馬黑駹王云即駹字釋箋　朱云駹罽也宗
猶先也　以駹先馬　案此說陳幣分列四方不應上二方無
文駹當從何讀為駹但云玄駹文已足不必云天玄疑天當
為先言於四方為最在前也先天形相似而誤玉玄纁璧綦
十二玉與下璧文複下文兩言玄纁璧上並無玉字玉疑當
為二之誤下又挩方字二方與參方四方文亦正相儷也孔
說並失之玄纁璧綦玄纁璧琮璧下並著璧名惟參方玄纁
璧下無之亦疑有挩字也
其守營牆者衣青操弩執矛　孔云矛戟也名異舊本作戟也各異方盧本

作鈠也方各異並非今從王本

案此守營壘之士衣及兵各依方色東方執矛與管子幼官篇東方兵尚矛淮南子時則訓春其兵矛穀梁傳楊士勛疏引徐邈說五兵矛在東並合但矛與戟迥異孔不宜合為一竊疑此正文及注矛字並當為孑存莊四年傳授師孑焉方言云戟楚謂之釨釨孑字同蓋孑戟古音近通用故孔以戟釋孑也孑與矛形近而誤禮記曾子問孔疏引隱義亦云東方用戟則古說五兵有以戟屬東方者御覽三百一引周書云春牝陳弓為前行夏方陳戟為前行季夏圓陳矛為前行秋牝陳劍為前行冬伏陳楯為前行是又以戟屬南方夏矛屬中央季夏與此文並不合

稷慎大麈　案大戴禮記少閒篇盧注云周武王時武當作成肅慎貢文麈似即本此盧所見本大或作文也下孔注大麈文兩見則孔本自作大

（清）何秋濤 撰

# 逸周書王會篇箋釋三卷（卷上）

清光緒間（1875—1908）江蘇書局刻本

王會篇箋釋序

周書爲百篇之餘箸錄於子駿七略孟堅藝文志非出於汲冢而讀者多憎其源流至王會一篇紀成周之盛名物制度足補墳典邱索之闕自許鄭注經皆所援引尤可寶重顧船比部精心孳叢博稽詳校成箋釋一書觀者咸服其賅博精深擬諸裴氏之注三國酈氏之注水經而余謂其過人處在於訓詁地理二端尤爲得未曾有蓋先秦古籍深奧難通顧船能疏通而證明之如韡韍之義足補洨長亢唐之訓足匡司農邛邛距虛之爲二獸足糾景純豁然若晦之見燎釋然若冰之方泮其它毌穿經術宏益良多定宇召弓有所不逮至若禹

貢方域春秋地名古人所稱絶學而商周國名曠無攷證路史之流患在無稽不足依據顧船獨能一一求其所在不爲鑿空之談如區陽西申規規禺氏之類每樹一誼堅確不移使讀史者上下千秋縱橫萬里可以燭照數計不誠爲稽古之快事哉昔閻潛邱精攷證之學嘗云讀書必尋源頭手一書至檢數十書相證侍側者頭目爲眩而潛邱精神涌溢眼爛如電其所著述屹如長城堅不可攻故杜于皇贈閻詩有云不貴子博觀貴子秉確識吾子必自愛如子實難得余曩謂斯語非潛邱不足當之亦非于皇不能言之至今日可轉爲顧船贈矣因題於簡耑以志忻慕戊申二月望日平定張穆

# 王會篇箋釋審定校勘爵里姓氏

大興徐星伯太守 松

歙鄭浣香文學 復光

河間苗仙露明經 夔

桐城姚石甫觀察 瑩

邵陽魏默深刺史 源

安邱王菉友大令 筠

道州何子貞編修 紹基

平定張石州明經 穆

旌德呂鶴田大卿 賢基

歙王子懷侍御 茂蔭

兖州王蔭之學士 東槐

順德羅椒生通政 惇衍

閩王雁汀學士 慶雲

漢陽劉茮雲學正 傳瑩

嘉應李子迪檢討 光彥

上元馬湘颿侍御 沅

江都汪醕卿編修 廷儒

歙方子佩編修 允鐶

仁和錢冬士農部 步文

武陵胡光伯編修 焯

南豐吳子序編修 嘉賓

臨桂龍翰臣殿撰 啟瑞

漢陽葉潤臣中翰 名澧

曲阜孔繡山舍人 憲彝

任邱邊袖石編修 浴禮

益都陳雪堂憲部 山嵋

吳潘季玉奉常 曾瑋

代州馮魯川憲部 志沂

六合徐彝舟檢討 鼒

句容陳卓人憲部 立

邵武楊湘芸農部 寶臣

侯官林薌谿孝廉 昌彝

同安林晴皋編修鶚鷹

惠安陳念亭憲部金城

高要馮展雲侍讀譽驥

# 王會篇箋釋序

王會一篇載於周書紀成王時四海職貢之盛其威儀度數可以補儀禮周官之缺其國名地名上綴禹貢旁稽職方下可與後世史志相證其方物皆五方珍奇足資博覽而又一一摭實詳記與爾雅說文相表裏非若山海經禹本紀諸書之怪為搢紳先生所難言也然則學者欲論治道稽典制揅雅訓攷文獻仰溯姬籙舍此事末由知已顧其注家自晉孔晁後惟宋浚儀王氏補注頗詳且增入大傳所載禹四海異物與本書附載之湯四方獻令並加詮釋俾三代之典彙合參觀誠有功於後學自時厥後讀家稀絕塗徑榛蕪迄於今日舛謬

淆譌益復難讀當世名人爰自抱經盧氏曜北梁氏懷祖王先生以後校訂注釋者數家然諸君子大都考其字句正其譌闕至於詮釋雅訓地志方物之事猶或引而不發未能盡詳今則以王氏補注爲本并取諸家所長增採音義徧考羣籍悉心擘覈作爲箋釋箋以闡注釋以祛疑其旣經諸家考定歸趣無異不事更張或它家之論稍有齟齬概從蓋闕毋滋眩惑凡所指摘跐頗有依據舊文爬羅剔抉蓋仿鄭康成駁異義箴膏肓之例諸本互異擇善而從亦用鄭君注禮詳故書今書之例惟是學謭識陋罔能淹貫穿穴掎摭聊效管闚至其精指請以俟之明哲云道光二十九年五月望後一日

光澤何秋濤自識

# 王會篇箋釋卷上

## 周書

周室既寧八方會同各以職來獻欲垂法厥世作王會

王氏應麟補注曰晉輿服志云成王之會唐顏師古云昔武王時遠國入朝太史次爲王會篇愚謂成周之會在成王時詩序周公既成洛邑朝諸侯是也八方四方四維之國

秋濤曰按周之王業雖成於文武然興禮樂致太平實在周公輔成王時詩蓼蕭序澤及四海鄭箋以爲國在九州之外而引爾雅所言四海及虞書外薄四

海之文釋之孔疏引越裳來朝事以爲此詩之作當在周公攝政之六年其事蓋約略可考戴記明堂位篇亦有公侯伯子男及九夷八蠻六戎五狄之朝位與此篇合觀足見會同之盛矣周官大宗伯曰時見曰會殷見曰同古帝王巡狩方岳諸侯會者各以其時之方虞書所云肆覲東后是也此獨云八方者按周官職方氏東南曰揚州正南曰荆州正東曰青州正西曰雍州東北曰幽州正北曰并州推此言之加西北西南二方則合爲八方其所屬之夷職方所云四夷東方也八蠻南方也七閩東南方也九貉東北方也五戎西方也六狄北方也此書所載兼及巴濮

等地則爲西南方大夏等地則爲西北方故云八方會同也各以職來獻者諸侯朝於天子曰述職述職者述所職也周官大行人云侯服歲一見其貢祀物甸服二歲一見其貢嬪物男服三歲一見其貢器物采服四歲一見其貢服物衛服五歲一見其貢材物要服六歲一見其貢貨物九州之外謂之蕃國世一見各以其所貴寶爲摯此篇所載諸侯之朝蕃國之摯皆述職之事咸與禮合蓋周朝受命之初故侯服蕃國畢至史臣紀之以垂示後昆爲法萬世其意深遠矣至聖人之治不寶遠物所以崇儉德戒遠略而此篇所記多珍奇之品蓋在中國視之爲希有之物

而在其本國則皆易得而不貴者所以柔遠人懷諸侯周聖王奄有萬邦之宏模也

王會

成周之會本注周一作王

孔氏晁傳曰王城既成大會諸侯及四夷也王氏補注曰成周者洛邑之總名成王命周公營成周卜澗水東瀍水西爲朝會之地謂之王城是爲東都作雒篇秋濤按周書之四十八篇曰乃作大邑于土中城方千七百二十丈郛十十七里南繫于洛水北因于郟山以爲天下湊王氏自注諸侯四方納貢職道里均

秋濤曰左傳言武王克商遷九鼎于洛邑史記載武

王言南望三塗北望嶽鄙顧瞻有河粤瞻洛伊毋遠天室營周居於洛邑而後去則宅洛者武王之志周公成王成之周公營洛建二城一爲王城朝會之地也一爲下都處商民之地也書洛誥云我乃卜澗水東瀍水西惟洛食卽王城也在今河南府洛陽縣城內西偏周都西京以此爲東都至平王東遷訖景王十一世皆居於王城敬王始遷成周而王城廢赧王復居之洛誥又云我又卜瀍水東亦惟洛食卽下都也亦謂之成周在今洛陽縣城東二十里與王城相去十八里魯昭公二十六年敬王徙都成周成周狹小乃召諸侯城之自是迄春秋之末凡書京師者皆

指成周此春秋經傳所記王城成周迴爲二地不可溷也此篇所言成周之會則在西京盛時甫營洛邑之後故孔氏以爲王城浚儀以爲成周者洛邑之總名說本不誤但未及春秋時王城成周之別恐讀者不明故詳著之作雒篇云以爲天下湊孔注湊會也

墠上張赤帟張陰羽秋濤按一本帟皆从廾从亦又案下張字衍當刪

孔氏曰除地曰墠帟帳也陰鶴也以羽飾帳王氏禘注曰覲禮諸侯覲於天子爲宮方三百步四門壇十有二尋深四尺司儀將合諸侯爲壇三成公於上等侯伯於中等子男於下等幕人朝覲會同共帟掌次合諸侯設重帟帟以莅下而承塵易曰鳴鶴在陰相

鶴經曰鶴陽鳥也而游於陰禽經曰鶴愛陰而惡陽故以陰爲鶴王氏自注三禮圖在上曰帟四旁及上曰帷上下四旁悉周曰幄

秋濤曰廣韻墠常演切廣雅張施也周官掌次掌王次之灋以待張事音義云張劉音帳戚如字是此字陟亮二切皆可讀也說文無帟字玉篇帟如石切平帳也又承塵也按周官注鄭司農云帟平帳也謂帟主在幕若幄中坐上承塵秋濤按蓋後鄭以承塵之義明帟所以爲平帳非與先鄭異說也玉篇誤會鄭意分爲二解非是賈疏亦不明晰浚儀云帟以庇下而承塵又引三禮圖在上曰帟與先後鄭之說密合當爲帟字碻解也至訓陰爲鶴其義未確王伯

申尙書曰古無謂鶴爲陰者鶴游於陰而謂鶴陰鴈爲隨陽之鳥亦將謂鴈爲陽乎今按陰羽與赤柰對文謂淺黑色之羽也說文陰闇也闇謂之陰故淺黑色亦謂之陰爾雅馬陰白雜毛駰孫炎曰陰淺黑也見詩頌駉正義是其證下文青陰羽亦謂青黑色之羽也孔氏亦誤以爲鶴羽秋濤按柰旣赤色故用淺黑色羽飾之爾雅釋畜郭璞注亦以陰爲淺黑說文陰本作侌从今聲而黑部黔黧也亦从今聲蓋陰黔古音相同故可假借也

天子南面立絻無繁露朝服八十物搢珽

孔氏曰繁露冕之所垂也所尊敬則有焉八十物大

小所服搢插也珽似笏秋濤按一本作笏也非王氏補注曰司儀詔王儀南鄉見諸侯古者受朝立而不坐明堂位天子負斧依南鄉而立黃帝初作冕王氏自注絻冕同崔豹古今注牛亨問冕以繁露者何答曰綴玉而下垂如繁露也冕之旒似露而垂王袞冕五采繅十有二就皆五采玉十有二用玉二百八十八前旒蔽明無繁露所以廣視也珽玉笏也玉藻曰笏天子以球玉天子搢珽方正於天下也玉人大圭長三尺杼上終葵首天子服之大圭或謂之珽王氏自注董仲舒春秋繁露以屬辭比事有聯貫之象也

秋濤曰絻玉篇音亡運切此篇借作冠冕之冕孔氏

謂所尊敬則有繁露按朝諸侯雖非所尊而未嘗非
所敬也何以無繁露乎後儀以爲廣覲之意似是然
唐叔荀叔周公太公在天子左右亦無繁露堂下之
殷公夏公及相者太史魚大行人與郭叔皆有繁露
則以後儀說推之亦未能盡合也又案禮記玉藻天
子玉藻十有二旒前後邃延鄭注雜采曰藻天子以
五采藻爲旒旒十有二前後邃延者言皆出冕前後
而垂也周官弁師掌王之五冕皆玄冕朱裏延紐五
采繅十有二就皆五采玉十有二玉笄朱紘所謂五
采繅十有二就即此所云繁露也
唐叔荀叔周公在左太公望在右皆絻亦無繁露朝服

七十物搢笏旁天子而立於堂上

孔氏曰唐荀國名皆成王弟秋濤按此說未確辨見後故曰叔旁謂差在後也近天子一有後字故一有其字冕亦無旒王氏補注曰唐叔虞封於堯舊都爲唐侯地理志太原晉陽縣詩唐國王氏自注在今太原府秋濤案西漢太原郡晉陽縣即今山西太原府太原縣治左氏傳有荀侯秋濤按桓九年始見傳世本荀姬姓杜預云河東長修縣東北有荀城王氏自注在今絳州秋濤案長修本西漢縣在今山西直隸絳州西北玉藻笏諸侯以象曰荼前詘後直五經要義笏以記事防忽忘禮圖云度二尺有六寸中博三寸其殺六分去一晉宋以來謂之手板古者笏搢之以記事不執之以爲儀宇文周百官始執笏

秋濤曰孔氏注以荀叔爲成王弟故稱叔其說非也攷左傳僖二十四年載富辰之言曰管蔡郕霍魯衞毛聃郜雍曹滕畢原酆郇文之昭也邗晉應韓武之穆也郇卽荀字是荀叔爲文王之子武王之弟惟唐叔則武王之子成王之弟凡武王之弟亦皆稱叔如管叔蔡叔康叔霍叔曹叔之類指不勝屈豈得謂稱叔者皆成王弟乎孔意葢因荀叔列於唐叔之下故誤解耳然周書原文荀必列唐之上今本或傳寫偶爾顚倒不足致疑說文云郇周武王子所封國誤與孔氏同今段氏本已考正改武爲文矣又按桓九年之荀據杜注故城在今絳州界僖二十四年秦伯使

公子縶如晉師師退軍于郇杜注解縣西北有郇城故城在今山西蒲州府臨晉縣東北十五里以是後人有疑荀與郇爲二國者然其非成王之弟則固灼然無疑也又案周官弁師諸侯之繅斿九就瑉玉三采其餘如王之事繅斿皆就玉瑱玉笄鄭注侯當爲公字之誤也三采朱白蒼也其餘謂延紐皆玄覆朱裏與王同也出此則異繅斿皆就皆三采也每繅九成則九旒也公之冕用玉百六十二以上皆注文詳此繞無繁露則是不用繅斿瑉玉其餘皆如常制也

堂下之右唐公虞公南面立焉

孔氏曰唐虞二公堯舜後也王氏補注曰樂記武王

克殷未及下車封帝堯之後於祝帝舜之後於陳王氏自注祝東海祝其縣陳陳州宛邱縣秋濤案祝其故城在今江蘇贛榆縣西南五十里陳今陳州府治淮甯縣是　史記以祝爲薊王氏自注幽州薊縣秋濤案薊縣在今順天府大興縣西南

鄭康成謂黃帝堯舜後爲三恪

秋濤曰按古唐國成王滅之以封叔虞上既有唐叔則此唐必別是一國故浚儀引祝薊證之然春秋時尚有唐[illegible]侯爵宣十二年唐惠侯始見左傳杜注云義陽安昌縣東南有上唐鄉今湖北德安府隨州西北八十五里有唐城鎮顧氏棟高春秋大事表以唐侯爲祁姓堯後則王會之唐公或卽其人至武王封舜後胡公於陳王會之虞公卽陳國也與仲雍之後

封虞公者不同

堂下之左殷公夏公立焉皆南面綂有繁露朝服五十物皆搢笏

孔氏曰杞宋二公冕有繁露搢笏則唐虞同也秋濤案同一作闕非是王氏補注曰周頌振鷺二王之後來助祭史記武王克殷求禹之後得東樓公封於杞王氏自注今開封府雍丘縣秋濤案杞故城今爲河南開封府杞縣書序成王命微子啟代殷後王氏自注宋今應天府秋濤案宋故都今河南歸德府治商邱縣梅福曰封殷於宋紹夏於杞明著三統示不獨有也

秋濤曰杞今說春秋者以爲伯爵非也王者禮二王後如一宋既封公則杞亦當爲公史多闕略當以此

所載爲正春秋桓二年杞侯來朝十二年公會杞侯莒子盟于曲池皆稱侯至莊二十七年杞伯來朝稱伯杜預注左傳范氏解穀梁並曰杞稱伯葢時王所黜孔穎達左傳疏曰杞自此年稱伯終於春秋故云爲時王所黜葢桓莊僖惠不知何王黜之公羊何注曰杞夏後不稱公者春秋黜杞新周而故宋黜而不稱侯者方以子貶起伯爲黜按三傳釋春秋杞伯有二說而其始封爲公則可推而知也

爲諸侯之有疾病者阼階之南祝淮氏榮氏夾之珪瓚夾之一無此句皆西面彌宗之旁秋濤案皆西之西一作南非是之旁一本作旁之是也當從之

孔氏曰淮榮二祝之氏也彌宗官名矣珪瓚南差左

後王氏補注曰祝主祭之贊詞宗宗人主神之列位尊卑能知山川敬於禮儀明神之事者以爲祝能知四時犧牲壇場上下氏姓所出者以爲宗秋濤案此皆節錄楚語之文古以宗伯爲上宗爾宗蓋宗人云阼階東階也瓚者盛鬯酒之器以珪爲柄謂之珪瓚

秋濤曰按元和姓纂十四皆淮夷周有淮夷小國後世氏焉氏族略云其地今淮甸此淮氏亦其比也書序曰王俾榮伯作賄肅慎之命疏曰榮國名周同姓諸侯爲王卿士厲王時有榮夷公春秋時有榮啟期是榮亦以國爲氏者皆名族也楚語云祝使先聖之

後宗使名姓之後其說蓋有所受之矣又案禮記明堂位灌用玉瓚大珪鄭注瓚形如槃以大圭爲柄是謂圭瓚周官典瑞祼圭有瓚以肆先王玉人詳祼圭有瓚之制祭統之君執圭瓚詩旱麓之瑟彼玉瓚皆是物也又案彌宗旁之孔氏注釋旁爲差在後謂彌宗之官次珪瓚南差也今本作彌宗之旁非是

爲諸侯有疾病者之醫藥所居

孔氏曰使儲一作諸非左右召一作居非則至也王氏補注曰此見遇臣之厚處事之周

秋濤曰此句上疑有奪文

相者太史魚大行人皆朝服有繁露

孔氏曰魚太史名及大行人皆讚一作贊相賓客禮儀

王氏補注曰春官太史下大夫大朝覲會同以書協禮事及將幣之日執書以詔王秋官大行人中大夫掌大賓之禮大客之儀

堂下之東面郭叔掌爲天子棻幣焉絻有繁露

孔氏曰郭叔虢叔文王弟棻錄諸侯之幣也王氏補注曰左氏傳虢叔王季之穆也在畿內謂之西虢括地志故城在岐州陳倉縣王氏自注今鳳翔存秋壽按陳倉故城在今陝西鳳翔府寶雞縣東二十里虢文公其後也唐世系表平王求虢叔裔孫序封於陽曲號曰郭公號謂之郭聲之轉也棻說文艸名古字假借凡冕公袞侯伯鷩子男毳孤絺

卿大夫玄冕之旒諸公九侯伯七子男五玉皆三采
孤四三命之卿三再命之大夫再玉皆朱綠
秋濤曰左傳虢國字公羊皆作郭說文虎部虢虎所
攫畫明文也郭在邑部云齊之郭氏虛善善不能進
惡惡不能退是以亡國也从邑𩫏聲據此則國名之
虢正當作郭虢乃假借字耳又考說文錄金色也後
世用爲省錄字慮之假借也故錄囚卽慮囚書納於
大麓鄭注尚書大傳麓者錄也致天下之事使大錄
之王充論衡正說篇亦曰大麓三公之位居一公之
位大總錄二公之事蓋今文尚書博士家說皆以麓
爲錄亦同聲相借也然則此篇之借蒃爲錄不足異

矣

內臺西面正北方應侯曹叔伯舅中舅

孔氏曰內臺中臺也應侯成王弟曹叔武王弟皆國名爲諸侯二舅成王之舅姜秋濤按姜上當有邑字兄弟也秋濤按自曹叔以下一本皆奪去王氏補注曰左氏傳應武之穆也曹文之昭也武王封其子於應王氏自注今汝州葉縣秋濤按今河南汝州魯山縣東三十里有應城即故應國也封弟叔振鐸於曹王氏自注今廣濟軍定陶縣秋濤按故曹國今山東曹州府定陶縣是曲禮異姓謂之伯舅叔舅傳曰齊甥舅之國

秋濤曰按禮記禮器曰天子諸侯臺門又曰家不臺門爾雅釋宮闍謂之臺孔疏曰兩邊築闍爲基基上

起屋曰臺門諸侯有保捍之重故爲臺門而大夫輕故不得也徐氏師曾曰臺門門之兩旁築土爲臺而起屋於其上也萬氏斯大曰天子五門諸侯三門門皆直入無堂屋相閒路門內爲路寢卽內朝治朝外朝就門而立左傳邾子在門臺臨廷卽視朝時也然則天子諸侯路寢之外別無朝堂韓詩外傳云吾君有治事之臺卽此臺門也君日視朝於此門之外則廷故古人稱朝廷不稱朝堂也按此篇之內臺外臺觀諸家所論可瞭然矣

比服次之要服次之荒服次之西方東面正北方伯父中子次之

孔氏曰此要服於比服轉遠故殊其名非夷狄之四荒也伯父姬姓之國中子於王子中行者王氏補注曰服言服王事也比近也以職方九服約之比服其侯甸要服其男采衛荒服其蠻夷鎮蕃與祭公謀父諫穆王謂先王之制有甸侯賓要荒亦與職方異曲禮同姓謂之伯父中子王之支子也

秋濤曰按易比之彖傳曰比輔也下順從也象傳曰先王以建萬國親諸侯然則侯服甸服固可稱比服矣金氏履祥曰要約也其地遠於畿甸雜於夷狄雖州牧侯伯爲之綱領控制而其文法則略於中國矣四遠蠻夷之地田野不井人民不多故謂之荒所以

經略之者又簡於要服矣秋濤按禹貢之五服甸侯綏要荒也職方之九服侯甸男采衞蠻夷鎭蕃也一虞夏制一周制其有不合朱子謂一代自有一代之制是也乃祭公所言與職方又異此所言又與祭公異至周室大行人止載六服外爲蕃國內侯甸男采衞五服名同職方而要服則職方所無鄭注以要服爲蠻服蕃國爲夷服鎭服蕃服然則周官一書而九服之名已有歧異其詳固不可考矣又按書呂刑王曰伯父伯兄仲叔季弟幼子童孫皆聽朕言是皆指同姓諸侯而言此篇所云中子亦其比也

方千里之內爲比服方二千里之內爲要服一本無二字非是

方三千里之內爲荒服是皆朝於內者

孔氏曰此服名因於殷非周制也王氏補注曰職方九服幷王畿方五千五百里此三服方六千里王畿不與焉其在周官未作之時乎洛誥傳諸侯采服來受命者千七百七十三諸侯

秋濤曰孔氏以此服名爲殷制者按九州之名禹貢有青徐梁而無幽幷營夏制也職方有青幷幽而無徐梁營周制也爾雅有徐幽營而無青梁幷非夏非周孫炎疑是殷制後人多從其說又禮王制篇設官制度凡與周制異者鄭注多以爲殷制王會時在周初六典之書尚未訂定故知其仍用殷制當不謬也

堂後東北爲赤齋焉浴盆在其中

孔氏曰雖不用而設之敬諸侯也王氏補注曰浴盆

禮記謂之杅

秋濤曰杅說文本訓所以涂也關東謂之槾卽今之釫鏝字也經傳多借杅爲盂字禮玉藻篇浴用二巾上絺下綌出杅履蒯席所謂杅指浴盤而言儀禮既夕篇兩敦兩杅鄭注杅盛湯漿荀子杅方而水方則凡盤之名也

其西天子車立馬乘六青陰羽凫旌六一作亦非是

孔氏曰鶴凫羽爲旌旄也王氏補注曰書五子之歌言六馬漢世此經不傳多言天子駕四公羊說王度

記云天子駕六析羽爲旌鳧似鴨而小長尾背上有文陸璣曰青色卑腳短喙曲禮前有水則載青旌注青青雀水鳥秋濤按雀今本誤作萑依鄭注訂正

秋濤曰按詩干旄正義引五經異義天子駕數易孟京春秋公羊說天子駕六毛詩說天子駕四士駕二詩云駟騵彭彭武王所乘龍旂承祀六轡耳耳魯僖所乘四牡騑騑周道倭遲大夫所乘謹按禮王度記曰天子駕六諸侯與卿同駕四大夫駕三士駕二庶人駕一說與易春秋同鄭駮之曰周禮校人掌王馬之政凡頒王馬而養乘之乘馬一師四圉四馬爲乘此一圉者養一馬而一師監之也尚書顧命諸侯入

應門皆布乘黃朱言獻四黃馬朱鬣也既實周天子駕六校人則何不以馬與圉以六爲數顧命諸侯何以不獻六馬王度記曰大夫駕三經傳無此言是自古無駕三之制也據此是漢儒多主六馬之說者惟毛鄭爲不同爾後儀謂漢世多言天子駕四失於未詳考也又按陰淺黑色也青陰羽謂青黑色之羽孔以爲鷃羽非是辨已見前

中臺之外其右泰士臺右彌士

孔氏曰外謂臺之東西也外臺右泰士右彌士言尊王泰彌相儀之士也王氏補注曰泰大也彌終也泰士蓋上士彌士蓋中士下士

秋濤曰易泰卦釋文引馬融注云泰大也又左傳哀九年遇泰之需孔疏亦云泰者大也古者上士稱元士亦取元之訓爲大故知泰士即上士矣彌終也爾雅釋言文又易繫辭彌綸天地之道釋文引荀注又詩生民誕彌厥月卷阿俾爾彌爾性毛傳閟宮彌月不遲鄭箋又周語其飾彌章韋注並訓彌爲終泰士既爲上士則彌士自當爲中士下士也

受贄者八人東面者四人

孔氏曰受賓幣（一作贄）士也四人東面則西面四人也

王氏補注曰贄之言至所執以自致

秋濤曰孔氏注受賓幣者按周官大行人云上公之

禮廟中將幣三享侯伯廟中將幣三享子男廟中將幣三享注鄭司農云三享三獻也玄謂三享皆束帛加璧庭實惟國所有朝事義曰奉國地所出重物而獻之明臣職也又小宗伯云大賓客受其將幣之齎注謂所齎來貢獻之財物又服不氏云賓客之事則抗皮注鄭司農云謂賓客來朝聘布皮帛者服不氏主舉藏之玄謂抗者若聘禮曰有司二人舉皮以東又校人云受其幣馬注賓客之幣馬來朝聘而享王者秋濤按貢獻之物小宗伯受其總數皮則服不氏受之馬則校人受之其餘玉帛庭實各有司存不言可知矣陳氏禮書曰邦國有歲之常貢有因朝而貢

歲之常貢則春入貢是也因朝而貢則侯服歲一見其貢祀物之類是也二者之禮雖殊其玉帛庭實之設蓋亦相類考之覲禮侯氏入門右坐奠圭再拜儐者謁侯氏坐取圭升致命王受之玉侯氏降階東北面再拜升成拜乃出三享皆束帛加璧庭實唯國所有奉束帛匹馬卓上九馬隨之中庭西上奠幣再拜侯氏升致命王撫玉侯氏降自西階東面授宰幣西階前再拜以馬出授人九馬隨之禮記言龜爲前列先知也金次之示和也然後繼之以丹漆絲纊又聘禮夕幣之儀馬則北面奠幣于其前及見主君賓奉束帛加璧享庭實皮則攝之毛在內賓致命張皮凡

庭實左先皮馬相間可知也賓之幣唯馬出其餘皆東由此推之侯氏奉玉帛以升庭實旅百先龜次金次丹漆絲纊馬在其南若皮則居馬之位而王則撫玉而已以示致方物者臣之職而不有其物者王之道也

陳幣當外臺天玄駹宗馬十二（駹一本作龐非）

孔氏曰陳束帛被馬於外臺天玄黑駹宗尊也王氏補注曰覲禮奉束帛被馬卓上（王氏自注卓的也）畫繢之事天謂之玄玄與黑別黑者北方之正色六爲玄則有黑有赤赤者陽之正黑者陰之正惟天體備陰陽之正色（秋濤按此說微辨孔注解玄爲黑之非也）博雅駹䮀也（王氏自注何葛切）左

氏傳子服景伯曰周之王也制禮上物不過十二以
爲天之大數也
秋濤曰覲禮奉束帛匹馬卓上九馬隨之中庭西上
奠幣再拜稽首鄭注卓猶的也以素的一馬以爲上
書其國名後當識其何產也馬必十匹者不敢斥王
之乘用成數敬也賈疏云於十馬之內以素的一馬
以爲上故訓卓爲的也秋濤按賈不解素的之義致
後人疑而不用於是敖氏繼公郝氏敬皆解卓爲一
馬居前卓然特出秦氏蕙田亦以周官校人大祭祀
朝覲會同毛馬而頒之齊色此享禮之馬亦當然疑
素的之說爲非今按敖與郝之說固謬秦氏又誤解

素的爲白色馬故疑鄭注而不敢從實則於素的之字義均未瞭然也按說文日部有旳訓明也白部無的鄭注的字乃說文素部䋈字之假借說文素下云白致繒也䋈下云白䋈縞也急就篇有白䋈顔師古曰謂白素之精者其光䋈䋈然也是則鄭注素的乃指帛之白者而言以束帛加匹馬之上書其國名以爲標識其義顯然無可疑者孔氏注此篇亦云陳束帛匹馬於外臺即用鄭說也亦可見王會與覲禮有互相發明者矣又按說文䊷䋈也䋈䊷也雖二字轉注而於从素之義究未能闡發鄭君蓋不以爲然故於覲禮訓卓爲素的明覲禮之卓即䊷之假借也引

伸觸類演然冰釋而後儒之不知妄疑者可廢然返矣此許鄭二君之書誠大有造於經學也又按覲禮馬用十匹不敢斥王之乘此篇馬以十二爲數者蓋當時尚未定用十匹之制故也又按天玄毼之毼从毛从曷後儀引博雅訓罽也何葛切後青馬黑⿰葛毛⿰葛毛字从毛从葛後儀云即鬣字力涉切分爲二字今按天玄毼字一本誤作歇後青馬黑⿰葛毛亦誤作歇疑本皆是⿰葛毛字故並譌爲歇耳歇固不成字然上山乃廿之譌旁欠乃毛之譌尚可推而知也古人辨馬之色多言其鬣此十二馬合天數故亦取天玄色鬣之馬以示敬也若作罽毼之毼則於馬無所取義且⿰葛毛字

見周禮故書實古字也⿰镸毛則說文未載係後起之字古人尚無氈字多假旃字爲之成周之初未必有此⿰镸毛字也又按禮記明堂位夏后氏駱馬黑鬣殷人白馬黑首周人黃馬蕃鬣正義曰蕃赤也周尚赤熊氏以蕃鬣爲黑色與周所尚乖非也秋濤按熊以蕃鬣爲黑色其說近古當有所本考說文⿱般黑姍下色也从黑般聲蕃與⿱般黑同韻部也又說文熏火煙上出也从屮从黑屮黑熏象也蕃與熏一聲之轉然則蕃固有黑義矣蕃與玄同在段氏古音第十四部聲又相近葢熊以蕃鬣爲玄鬣當本於王會篇也明堂位所舉夏馬黑鬣殷馬黑首則周馬亦黑鬣不足爲異葢皆

取其合於天玄之色耳且玄色本兼赤黑亦與周之尙赤不相悖也以此益知䮫字之當爲騋矣

玉玄𤧃璧綦十二玉一作王璧一作碧綦一作基

孔氏曰此下三璧皆玉玄𤧃謂以黑組組之綦玉名有十二王氏補注曰爾雅肉倍好謂之璧王氏自注肉邊也好孔也東方之美者有醫無閭之珣玗琪焉注玉屬綦即琪也玉人璧九寸諸侯以享天子秋濤按玉人云璧琮九寸此尊去琮字郊特牲束帛加璧往德也聘禮記絢組尺注云五采成文曰絢用五采組長尺以爲繫所以束玉使不墜絢組繫亦名繅藉聘禮曰上介屈繅以授賓其組上以玄爲天下以絳爲地

秋濤曰孔氏以綦爲玉名浚儀引珣玗琪證之者考
說文珣下注醫無閭之珣玗琪周書所謂夷玉也書
顧命夷玉鄭注云東北之珣玗琪也按醫無閭山在
今奉天錦州府廣甯縣錦州出錦川石美者瑩潤如
玉大者可作几爾雅列於九府顧命陳于東序誠重
之也周官弁師曰王之皮弁會五采玉琪鄭注琪讀
如綦車轂之綦按說文璂弁飾也往往冒玉也是許
謂以玉飾弁曰璂也鄭則易琪爲綦綦結也皮弁之
縫中每貫結五采玉以爲飾謂之綦蓋鄭意謂經文
琪字乃玉名故易爲綦字今此篇綦字浚儀易爲琪
字卽用鄭君例也

參方玄纁璧豹虎皮十二

孔氏曰參方陳幣三所也璧皮兼陳也王氏補注曰郊特牲虎豹之皮示服猛也

秋濤曰周官小行人台六幣圭以馬璋以皮璧以帛琮以錦琥以繡璜以黼鄭注六幣所以享也五等諸侯享天子用璧享后用琮其大各如其瑞皆有庭實以馬若皮皮虎豹皮也賈疏曰知皮虎豹皮也者郊特牲云云是享時所用故知也

秋濤按此篇言虎豹皮而不言璋者鄭君云二王後尊故享用圭璋而特之賈疏曰惟有皮馬無束帛可加故云特如是皮馬不上堂陳於庭則皮馬外別有

庭實可知然則此篇所言皮馬皆陳於庭者若圭璋則不與皮馬並陳故不言也舉皮馬則有皮馬可知矣

四方玄纁璧琮十二

孔氏曰琮珪也有鋒銳（鋒一作終誤）陳之四所方列之也

王氏補注曰玉人琮圭九寸判規圭之銳上者

秋濤曰按凡圭璋皆銳上浚儀謂琮珪獨爲圭之銳上者語未明晰即孔氏謂琮爲圭有鋒銳亦與說文載琮之本義不合且此篇本文皆言璧不言珪周官小行人注云用圭璋者二王後也二王後尊故享用圭璋其公侯之禮則玉人明言璧琮九寸諸侯以享

天子言九寸則上公之禮上公享用璧琮則侯伯以下享更不得用圭璋矣是六幣以圭璋爲尊當列於璧之前今列於諸幣之末非其次也詳此節正文本無圭字孔王二說皆因瑑圭致誤不知玉人自言瑑圭此篇自言璧瑑不必強合按六幣之制圭以馬璋以皮此篇前有天玄黑既宗馬十二又有參方玄纁璧虎豹皮十二蓋舉皮馬以該圭璋也然則此一節必不專指圭以爲言可知矣若論六幣六玉之次其琮琥璜之屬乎攷說文玉部瑑璧上起美色也言璧而不言圭言起美色而不言剡上按鄭氏玉人注瑑圭瑑半以上又半爲瑑飾蓋瑑之爲字實兼剡上與

起美色二義鄭注瑑圭則兼言之瑑飾卽美色也說文言璧琰則第舉起美色以括餘義以璧爲圜玉無取於鋒銳之解也琮之制八方而有駔牙琥之制瑑虎爲文璜之制爲半璧蓋皆以玉之有美色者陳之故曰璧琰所以別於諸璧也

外臺之四隅每隅張赤帟爲諸侯欲息者皆息焉命之曰交閭（一本無每隅二字）

孔氏曰每角帳（一作張是）息者隨所近也諸侯稱交王氏補注曰說文交交也掌次諸侯朝覲會同張大次小次

秋濤曰諸侯所息之次謂之交閭者交取交共之義

說文閭侶也二十五家相羣侶也廣雅閭居也文選養生論注引莊子注曰閭者聚也水聚族之處故稱閭也閭蓋兼此三義也

周公旦主東方所之青馬黑髦謂之母兒

孔氏曰周公主東方則太公主西方東青馬則西白馬矣馬名未聞王氏補注曰公羊傳自陝而東者周公主之髦卽鬣字（王氏自注 力涉切）

秋濤曰按說文無髦字浚儀知髦卽鬣字者攷周禮春官巾車有翣羽蓋鄭注故書翣爲馲杜子春云當爲翣書亦或爲髦釋文馲髦並音獵段氏玉裁曰按說文鬣或作獵髦者獵之譌也舊籍皆譌鼠爲葛如

獵臘鑞繼蠟擸躐字或體皆從葛集韻鬣或作鬛然
則毼卽鬣特易其左右耳周書王會篇青馬黑毼王
伯厚云毼卽鬣字是也巤聲妾聲聲類同在第八覃
談部故杜得尋其聲類改爲翣字其作駐者從馬毛
會意蓋古文鬣字之存於漢注中者陸氏云駐或音
毛或說大毿駐果讀毛則杜無由改爲翣矣秋濤按
巤字草書與葛字相似此鬣誤爲毼之由也杜子春
既改讀以釋周官而集韻遂解毼爲翣未有知其當
爲鬣者淩儀之識卓矣然非段君詳爲剖析又何能
開千古之矇哉故備錄其說云
其守營牆者衣青操弓執矛牆一本作牆誤

孔氏曰戟也名異（一本作各異方）王氏補注曰營牆壝宮之牆也司儀注宮壝上以爲牆後漢祭祀志爲壝重營詩傳矛長二丈司馬法弓矢圍殳矛守戈戟助秋濤曰此節承上東方言則亦專指守東方營牆者言也衣青者東方之色執矛亦東方之兵也攷禮記曾子問篇如諸侯皆在而日食則從天子救日各以其方色與其兵鄭注兵未聞也正義引隱義云東方用戟南方矛西方弩北方楯中央鼓今集說從之穀梁傳天子救日陳五兵五鼓范氏集解五兵矛戟鉞楯弓矢疏引徐邈云矛在東戟在南鉞在西楯在北弓矢在中央與隱義異趙氏坦曰按楚南方國也左

氏莊四年傳授師孑焉方言戟楚謂之釨周西伯也
書牧誓武王伐紂杖黃鉞此皆因其方所用之兵爾
徐說是陳編修壽祺曰周禮有五兵五盾穀梁言五
兵五鼓則五兵數楯與鼓非也秋濤按淮南子時則
訓曰春其兵矛夏其兵戟季夏其兵劍秋其兵戈冬
其兵鎩周官司兵掌五兵五楯鄭司農云五兵者戈
殳戟酋矛夷矛鄭康成云車之五兵鄭司農所云者
是也步兵之五兵則無夷矛而有弓矢此守者正是
步兵故有弓矢也至五方分配五兵竊以淮南之說
近是惟鎩字當正作殳蓋矛戟戈殳古之制兵分配
四方於義允愜中央土本無定位故或以夷矛或以

弓矢或以劍當之無不可也若鏦字說文訓鈹有鐔則亦劍也不應複出蓋淮南本文作殳傳寫誤增偏旁耳以東方推而言之則守南方營牆者當衣赤操弓執戟守西方營牆者當衣白操弓執戈守北方營牆者當衣黑操弓執殳此不言者舉一方以該其餘也又案此節止言東方之守者而不及餘方向固疑之今細玩孔氏注戟也各異方五字恍然悟此節之下必有奪文無疑也蓋原文紀西南北各方守者所執之兵而別著異名故孔氏以戟也釋之又謂其各異方耳今本簡編奪誤幸猶存此注可以察知其耑也

西面者正北方稷慎大麈

孔氏曰稷慎肅慎也貢麈似鹿正北內臺北也王氏補注曰大行人九州之外謂之蕃國世一見各以其所貴寶爲贄注周書王會備焉書序成王旣伐東夷肅慎來賀王氏自注史記作息慎山海經大荒之中有山曰不咸有肅慎氏之國在白民北注去遼東三千餘里後漢書挹婁古肅慎在夫餘東北千餘里東濱大海唐地理志渤海王城其西南三十里古肅慎城說文麈麋屬急就篇注似鹿尾大而一角談說者飾其尾執之以爲儀司馬相如上林賦麈麖漢書粵地山多麈麖麈似鹿而大麖似鹿而小山海經風雨之山卽谷

之山多塵周書世俘篇武王狩禽塵十有六華陽國
志郪縣宜君山出麈尾（王氏自注）之庾切
秋濤曰謹按　盛京通志晉書肅愼在不咸山北廣
袤數千里不咸即長白山松漠紀聞稱肅愼古城在
渤海上京渤海都臨呼爾罕爲今瑚爾哈河寧古
塔境遼時遼陽府有肅愼縣黃龍府黃龍縣亦渤海
肅愼縣地則爲承德鐵嶺即古肅愼之明證也蓋自
承德鐵嶺以北至吉林黑龍江皆肅愼之境其廣大
可知矣考竹書紀年帝舜二十五年息愼氏來朝大
戴禮五帝德篇及史記五帝紀並作息愼鄭康成云
息愼或謂之肅愼也周成王時肅愼來賀貢楛矢銘

其栝曰肅愼氏之貢矢王俾榮伯作賄肅愼之命孔子在陳有隼集於陳侯之庭楛矢貫之石砮其長尺有咫仲尼曰隼之來也遠矣此肅愼氏之矢也以上諸書咸稱肅愼獨王會稱稷愼者郝氏懿行曰肅息稷三字聲轉字通也張揖注上林賦云麈似鹿而大埤雅云其尾辟塵又引名苑云鹿之大者曰麈羣鹿隨之皆視麈所往麈尾所轉爲準古之談者揮焉良爲是也今志載物產有麞鹿馬鹿駝鹿麅鹿麂麝皆麈之類也

穢人前兒前兒若獮猴立行聲似小兒

孔氏曰穢韓一本作寒穢東夷別種王氏補注曰後漢東

夷傳濊北與高句驪沃沮南與辰韓接東窮大海西
至樂浪王氏自注山海經注今扶餘國即濊貊故地在長城北去玄菟千里爾雅注鯢
魚似鮎四脚前似獮猴後似狗聲如小兒啼大者長
八九尺水經注廣志曰鯢魚聲如小兒有四足形如
鱧出伊水史記謂之人魚王氏自注始皇葬以膏爲燭司馬相如
上林賦注鰨鯢魚也似鮎有四足聲如嬰兒宋祁益
部方物圖魶魚出西山溪谷及雅江狀如鯢四足能
緣木聲如兒啼
秋濤曰按穢與濊古字相通今岫巖鳳皇二城爲古
濊國地漢屬玄菟郡新唐書渤海以濊故地爲東京
曰龍原府又曰龍原東南瀕海日本道也後漢書云

濊國東窮大海則今朝鮮國北境咸統於其內矣滚儀以前皃爲鯢魚者按徐廣云人魚似鮎而四足卽鯢魚也史記正義引異物志曰人魚似人形不堪食秦始皇冢中以人魚膏爲燭卽此魚也出東海中今按濊國正在東海之濱也合觀諸說則前皃之爲鯢魚確然無疑鯢魚字古葢但作皃後人乃加魚旁若宋祁所云則又鯢魚之因地異名者耳嶺表錄異記鯢魚云今商州溪內亦有此魚謂之鰌魚廣雅云鯢鰌也是鯢鰌本一魚非形似也段氏說文注曰此魚見書傳者不下數十處而人不知信少見則多怪也余在雅州親見之按段所見葢卽雅江所出矣又按

北山經曰決決之水其中多人魚其狀如鯑魚四足其音如嬰兒食之無瘕疾郭璞注人魚卽鯢也似鮎而四足聲如小兒啼是人魚之名其來已久不始於秦漢也又按爾雅鯢大者謂之鰕釋文音遐而初學記北戶錄引爾雅並作⿰魚殳音役廣韻集韻亦有⿰魚殳字並讀如役與鰕字形聲並異未詳孰是又按玉篇有魞字注云而眞切魚也南齊書張融傳鯼魞鱳鯖亦用魞字葢皆因史記人魚加偏旁耳獨洽聞記所言與鯢之形狀不類記曰海人魚東海有之大者長五六尺狀如人眉目口鼻手爪無不具足皮肉白如玉無鱗有細毛五色輕軟長一二寸髮如馬尾長五六

尺陰形與丈夫女子無異云云按其所言當别是一種非鯢魚也附辨於此　秋濤又按畢尚書沅云作者之聖言辭簡要後儒爲之訓注如周書王會解穢人前兒艮夷在子揚州禺發人鹿人周頭煇羝白民乘黄歐人蟬蛇等云經也其下前兒若彌猴立行聲似小兒在子囗身人首脂其腹炙之霍則鳴曰在子禺魚名鹿人者若鹿迅走煇羝者羊也乘黄者似麒背有兩角蟬蛇順食之美等云則注也經注不分則習之或誤秋濤按畢說辯矣然王會記當時貢獻奇物其形狀殊異當時史臣一一記之非待後儒之注釋也況如前兒在子儵當時不述其形後世必不知

爲何物如鹿之類後人亦不必爲注矣凡記事詮理先提其要於前次詳其目於後古人屬詞之法大都如此必從而區分之曰某經某注則鑿也攷王會本文惟魚名二字確係孔注溷入今改正之餘則仍其舊貫而發凡於此

良夷在子在子幣身（一本幣字作方空）人首脂其腹炙之藿（一作藿）則鳴曰在子

孔氏曰良夷樂浪之夷也貢奇獸王氏補注曰山海經朝鮮在列陽東海北山南注今樂浪縣爾雅疏九夷二曰樂浪漢樂浪郡故朝鮮國藿豆葉（王氏自注幣字疑）

秋濤曰漢樂浪郡治卽故朝鮮國今朝鮮平安道平

壤府治是也又今奉天府海城縣漢玄菟郡地後改
屬樂浪都尉蓋其地爲樂浪之西境也幣疑當作鼈
言鼈身而人首物之尤異者也或說北山經獄法山
有獸其狀如犬而人面善投見人則笑其名山𤟹郭注
音暉說文𤟹獸名劉淵林注吳都賦云𤟹子猿類猿身
人面見人則笑是其形略與在子相近或曰北山經
灌題之山有鳥焉其狀如雌雉而人面見人則躍名
曰竦斯其名自呼也按竦斯與在子音近疑亦其類
也或曰在子蓋陵魚也海內北經載陵魚人面手足
魚身在海中與朝鮮相近楚詞云陵魚曷止王逸曰
陵魚陵鯉也按今陵鯉徧身皆鱗不畏捶擊惟腹無

鱗甲擊之則鳴與王會所紀在子相類畢尚書注山海經曰人面謂略似人形耳非必全肖人首也劉淵林吳都賦注陵鯉有四足狀如獺性好食蟻此幣字疑獺之譌聲相近也通雅曰鬱林博白山中有似鼈而首有毛能殺人或即此物乎案在子不知何物諸說皆未確姑存以備攷

揚州禺禺秋濤按舊本作揚州禺禺魚名按畢尚書云揚州禺經也禺魚名注也經注不分則習之或誤今按魚名二字與本文不類其爲孔注溷入無疑且解隃冠下孔注亦奇魚也亦字承上而言尤屬顯證前人不察每援引輒連下解隃冠一併爲一節讀之非也今從畢說訂正惟魚名或云當是一字或云二字其說不一以王氏補注推之仍當以禺禺二字爲正名也

孔氏曰魚名王氏補注曰說文鰅魚名皮有文出樂

浪東暆神爵四年初捕收輸考工周成王時揚州獻

鰅王氏自注魚容切音顒上林賦禺禺郭璞曰禺禺魚皮有毛

黃地黑文王氏自注音隅又音顒

秋濤曰此揚州孔氏王氏俱無注今以上下文推之非淮海之揚州也當是今朝鮮國京畿道所屬之揚州所以知其然者蓋上文肅慎穢人良夷下文發人皆在東北海濱若以淮海揚州列此則非其次矣且彼揚州亦未聞有禺禺之魚也今案呂氏春秋恃君覽曰夷穢之鄉大解陵魚其鹿野搖山揚島此皆東北地名大解即下文之解則揚島蓋即此揚州矣東山經云樕螽之山速株二音食水出焉而東北流注于海

其中多鱐鱐之魚其狀如犂牛其音如彘鳴是鱐鱐之魚產于東北陬近海之地說文言鰅出樂浪東暆案西漢東暆縣在今朝鮮國京畿道城西南蓋王會揚州即在此處今其附近亦有地名揚州當是相沿古來舊名堯典宅嵎夷曰暘谷嵎夷地在朝鮮暘谷與揚州聲轉字通疑是一地魚之名鰅蓋亦取嵎夷之地以命名以此互證尤為確鑿也至單名之鰅與雙名之禺禺段茂堂頗加區別今考其形狀實為一物則郝蘭皋已論之茲備錄二家之說而於段氏所云為之詳辨焉段氏玉裁說文注曰摛此魚輸考工者用其皮以飾器也周成王時揚州獻鰅見周書王

會篇葢漢時揚州地已無此物矣案此揚州本非淮海揚州段未詳攷
故爲此說今王會篇作禺禺考上林賦鰅與禺禺爲二物
作禺禺非是辨見下郝氏懿行山海經箋疏曰案史記
裴駰集解引郭氏云鱅似鰱而黑此尋常鱅魚與山海經之鱅鱅不同
非此也說文鱅魚名此亦似鰱之鱅說文言其本義山海經乃借義也又鰅
魚皮有文出樂浪東暆云云此是王會之禺禺亦即山海經之鱅鱅王
會篇云揚州禺禺禺禺卽鰅鰅聲之轉古字通也郭
氏注上林賦云鰅魚有文彩又云禺禺魚皮有毛黃
地黑文與說文鰅魚皮有文合徐廣注史記謂禺禺
魚牛也卽此經狀如犂牛郭注牛似虎文者是也說文云出
樂浪東暆亦與此經合說已見前藝文類聚引博物志云

東海中有牛魚其形如牛剝其皮懸之潮水至則毛起潮去則伏即是魚也秋濤按牛與禺鐊俱一聲之轉牛魚亦曰牛頭魚東方海中及各大川中皆有之遼金時最以爲重品按段茂堂疑鰅與禺禺爲二魚祇因上林賦二名並見耳不知詞賦家用典偶爾重複不足以定物名也又凡雙名之物古人或止稱一字而一字之名亦可衍爲二字如山海經比翼之鳥名蠻蠻而景純圖讚云厥號曰蠻是經本雙名而止稱一字也北山經善驚之鳥名鶌而圖讚云名曰鶌鶌是經本單名而衍爲二字也臧在東曰本一字而重言之古人每有此種文法是也明乎此則說文所

引與諸家之解均可無疑矣

解隃冠（秋濤案諸本誤與上揚州禺禺合爲一節今攷正說見前又案冠一本作寇）

孔氏曰亦奇魚也

秋濤曰解國地在東北陬蓋卽今之費雅喀部人俗謂之魚皮島者也在三姓以東混同江口海口大島也南北二千餘里東西數百里距西岸近處僅百里許呂氏春秋恃君覽云夷穢之鄉大解陵魚其鹿野搖山揚島云云按呂覽此文皆言四方地名大解在夷穢之鄉則是東北之地與此書列次相合隃冠孔注以爲奇魚非也下文北唐以閭閭似隃冠按閭狀似驢而一角與魚形不類郭璞注山海經云閭卽羭

也今按隃冠之隃當爲羭字之通借羭羊也言解國以羊皮冠爲獻也按海外東經有玄股之國其爲人衣魚食鷗又有勞民國爲人手足面目盡黑郭注以魚皮爲衣驅水鳥也郝氏懿行曰今東北邊有魚皮島人正以魚爲衣也其冠以羊鹿皮戴其角如羊鹿然魚皮島之東北有勞國其人與魚皮島人面目手足皆黑色也以是驗知解國卽古玄股之國爲今之魚皮島隃冠卽其所冠之羊皮冠戴其角者也惟其戴角故鬪獸之有角者似之矣

發人鹿人鹿人者若鹿迅走

孔氏曰發亦東夷迅疾王氏補注曰漢武帝詔曰周

成康刑錯不用海外肅眘北發渠搜氐羌徠服晉灼
曰王恢傳北發月支可得而臣似國名也大戴記五
帝德曰北山戎發息愼管子曰發朝鮮之文皮博物
志江漢有貙人能化爲虎鹿人蓋此類
秋濤曰按發爲國名見於大戴禮管子史記漢書或
稱發或稱北發與此書之發人互證灼然可據惟顏
師古解北發渠搜謂北方卽可徵發渠搜之人獨爲
臆說其謬已甚近儒闢之是矣大戴少閒篇孔子告
哀公述虞舜夏禹成湯文王之治皆云海外肅愼北
發渠搜氐羌來服此卽漢詔所本也然漢詔又以爲
成康時事蓋據此篇而言五帝德篇所云亦指重華

史記五帝本紀本之是發之始見于虞夏時也管子揆度篇云玉幣有七筴發朝鮮之文皮一筴也又輕重甲篇亦云發朝鮮不朝請文皮毤（他臥切落毛也）服而以爲幣乎是發在周時與朝鮮並著於東方也其地當與肅愼朝鮮相近今吉林境內有二發河一在城南四百七十里北流入輝發河一在城南六百六十餘里北流入混同江疑此二水卽因發國得名又輝發河旁明時有輝發國或輝發卽古發國舊壤未可知也云鹿人者攷夏小正八月云鹿人從傳曰鹿人從者從羣也鹿之養也離羣而善之或曰人從人從也者大者於外小者於內率之也洪氏震煊曰或讀如

人之相從也按此是小正傳本有二讀依後讀則謂鹿如人之相從依前讀則謂鹿人之從羣是名鹿爲鹿人古有此語而發人所獻之鹿人則似鹿迅走又鹿中別一種耳或本作鹿無人字葢淺人妄刪又或謂當作麃疑傳寫誤分爲二字亦求其說而不得者也

俞人雖馬

孔氏曰俞東北夷雖馬馬巂本注音攜如馬一角不角者曰騏一本作舊加馬一角大者曰麟也誤今改正王氏補注曰漢書巴俞注俞水名今渝州秋濤按宋渝州今四川重慶府是爾雅驨如馬一角注元康八年九眞郡獵得一獸大如馬一角角如鹿

茸此卽騶也今深山中人時或見之亦有無角者
秋濤曰俞人次于發人青邱之間則當爲東北方之
國浚儀引西南巴俞爲證非也俞與倭聲相近疑卽
倭人也海内北經倭北倭屬燕魏志云倭人在帶方
東南大海之中依山㠀爲國邑其俗男子皆露紒其
衣横幅但結束相連略無縫婦人被髮屈紒作衣如
單被穿其中央貫頭衣之皆徒跣以朱丹塗其身體
如中國用粉也其俗國大人皆四五婦下戶或二三
婦婦人不淫不妒忌按地理志云樂浪海中有倭人
分爲百餘國魏志亦云女王國東渡海千餘里復有
國皆倭種是倭爲總名也史記正義云武后改倭國

爲日本山海經云倭屬燕者葢周初時事歟孔氏注雖馬卽巂者按爾雅釋畜今本作驨子虛賦云射游騏張揖注引爾雅亦作巂是張孔所見魏晉爾雅古本俱作巂釋文驨本又作巂是也巂有髓音故此篇借爲雖也玉篇云驨騏驎也北山經云敦頭之山旄水其中多䮀馬牛尾而白身一角葢亦巂類郝氏懿行曰水經河水注云漢武帝聞大宛有天馬遣李廣利伐之始得此馬有角爲奇然則天馬卽巂矣

青邱狐九尾

孔氏曰青邱海東地名王氏補注曰服虔曰青邱國在海東三百里司馬相如子虛賦秋田乎青邱彷徨

乎海外（王氏自注郭氏曰山名上有國在海外）淮南子堯繳大風於青邱之澤瑞應圖九尾狐六合一同則見文王時東夷歸之孝經援神契德至鳥獸則狐九尾呂氏春秋禹行塗山有白狐九尾造於禹山海經青邱國在朝陽北其狐九尾青邱之山有獸如狐而九尾其音如嬰兒能食人注竹書曰伯杼征于東海及三壽得一狐九尾（秋濤按今郭璞注伯杼作栢杼三壽作王壽皆傳寫之譌）

秋濤曰據服說青邱在齊國海東三百里則其地不遠萊今登萊海中島也徐氏文靖竹書統箋曰按魯頌云三壽作朋又云遂荒大東至于海邦今據竹書征于東海及三壽則三壽疑東海古國名近魯者也

呂氏春秋本味篇伊尹曰箕山之東青鳥之所有甘櫨焉南山經基山又東三百里曰青邱之山有獸如狐九尾畢尚書曰箕山即基山青鳥即青邱也若十洲記云長洲一名青邱在南海辰巳之地地方各五千里去岸二千五百里杜光庭嶽瀆名山記云瀛州在東海一名青邱此皆同名異地且其說荒誕不足據矣又案大荒東經青邱之國有狐九尾注云太平則出而爲瑞也南山經青邱之山云云郝氏懿行曰云能食人則非瑞應獸也且此但言狀如狐非即眞狐郭云即九尾狐似誤按昔人多以九尾狐爲瑞獸郝氏之說甚正錄之以破千古之惑

周頭煇羝煇羝者羊也歆壽共羝一作羝非蓋六朝時从氐字多誤作互也一本作羝更誤之甚

孔氏曰周頭亦海東夷王氏補注曰羝牡羊也說文羠羊百斤左右爲羝

秋濤曰按周頭亦曰周饒卽焦僥國以其人短小而有是名其國有二一在西南一在海東此次于青邱之後故知爲海東之國也海外南經周饒國爲人短小冠帶一曰焦僥國在三首東郭注周饒國曰其人長三尺穴居能爲機巧有五穀也畢尚書曰周饒卽焦僥音相近也王會有周頭國卽此國語曰僬僥國人長三尺短之至也列子湯問篇云夏革曰從中州

以東四十萬里得僬僥國人長一尺五寸又郭注焦僥國引詩含神霧云從中州以東四十萬里得焦僥國人長尺五寸二說相合大荒南經曰有小人名焦僥之國幾姓嘉穀是食郝氏懿行曰周饒又聲轉爲朱儒魏志東夷傳女王國又有朱儒國在其南人長三四尺去女王四千餘里以上諸書所言皆海東之焦僥卽此篇之周頭也疑所云去女王國四千餘里者近是若四十萬里則侈言其遠爾又淮南子墬形訓云西南方曰焦僥高誘注云長不滿三尺說文云西南僰人僬僥从人蓋在坤地頗有順理之性韋昭亦云焦僥西南蠻之別名也括地志云小人國在大

秦南人纔三尺其耕稼之時懼鶴所食大秦助之卽
焦僥國其人穴居也見史記正義凡此皆西南方之
國諸書但稱焦僥無作周僥周頭者不可不辨也說
文羝牡羊也詩毛傳義同曰羶羝者當是周頭方言
因而記之今蒙古語猶呼羊爲羶亦一證也

黑齒白鹿白馬

孔氏曰黑齒西遠之夷也貢白鹿白馬王氏補注曰
山海經黑齒國在青邱北爲人黑齒注齒如漆呂氏
春秋禹東至鳥谷青邱之鄉黑齒之國東夷傳裸國
東南有黑齒國船行一年始可至吳都賦注西屠以
草染齒染白作黑伊尹朝獻商書正西漆齒管子雕

題黑齒注南夷之國南夷志黑齒蠻在永昌關南以漆漆其齒見人以此爲飾寢食則去之周語穆王征犬戎得四白狼四白鹿以歸宋符瑞志黃帝時南夷乘白鹿來獻鬯

秋濤曰按此所言黑齒上文爲青邱周頭下文爲白民則是東方之國非西遠之夷也孔注非是後儀所引白吳都賦注以上皆東方之黑齒考證甚確自伊尹朝獻商書以下皆西南夷漆齒之事不應溷入俱當刪去又按大荒東經有黑齒之國帝俊生黑齒姜姓黍食使四鳥此蓋東方黑齒之先也魏志云倭國東南四千餘里有裸國裸國蓋郎白民東南有黑齒

國船行一年可至今以地理度之當在呂宋瓜哇之東古人海道迂曲故覺其遠耳又按海外東經黑齒國下有湯谷湯谷上有扶桑畢尚書曰虞書宅嵎夷曰暘谷說文作崵史記索隱云史記舊本作湯谷淮南子云日出湯谷案湯暘崵皆一也秋濤按以嵎夷之暘谷爲在海東黑齒之地似太遠存之以廣異聞可也

白民乘黃乘黃者似騏本注文選注云似狐背有兩角秋濤按一本騏作麒背作皆俱誤

孔氏曰白民亦東南夷一無東字王氏補注曰山海經海外西經白民之國在龍魚北白身被髮有乘黃其狀如狐

背上有角乘之壽二千歲東夷傳九夷有白夷漢郊
祀歌訾黃注一名乘黃龍翼而馬身黃帝乘之而仙
淮南子黃帝治天下飛黃服皁注飛黃乘黃出西方
狀如狐背上有角乘之壽三千歲宋符瑞志舜時地
出乘黃之馬
秋濤曰白民不知所在淮南子墬形訓有白民在肅
慎民之次（民疑氏字之譌）高誘注云白民白身民被髮亦白
疑白民在東方太平御覽白民國引博物志云日南
有野女羣行不見夫其狀皛而白裸袒無衣襦據此
則白民蓋指無衣裸袒而言當即裸國魏志東夷傳
曰女王國東渡海千餘里復有國皆倭種又有朱儒

國在其南人長三四尺去女王國四千餘里又有裸國黑齒國復在其東南船行一年可至郭璞注山海經引作倭國東四十餘里有裸國千之島十字形之譌也此裸國或即白民也又按唐書載貞觀中扶南來獻白頭國二人於洛陽云其國在扶南之西參半之西南男女皆素首身又凝白居山洞之中四面岩險故人莫至此所謂白頭國者亦與山海經白身被髮之說合其或即白民歟大荒東經有白民之國帝俊生帝鴻帝鴻生白民白民銷姓黍食使四鳥虎豹熊羆是白民建國由來舊矣又按王懷祖先生讀書雜志以爲此文本作乘黃者似狐其背有兩角傳寫脫去狐字則似其二字相連後人

以乘黃是馬名遂改似其爲似騏而不知其謬以千里也山海經注引此正作似狐文選王融曲水詩序注初學記獸部並引作乘黃者似狐其背有兩角當據以訂正之

東越海蛤

孔氏曰東越則海際蛤文蛤王氏補注曰通典東越卽閩川地文選注引周書曰東越海蛤（一本作侮食誤）本草經文蛤表有（秋濤按原闕此字今校補）文生東海

秋濤曰按史記東越傳注韋昭曰閩音武巾翻東越之別名也一統志曰閩越王無諸其先越王句踐之後秦并天下廢爲君長以其地爲閩中郡漢五年復

立無諸爲閩越王王閩中故地都東冶建元六年立
丑爲越繇王奉閩越先祭祀立餘善爲東越王與繇
王並處元封元年國除爲冶縣屬會稽郡吳置建安
郡晉分置晉安郡陳始置閩州唐武德初置泉建二
州時泉州治閩開元十三年改曰福州卽今福建福
州府是也元和郡縣志福州貢海蛤一統志福州府
產海蛤說文蛤蜃屬有三皆生於海千歲化爲蛤秦
謂之牡厲又云百歲燕所化魁蛤一名復累老服翼
所化本草經蟲魚部上品有海蛤陶隱居云以細如
巨勝潤澤光淨者好圖經云久爛者爲海蛤未爛有
文理者爲文蛤也

甌人蟬蛇蟬蛇順食之美甌一作歐

孔氏曰東越甌人也一作歐交州蛇爲上珍一作北交州蛇特多爲上珍也秋濤按北當作比比近也王氏補注曰山海經甌居海中注今臨海永寧縣即東甌在岐海中漢以東甌地立回浦縣秋濤按漢回浦縣在今浙江台州府臨海縣東南一百十五里後漢以章安縣王氏自注即回浦之東甌鄉置永寧縣王氏自注今溫州永嘉縣輿地廣記溫台處皆東甌地秋濤按永嘉今爲縣即浙江溫州府治楊氏南裔異物志蚺唯大虵既洪且長采色駮犖其文錦章食灰吞鹿腴成養創賓享嘉宴是豆是觴王氏自注交州蚺蛇長十丈圍七八尺

秋濤曰此云甌人亦作歐下言且歐伊尹四方令云正東越漚正南甌鄧蓋甌與漚歐並古字通也史記

索隱引劉氏云今珠崖儋耳謂之甌人正義曰輿地志云交阯周時爲駱越秦時曰西甌按索隱正義所云甌人及西甌皆在粵地孔氏注此甌人以爲東越歐人者蓋以山海經知之海內南經云海內東南陬以西者甌居海中閩居海中郭注曰今臨海永寧縣卽東甌在歧海中也閩越卽西甌今建安郡是也亦在歧海中按山海經所敘自東而西首舉甌人列閩之前則甌人必是溫州之東歐也又王會此篇歐人次于東越干越之閒則其非珠崖交阯之甌尤灼然可見注又云交州蛇爲上珍者引以證食蛇之事耳非謂此歐人卽交州之甌也云蟬蛇者按蟬本訓爲

蜩此云蟬蛇孔王皆無注按蟬當讀上演切蜿蟬盤曲之貌王逸九思乘六蛟之蜿蟬注羣蛟之形也或作蟺然則蟬蛇云者亦因其盤曲之狀而名之也或謂蟬通作蟺韓子曰蟺似蛇漁者持蟺皆借蟺爲蛇鱓之鱓如此則蟬蛇爲二物且鱓本可食何待別言故知不然矣

於越納一本於上有姑字蓋涉下姑妹而衍

孔氏曰於越越也王氏補注曰春秋定哀時三書於越漢書于越注于發語聲戎蠻之語則然于越猶句吳也納謂納貢

秋濤曰按越都會稽此云於越納下云會稽以鱓或

疑其複出不足爲據不知下文會稽自是越國此文
於越本作干越別爲一地與會稽不同干音干戈之
干干越見于周秦漢代之書者甚眾大要有二說墨
子兼愛篇曰禹南爲江漢淮汝東流之注五湖之處
以利荊楚干越之民莊子刻意篇曰夫有干越之劍
者釋文引司馬云干吳也荀子勸學篇曰干越夷貉
之子楊倞曰干越猶言吳越宋本如是近時嘉善謝氏刻本改干爲于又改楊注吳越爲于越非是淮南原道訓曰干越生葛絺高注曰干
吳也道藏本如是俗本改干爲于與高注不合是干越即吳越也干越爲
二國故漢書貨殖傳云戎翟之與干越猶墨子之言
荊楚干越荀子之言干越夷貉也此一說也漢書孟

康注云干越南方越名也其意以干越爲越之一種若漢時之有閩越甌越駱越也文選吳都賦包括干越（宋本如是今本或與宋本同或改干爲于）李善注引此文正作干越又引音義云干南方越名也（此下有春秋曰于越入吳杜預注曰于越發語聲十七字乃後人所加與李注不合）太平御覽州郡部十六引漢書亦作干越又引韋昭注云干越今餘干縣越之別名此又一說也此篇干越乃一國非二國自是越之別一種當以孟康李善韋昭之說爲正其地卽今之江西饒州府餘干縣治是也自漢以來二千年未嘗移治攷之此篇則周初已爲建國其來尚矣自顏師古注漢書不知詳攷改干爲于而以春秋之於越釋之實

爲謬誤王懷祖先生曰於于古雖通用而春秋之於越未有作于越者學者多聞於越寡聞于越故子史諸書之干越或改爲于越皆沿師古之誤秋濤按王會之干越蓋既改爲于越之後又依春秋改于爲於輾轉變易故其跡尤隱自注家莫能悟其失即懷祖先生亦未引據及之因其字已改爲於故也今以下文會稽證之知於越的爲干越之譌爰細爲剖析如此又案王會所載俱實指其方物而於越之納姑妹之珍孔氏無注浚儀以納爲納貢珍爲珍物與本書前後體例不符其說非是今按納乃魶之假借字說文魶魚似鼈無甲有尾無足口在腹下从魚納聲攷

其形狀卽今銅盆魚也廣韻又作魶字音訓並同于越所貢蓋卽是魚納與鰨古字相通或古人字少止作納字後乃加魚旁以爲分別文耳至博雅訓魶爲鯢益部方物圖之魶魚有足能緣木聲如兒啼皆指人魚而言與此同字異訓諸家字書不能分析遂致相溷是不可以無辨又按文選江賦注引臨海水土物志曰鱝魚如圓盤口在腹下尾端有毒鱝扶粉切亦鰨之異名也又明屠本畯閩中海錯疏有魟魚亦卽此物所言形狀最詳錄之以資博識疏云黑魟形如圓扇口在腹下無鱗軟骨紫黑色尾長如身能螫人徐𤇆補疏云此魚頭圓禿如燕身圓褊如簸尾圓

長如牛尾其尾極毒能螫人有中之者日夜號呼不止以其首似燕名燕魟魚以其尾似牛尾故又名牛尾魚其味美在肝俗呼鯕魚屠氏疏又載魟類有[illegible]魟水蕃斑車黃貂之屬諸魟以黃貂爲第一斑車大者三四百斤黃貂土人蒸以爲鯗云云按是魚大者至三四百斤又可蒸以致遠其充貢物宜矣又按廣韻魟字注河魚似鼈戴侗六書故云魟海魚無鱗狀如蝙蝠大者如車輪段成式酉陽雜俎云黃魟魚色黃無鱗頭尖身似槲葉口在頷下眼下有耳竅通於腦尾長一尺末三刺甚毒類編云白魟魚名詳觀諸說但色有黃白紫黑之異而形狀種類均相符合然

則魟爲今名鰨鰿爲古名確是一物而前人字書韻書類書未有能考訂合一者皆疏漏也茲故詳爲考之如此鰨音納魟音洪亦作⿰魚共

姑妹珍

孔氏曰姑妹國後屬越王氏補注曰越語句踐之地西至於姑蔑注今大末輿地廣記衢州龍游縣本姑蔑越西鄙春秋公及邾儀父盟于蔑公羊穀梁作眛王氏自注亡結反秋濤按此字从目从末見唐石經及五經文字或作眛非妹亦蔑字也

珍謂珍物

秋濤曰左傳哀十三年越伐吳王孫彌庸見姑蔑之旗杜注東陽大末縣按大末秦縣晉改屬東陽郡郎

今浙江衢州府龍游縣是也亦曰姑末越絕書云大越故界浙江至就李南姑末寫干姑末今大末寫干今屬豫章吳越春秋亦云南至于姑末蔑眛末妹可相通借者攷說文蔑勞目無精也从苜人勞則蔑然从戍眛目不明也从目末聲釋名云妹昧也猶日始入歷時少尚昧也白虎通廣雅並云妹末也晉語載昧喜荀子作末喜是此四字音轉義通之證也春秋時爲越西境而周初入貢則固自爲一國矣又按珍孔氏無注淩儀以爲珍物與前後文體例不合其說非也今按珍與瑱通廣韻瑱玉名也文選江淹雜體詩巡華過盈瑱注盈瑱盈尺之玉也後漢書班固傳

雕玉瑱以居楹裁金璧以飾璫瑱亦當爲玉名注引廣雅訓爲磌非也凡从㐱之字古多與从眞之字通用故說文㐱髮之㐱毛詩作鬒或又作顛段氏云髮稠曰㐱禾稠曰稹其意一也周官典瑞珍圭杜子春云珍當爲鎭書亦或爲鎭又周官天府國之玉鎭注玉瑞也故書鎭作瑱一音珍鎭瑱珍聲類皆同是珍之爲瑱灼然無疑蓋姑妹國以玉爲貢也今衢州府西有川曰球川亦以玉爲名是其地古嘗產玉故以爲庭實矣

且甌文蠡甌一本作歐注亦然太平御覽九百四十一卷引作具區獻蠡秋濤按作具區與孔注不合

孔氏曰且甌在越間間一本作文蜃大龜也王氏補注曰甌有二種伊尹朝獻商書正東漚又正南甌漢有東甌又有西甌駱閩越卽西甌輿地志周時駱越及甌駱皆芈姓通典貴州古西甌駱越之地王氏自注淮南子西嘔秋濤按甌嘔古字通又案唐貴州故城在今廣西潯州府貴縣南非今之貴州省也今爾雅蚌含漿注蚌卽蜃也月令孟冬雉入大水爲蜃山海經嶧皋山嶧皋水出焉其中多蜃珧王氏自注蜃小者名珧

秋濤曰浚儀謂甌有二種今考其地實有三焉一曰東甌一曰閩越之西甌皆正東之甌也一曰駱越之西甌則正南之甌也東甌卽此篇甌人已見前此且甌文于越姑妹之後蓋閩越之西甌也浚儀所引駱

越貴州諸解皆指駱越之西甌而言宜刪去攷海內南經郭璞注閩越卽西甌今建安郡是也晉之建安郡卽今之建甯府一統志古甌城在福建建甯府建安縣東南太平寰宇記漢吳世子劉駒發兵圍東歐卽此建安縣志東甌城在縣東南百餘里南才里案此城實閩越之西甌寰宇記及建安志以爲東甌東字皆誤又按且與查通建甯府崇安縣有查源洞查字从木且聲地名查源疑時崇安溪水本有且名甌城在且水之旁故曰且歐此亦古地名之僅存可考者也云文蜃者說文蜃大蛤雉入水所化也鄭注禮記曰大蛤曰蜃韋注國語曰小曰蛤大曰蜃高注呂

覽曰蜃蛤也高渾言之鄭韋析言之其實一也蜃之用詳於周禮左傳其甲可以飾器物或燒爲灰而用之說文玉部珧蜃甲也珕蜃屬天子佩刀玉琫珧珌士珕琫珧珌蓋其物有文彩故古人制字从玉誠重之也

若人玄貝一本作共八太平御覽九百四十一卷引作共家玄貝

孔氏曰若人一作共人吳越之鑾玄貝班貽貝也一本作照貝也非是此班字古作王氏補注曰爾雅玄貝貽貝注黑色貝也說文貝海介蟲也古者貨貝周而有泉至秦廢貝行錢山海經陰山濁浴水出焉南流注蕃澤其中多文貝禹貢揚州島夷卉服厥篚織貝鹽鐵論幣與世易

夏后氏以玄貝秋濤按夏后氏尚玄故以玄貝爲幣淮南子散宜生得

大貝百朋

秋濤曰若人次于且甌之後孔氏以爲吳越之蠻蓋即越之若耶山也越絕書云若耶大冢者去縣二十五里指會稽縣而言今若耶山在浙江紹興府會稽縣南四十四里若耶溪出焉太平寰宇記若耶溪古歐冶子鑄劍之所按鑄劍事詳見越絕書吳越春秋咸云若耶之溪涸而出銅漢武帝元鼎六年討東越越侯爲戈船下瀨將軍出若耶古若人國蓋附近此山而東漸於四明天台之海故以玄貝爲貢爾又按爾雅玄貝貽貝釋文貽顧餘之反本又作胎他來反字林作

蛤云黑貝也大才反王懷祖先生曰字林作蛤音大才反則作胎者是也胎黑色也呂氏春秋任數篇臺煤入甑中高注讀臺爲炱云炱煤煙塵也家語在厄篇炱煤作炲墨廣韻黕黵大黑之貌炱黵並音大才反義與字林蛤貝同古無蛤字借胎爲之藝文類聚引爾雅正作胎胎與貽字相似故譌顧音餘之反而陸從之非也按此解爾雅玄貝說極精確故備錄之

海陽大蟹

孔氏曰海水之陽一蟹盈車王氏補注曰史記蘇秦曰楚東有海陽山海經大蟹在海中又女丑有大蟹注廣千里玄中記北海之蟹舉一螯能加於山身故

在水中

秋濤曰海陽後爲楚地諸家地志不知其處以管見攷之當在今江蘇蘇州府常熟縣北蕭齊嘗於此置海陽縣屬南徐州晉陵郡所以知其然者攷史記蘇秦說楚威王曰楚東有夏州海陽劉伯莊曰楚幷吳越地東至海海陽蓋謂楚之東南境是劉氏亦未能確指其所在今按吳越春秋云越王追奔攻吳兵入于江陽松陵欲入胥門望吳南城見伍子胥頭云云子胥乃與種蠡夢曰越如欲入更從東門我爲汝開道貫城以通汝路於是越軍明日更從江出入海陽於三道之翟水乃穿東南隅以達越軍遂圍吳按此

蓋種蠡設爲子胥之辭以安衆耳其事雖近奇異然
吳越春秋漢人所作其時近古於古地名當不舛錯
所云海陽在吳之東正常熟之海陽也與楚東之形
勢正合凡蘇秦所言列國地名皆舉其最顯著者王
會篇之海陽卽此無疑矣若晉徐州廣陵郡有海陽
縣當在今江蘇揚州府境劉宋廣州義安郡有海陽
縣卽今廣東潮州府海陽縣治此二海陽雖在楚東
南然未見於周秦之書蓋名起於後世非其地矣又
漢遼西郡有海陽縣故城在今直隸永平府灤州西
北其地在東北陬非楚之東南境或以爲此篇之海
陽果爾則不應列於甌越之間矣其說非是又按海

內北經所載大蟹郭注以爲千里之蟹與玄中記所言皆物之最鉅非可以爲貢者也此所記海陽大蟹蓋亦尋常巨蟹耳孔注謂盈車之蟹較是

目深桂一本作自深注同

孔氏曰目深亦南蠻也王氏補注曰山海經招搖之山多桂注葉似枇杷花叢生冬夏常青間無雜木楚辭嘉南州之炎德兮麗桂樹之冬榮

秋濤曰說文深水出桂陽南平西入營道按漢桂陽郡在今湖南直隸郴州其所屬南平縣在今湖南直隸桂陽州藍山縣東五里其水名深而地產桂蓋即古目深國矣伊尹四方令云正東漚深是漚與深相

近今郴桂之地距閩越駱越之甌皆不甚遠疑周之目深卽商之深也海外北經有深目國爲人舉一手一目在其工臺東大荒北經云有人方食魚名曰深目民之國郭璞注曰亦胡類但眼絕深按山海經之深目自是北方之國與此南方目深迥不相涉畢尙書引此以釋山海經非也本草別錄云桂生桂陽牡桂生南海山谷陶弘景曰南海卽是廣州此桂廣州出者好交州桂州者形段小而多脂肉亦好湘州始興桂陽縣者卽是小桂不如廣州者據此是漢魏以前皆重桂陽之桂自陶以後始謂桂陽不如交廣矣

會稽以䑕皆面西嚮一本無面字

孔氏曰其皮可以冠鼓冠一本作爲疑當作冒自大塵已下至此向西面也一無面字王氏補注曰越絕傳禹封大越上苗山秋濤按今本越絕書作茅山會計更名會稽山海經江水多鼉注似蜥蜴長二丈有鱗彩皮可以冒鼓詩鼉鼓逢逢疏云四足長丈餘甲如鎧皮堅厚宜冒鼓

秋濤曰吳越春秋云禹巡行天下會計修國之道因以會稽名山因爲地號此言山名會稽因即以會稽名其地是秦漢立會稽郡之所由昉也史記夏本紀禹會諸侯於江南計功而崩因葬焉名曰會稽會稽者會計也又越王句踐世家云其先禹之苗裔而夏后帝少康之庶子也封於會稽而奉守禹之祀文身

斷髮被草萊而邑焉吳越春秋云少康恐禹迹宗廟祭祀之絶乃封其庶子於越號曰無餘賀循會稽記云少康其少子號曰於越越國之稱始此秋濤按越與揚一聲之轉會稽地屬揚州故少康封其子命曰越國百越之名皆緣此而起越絶書云無餘都會稽山南故越城水經注云秦望山南有嶕峴峴裏有大城越王無餘之舊都也故句踐語范蠡曰先君無餘國在南山之陽一統志云故城在今會稽縣東五十八里相傳無餘所都也王會篇所言會稽之國蓋即越地舉其都地以爲名也又按會稽山在今浙江紹興府會稽縣東南十三里此山見於職方爲揚州之

鎮爾雅云東南之美者有會稽之竹箭焉山海經云會稽之山四方其上多金玉其下多砆石郭璞注云上有禹冢及井水經注云古防山也亦謂之茅山又曰棟山越絕書云棟猶鎮也史記秦始皇三十七年出遊上會稽祭大禹望于南海立石刻頌秦德又太史公年二十南遊江淮上會稽探禹穴隋書開皇十四年詔以會稽山爲南鎮自唐宋以來列於嶽鎮海瀆之秩祀配於郊壇有事祭告使者相望蓋東南名山必以會稽爲稱首云至秦會稽郡因古會稽地爲名境土遼闊今之蘇州常州鎮江松江等府及浙江全省郡縣皆是而郡治則在今江蘇蘇州府吳縣西

漢會稽郡治亦然東漢至隋會稽郡治則爲今之浙江會稽縣以地勢揆之王會之會稽蓋專在越地而不能兼及吳地也鼉卽鼉字說文鼉水蟲似蜥易長大陸璣詩疏云似蜥易長丈餘其甲如鎧皮堅厚可冒鼓字亦作鱓夏小正二月剝鱓傳云以冒鼓也

王會篇箋釋卷上終

錢塘諸可寶覆勘

吳縣吳大彬分校